国家社科基金重大项目"海外珍藏汉语文献与南方明清汉语研究"成果

# 清琉球官话课本
# 《人中画》语法研究

## A GRAMMATICAL STUDY OF THE QING
## RYUKYU MANDARIN TEXTBOOK *RENZHONGHUA*

李丹丹 著

北京大学出版社
PEKING UNIVERSITY PRESS

图书在版编目（CIP）数据

清琉球官话课本《人中画》语法研究/李丹丹著.—北京：北京大学出版社，2013.6
ISBN 978-7-301-22418-2

Ⅰ.①清⋯　Ⅱ.①李⋯　Ⅲ.①汉语—语法—研究—中国—清代　Ⅳ.H146

中国版本图书馆 CIP 数据核字（2013）第 077287 号

书　　　名：清琉球官话课本《人中画》语法研究
著作责任者：李丹丹　著
责 任 编 辑：唐娟华
标 准 书 号：ISBN 978-7-301-22418-2/H·3289
出 版 发 行：北京大学出版社
地　　　址：北京市海淀区成府路 205 号　100871
电　　　话：邮购部 62752015　发行部 62750672　编辑部 62753334
　　　　　　出版部 62754962
网　　　址：http://www.pup.cn　　新浪官方微博：@北京大学出版社
电 子 信 箱：zpup@pup.pku.edu.cn
印　刷　者：三河市博文印刷厂
经　销　者：新华书店
　　　　　　650 毫米×980 毫米　16 开本　16.5 印张　269 千字
　　　　　　2013 年 6 月第 1 版　2013 年 6 月第 1 次印刷
定　　　价：38.00 元

未经许可，不得以任何方式复制或抄袭本书之部分或全部内容。
版权所有，侵权必究
举报电话：010-62752024　电子信箱：fd@pup.pku.edu.cn

本书系国家社科基金重大项目"海外珍藏汉语文献与南方明清汉语研究（12&ZD178）"、广东高校优秀青年创新人才培养计划（育苗工程）项目"从两种版本《人中画》看17、18世纪近代语法向现代语法的演变（WYM10083）"成果。

# 序

本书是国家社科基金重大项目"海外珍藏汉语文献与南方明清汉语研究"(以下简称"本重大项目")成果系列的第一本。琉球官话系列课本是极其珍贵的海外汉语文献,近十余年的研究成果越来越证明它的价值。在《人中画》琉球写本(以下简称"琉本《人中画》")的年代和语法性质确定之前,琉球官话系列课本公认的有四种:《官话问答便语》(1703年或1705年)、《白姓官话》(1750年)、《学官话》(1797年)以及《广应官话》(1797年至1820年)。这四种琉球官话课本的断代都是清楚的,正好贯穿18世纪前、中、后三个时期。其中,《广应官话》是分类语汇集,词汇研究的价值较大。另外三种是会话课本,语法研究的价值较大,但因其语料量的限制(三种琉球官话会话课本加在一起字数也不到6万),使得我们难以全面深入细致地观察和描写琉球官话的语法面貌。本书的研究就是以琉本《人中画》为主体语料而展开的,对琉本《人中画》的断代、语法性质及其地域属性等一系列问题进行了深入的探讨。

作者首先从版本学和历时语法等角度证明琉本《人中画》是由啸花轩本《人中画》(以下简称"啸本《人中画》")系统改写而成的,两种《人中画》相距约一百年。

作者最为重要的研究主要体现在两个方面。从纵的方面,作者提出23条18世纪中叶的语法特征作为近现代语料断代的标准,揭示了各语法项目的新旧更替现象。比如,给予动词"与"和"给";介词"将"和"把"(引进受事),"被"和"给"(引进施事),"与"和"替、和、同……"(引进与事);副词"皆"和"都"等等,每组语法项的前者属于汉语近代语法的用法,后者属于汉语现代语法的用法。在琉本《人中画》里出现的基本上是每组语法项中的后者,前者则极少,而在啸本《人中画》中则相反,这充分证明了琉本《人中画》语言的现代语法的性质。

我们认为汉语近代语法转变到汉语现代语法(而不是现代汉语语法)的关键期是18世纪中叶。本书的研究也证明了这一点,本重大项目的研究也将会进一步证明这个结论。从琉本《人中画》的语言事实来看，已呈现汉语现代语法的特点，汉语近代语法现象已几近消失，且同时期的《红楼梦》也与琉本《人中画》一样呈现出现代语法的特点。从历时的角度看，《红楼梦》与琉本《人中画》尽管在地域特征上有着鲜明的区别，但在主要为汉语现代语法性质这一点上是一致的。其实，到现在我们似乎才真正理解了王力先生何以在《中国现代语法》一书中将《红楼梦》的语料视为"现代语法"，这是极具前瞻性的。因此，我们将汉语现代语法的上限定为18世纪中叶是合理的。

从横的方面，作者通过对琉本《人中画》与同时代的北方官话作品、南方方言作品、其他琉球官话课本等进行共时语法比较，发现琉本《人中画》与清代北京官话（包括《红楼梦》、《儿女英雄传》、《语言自迩集》、《燕京妇语》和《小额》等）存在一系列的语法差异，而与粤、闽、吴、客四大典型南方方言之间有着一系列的语法对应。于是我们清楚地看到与《红楼梦》同时期还存在着一种有别于北方官话的、具有南方方言地域特征的另外一种官话，我们称为"南方官话"（这里的"南方官话"与方言语音研究上的"南方官话"所指不同）。这样的研究是极具方言类型学意义的，目前也是比较前沿的，也为我们正在进行的从语言接触和语言类型学的角度来深化对琉球官话系列课本的研究作了很好的准备。

另外，值得一提的是，作者对汉语"官话"的性质提出了自己独到的见解。对官话的认识，不同的学者都有自己的看法且莫衷一是。作者通过对琉本《人中画》的研究，对官话的内涵与外延、官话与共同语以及不同官话之间的关系等等作了较为深入和系统的探讨，提出了官话具有超地域性、地域性和模糊性。

总之，本书无论从研究的广度还是深度来看，都是我们利用海外珍藏汉语文献研究明清汉语尤其是南方明清汉语的一项很有价值的成果，是正在进行中的本重大项目的有机组成部分。

是为序。

李炜

2013年3月8日

于中山大学中文堂

# 目 录

第一章　绪论 …………………………………………………………… 1

第二章　《人中画》的版本及编写年代 ………………………………… 9
　　第一节　《人中画》版本源流 ……………………………………… 9
　　第二节　《人中画》琉球写本的来源 ……………………………… 16
　　第三节　琉本的语言现象与改编年代 ……………………………… 18

第三章　《人中画》琉球写本的历时坐标
　　——兼论近代汉语与现代汉语的分界问题 ……………………… 23
　　第一节　《人中画》两种版本的语法历时比较（上）…………… 25
　　第二节　《人中画》两种版本的语法历时比较（中）…………… 47
　　第三节　《人中画》两种版本的语法历时比较（下）…………… 63
　　第四节　近代汉语下限与现代汉语的上限 ………………………… 69

第四章　《人中画》琉球写本的地理坐标
　　——琉球官话的"官话"性质 …………………………………… 79
　　第一节　《人中画》琉球写本的"自家" ………………………… 79
　　第二节　《人中画》琉球写本与"下江官话" …………………… 90
　　第三节　《人中画》琉球写本与"福州官话" …………………… 118
　　第四节　《人中画》琉球写本与"北方官话" …………………… 147
　　第五节　其他三种琉球官话课本的"官话" ……………………… 162

第五章　"官话"与"南方官话" …………………………………… 176

参考文献 ………………………………………………………………… 194

附录 ……………………………………………………………………… 202
　　附录（一）《人中画》琉球写本各版本照片 …………………… 202

附录（二） 啸花轩本《人中画》与天理大学藏琉球写本《人中画》对照文字之总目录 …………………………… 204

附录（三） 啸花轩本《人中画》与天理大学藏琉球写本《人中画》对照文字之《自作孽》 …………………… 206

附录（四） "南方方言母语者将方言翻译成普通话的相似性实验"之实验材料及被调查者资料 ……… 249

索引 ………………………………………………………… 252

后记 ………………………………………………………… 254

# 第一章 绪 论

## 一、研究价值

汉语现代语法并不是静止的、一成不变的,而是处在流动的、演变的过程中的,而研究现代语法的演变,则必须上溯到近代汉语语法。对这种变化过程加以考察研究,是现代汉语语法研究不可或缺的重要组成部分,也是汉语语法研究者责无旁贷的任务。

王力在《汉语史稿》中已涉及到现代汉语语法的个别变化问题(如"语法的欧化"),但深入的个案研究依然是凤毛麟角。相对而言,日本学者成绩较为显著。1958年,太田辰夫出版《中国语历史文法》一书,其主要目的就是要回答现代汉语语法从哪里来的问题。该书的重点在于追溯现代汉语种种语法现象在近代汉语的源头,同时也对现代汉语语法的流变有所考察。之后在《汉语史通考》中,太田辰夫已利用清末反映北京口语的《小额》等作品,直接讨论早期现代汉语的语法问题,具有原创性的意义。目前,太田辰夫的学生佐藤晴彦等人,仍在沿着这一路线不懈地努力着。近年来,我国学者开始注意到这一领域,对具体的语法现象展开了较为深入的研究,例如李炜对清中叶以来"给"字及其相关句式的研究等。然而,近代语法向现代语法的演变过程的研究成果仍较少见。

造成这种现状的原因是多方面的,但对反映近代语法向现代语法过渡的语料的发掘不足无疑是一个重要原因。近年来朝鲜汉语课本《老乞大》五个版本的发现,引发了学界研究元明清语法演变的热潮,正是汉语史研究亟需这种能够反映语法演变过程的语料的很好体现。同一内容、有不同年代的修改本的作品,是语法演变研究难得的珍贵语料,因为不同版本的内容大都相互对应,而词句的新旧更替情况也同样对应地展现着。本书的主要研究对象——两种版本的《人中画》就是这种珍贵语料。

我们在日本得到了作为琉球官话课本(18世纪教琉球人学汉语的课本)的琉球写本《人中画》,在国内我们又找到了与它关系极其密切的清拟话本啸花轩本《人中画》。琉球写本与啸花轩本的内容情节完全一致，章节名目完全对应，但语言面貌却有很大差别。经初步研究发现，二者在语法上存在一系列的不同，这种不同主要表现在琉球写本的语法现象是现代语法（或叫早期现代语法）的，而啸花轩本的语法现象则是近代语法的。初步分析可以得出两个结论：（一）琉球写本是啸花轩本的今译改写本。（二）啸花轩本与琉球写本的成书年代分别为17世纪中叶和18世纪中叶，两种版本相差约一百年。另外，琉球写本的语法现象不仅属于现代语法，而且和其他琉球官话课本一样，还呈现出鲜明的汉语南方方言语法的色彩。也即是说，在对外汉语教学史上不仅存在如《老乞大》系列的"北支"，还存在如琉球官话课本系列的"南支"。

我们认为，17世纪到18世纪正是汉语近代语法演变为现代语法的关键时期，两种版本《人中画》的发现，对于近代语法向现代语法演变的研究、对于现代汉语语法自身演变的研究、对于方言对官话影响的研究、对于南方对外汉语教学史的研究等等都具有重大的意义和价值。加之其字数较多（啸花轩本约11万字，琉球写本约12万字，《老乞大》多种版本中与琉球写本时代接近的《老乞大新释》约两万字），这将更能保证对各类主要语法项目的演变情况作出全面、充分的描写。本书涉及的内容是现代汉语语法和汉语语法史中有待开发的新领域，也是对外汉语教学史的新领域。本书的研究工作，可以为更系统更全面的"现代汉语语法史"的研究奠定基础。

## 二、《人中画》与琉球官话课本

我们所说的《人中画》琉球写本是日本天理大学图书馆藏"琉球官话课本"五种之一。其他四种为《官话问答便语》、《白姓官话》、《学官话》、《广应官话》。

琉球官话课本是清代琉球国人学习汉语官话的课本。琉球国（明初为中山、山南、山北三国，1429年中山统一三国，建立琉球王国），即今日本冲绳县，在明清时期是中国的藩属国，接受中国的册封、并向中国朝贡，双方保持这种关系达五百年之久。在这期间，琉球人民为了与中国交往，学习中国的文化和技术，对汉语的需要变得迫切。包括《人中画》琉球写本在内的琉球官话课本就是在这样的时代背景下出现的。

《人中画》琉球写本与其他四种琉球官话课本相比较，有以下特点：

（一）体裁上，《人中画》琉球写本是一部包括五个故事、共十六回的话本小说。《官话问答便语》、《白姓官话》、《学官话》则为会话课本，《广应官话》为分类语汇集。

（二）内容上，《人中画》琉球写本为话本故事，《官话问答便语》、《学官话》是琉球国的进贡官员、勤学人（自费留学生）等与中国福州教师、同学、官员、商人、医生等的会话记录。《白姓官话》为遭风漂至琉球的中国商船上的难民白瑞临、瞿张顺等人与琉球当事官员尤其是通事（翻译）的会话记录，以上三种课本均为问答形式。《广应官话》所收语汇分列于"天文、时令、地理、宫室"等三十个门类中，皆为琉球学生在中国生活、熟通官话所必须掌握的基本词汇。而琉球写本由《风流配》、《自作孽》、《狭路逢》、《终有报》、《寒彻骨》五个故事组成，故事主角无非才子佳人、孝子节妇，主题无非天理循环、因果报应，是典型的拟话本小说。

《人中画》琉球写本的语言面貌、特色与其他四种课本高度吻合，但内容上与其他四种课本截然不同。后者是专为教学编写的课本，而琉球写本的内容与琉球、琉球学生、中国留学生活等无关，也就是说，不是为编写教材而编写的故事。

**三、研究现状**

前人对《人中画》琉球写本的研究主要集中在文学和版本学方面，于语言学的研究价值并未引起重视，目前仅见日本佐藤晴彦对《人中画》琉球写本进行过专题研究，发表过《琉球官话课本研究序说——写本＜人中画＞のことば（1）（2）》（1978，1980）。其他多为在研究其他琉球官话课本时提到《人中画》琉球写本的语言情况，如濑户口律子（1994b）、木津祐子（2002）等。一般认为，五种琉球官话课本的语言特点是较为相似的[①]，因此以其他琉球官话课本为研究对象的前人观点也非常值得关注。

琉球官话课本的研究者主要集中在日本，先后有伊地知善继（1942）、宫良当壮（1948，收于其1981）、村上嘉英（1971）、佐藤晴彦（1978，1979，1980）、矢放昭文（1982）、濑户口律子（1992a，1992b，1994a，1994b，1994c，1994d，1996，2003，2004）、小川英子（1996）、石崎博志（2001）、木津祐子（2002，2004a，2004b，2004c，

---

① 木津祐子（2004）提出新的看法，作者从否定词着手，得出琉球官话课本的语言系统至少有两个的结论。认为《白》的某些表现与《官》、《学》不一致，跟吴语区或闽语区都有相似处，其语言属性尚难定论。

2007）等。日本早期的研究者主要介绍琉球官话课本的内容和琉球的中国语教学史，对琉球官话课本的语言研究始于佐藤晴彦。佐藤晴彦在 1978 年的文章中列举和概说了琉球官话课本的数十种语言特点，但因为文章篇幅所限，没有作较为深入的专项研究。此后濑户口律子和佐藤晴彦合作，对天理大学图书馆藏的琉球官话课本五种进行整理、翻译，并对琉球官话课本进行了语音、词汇方面的研究，也根据语音对琉球官话课本的语言属性进行了初步的研究。令中国语言学界注意到琉球官话课本的也是濑户口律子 1994 年出版的《琉球官话课本研究》一书。木津祐子是近年来日本学界对琉球官话课本着力最多的研究者，其将日本法政大学等地发现的琉球官话课本的新资料应用于研究，获得较为突出的成绩。

　　国内对琉球官话课本的研究刚刚起步，李炜（2002b，2004a，2004b，2007）是主要的研究者，他与濑户口律子合作，考证了天理大学图书馆藏琉球官话课本四种的编写年代，并对琉球官话课本的"给"等语法项进行了深入的专项研究，显示出琉球官话课本应用于汉语史研究的价值。另有陈泽平（2004）讨论琉球官话课本的语音属性，其他研究散见于对清代对外汉语教学史、清代官话音的介绍中，如张卫东（1998a）、叶宝奎（2001）、丁锋（2008）等。

　　以上各家都承认琉球官话课本的语言为"官话"，但为何种"官话"则有不同意见：有人认为是北方官话为基础的汉民族共同语（特别是北京官话），有人认为是南方地区通行的官话（南方官话），还有人认为是南京官话或福州官话。值得注意的是：（一）由于琉球写本的年代尚未确定，对琉球官话课本语言性质的讨论往往是绕开琉球写本进行的，而琉球写本的字数、篇幅是琉球官话课本其他四种总和之两倍，对其各项语法项目的研究将对琉球官话课本语言性质的归属意义重大。（二）这些研究大多以琉球官话课本的语音作为研究对象，然而琉球官话课本是用汉字而不是用拼音（如罗马字、假名等）抄写的，里面只有个别汉字旁注有该字的发音（包括用同音汉字、汉字反切和假名等注音方式）。仅用这些字旁的个别注音来确定琉球官话课本的语言属性，我们认为证据是不足的。琉球写本中的字词出现注音的情况较少，较难从语音的角度考察出其语言属性，因此本书的考察主要是从语法、词汇的角度进行的。

　　本书运用《人中画》两种版本进行历时语法研究，对《人中画》琉球写本的语言性质进行全面系统的研究，这在国内外都尚属首次。

### 四、研究目的

本书的研究目的有如下几个方面:

(一) 对琉球写本的改编时间从版本、历时语法的角度进行研究,继濑户口律子、李炜(2004)的研究,完成天理大学附属图书馆藏琉球官话课本五种的编写时代的全部考证工作,使《人中画》琉球写本能够为近代汉语、现代汉语、方言史、对外汉语教学史研究者所用,推进汉语历时与共时研究的研究进程。

(二) 对啸花轩本与琉球写本语法进行历时比较,力图准确、客观地描写出 17 世纪中叶至 18 世纪中叶近代汉语语法向现代汉语语法的演变轨迹,并结合琉球写本与 18 世纪中叶北京官话的材料,讨论近代汉语的下限、现代汉语的上限问题,为近代汉语与现代汉语的分界问题提供一种研究思路。

(三) 对琉球写本与同时期的下江官话、北京官话、北方官话及吴、粤、闽、客四大南方方言等历史材料进行共时语法比较,确定琉球写本的语言性质。

(四) 由琉球写本的官话性质出发,利用明清时期日本、朝鲜、琉球、欧美及中国的文献材料,讨论明清时期"官话"一词的内涵和外延以及明清的共同语与标准语的问题。

### 五、研究方法

本课题所采用的研究方法主要有:

(一) 历时语法和共时语法相结合的方法;
(二) 功能语法的方法;
(三) 语言类型学的方法;
(四) 社会语言学的方法。

### 六、用书版本

(一) 琉球官话课本:
(1)《人中画》琉球写本天理大学藏本十六卷;
(2)《人中画》琉球写本京都大学藏本十三卷;
(3)《人中画》琉球写本东京大学藏本十四卷;
(4)《人中画》琉球写本关西大学藏本四卷;
(5)《官话问答便语》日本天理大学图书馆藏本;

（6）《官话问答便语》日本法政大学冲绳文化研究所藏本；

（7）《白姓官话》日本天理大学图书馆藏本；

（8）《学官话》日本天理大学图书馆藏本。

（二）历时比较材料：

（1）《人中画》啸花轩写刻本，《古本平话小说集》（上），路工谭天合编，北京：人民文学出版社，1984 年；

（2）《刘知远诸宫调》，北京：文物出版社，1958 年；

（3）《明嘉靖本董解元西厢记》，北京：中华书局，1963 年；

（4）《元刊杂剧三十种》，《古本戏曲丛刊》，北京：商务印书馆，1958 年；

（5）《新刊元本蔡伯喈琵琶记》，《古本戏曲丛刊》，北京：商务印书馆，1958 年；

（6）《元代汉语本〈老乞大〉》，韩国私人藏本，韩国：庆北大学校出版社，2000 年；

（7）《老乞大谚解》，韩国奎章阁丛书，韩国：京城大学法文学部影印，1944 年；

（8）《老乞大新释》，韩国奎章阁藏书 4871 号；

（9）《重刊老乞大谚解》，韩国：弘文阁，1984 年；

（10）《盛明杂剧》戊午春仲诵芬室仿明本，日本京都大学文学部藏本，1918 年；

（11）《初刻拍案惊奇》，《古本小说集成》，上海：上海古籍出版社，1994 年；

（12）《二刻拍案惊奇》，《古本小说集成》，上海：上海古籍出版社，1994 年；

（13）《醒世姻缘传》，《古本小说集成》，上海：上海古籍出版社，1994 年；

（14）《足本二十年目睹之怪现状》，上海：世界书局，1935 年；

（15）《醒世恒言》，《冯梦龙全集》，上海：上海古籍出版社，1993 年；

（16）《喻世明言》，《冯梦龙全集》，上海：上海古籍出版社，1993 年；

（17）《三宝太监西洋记》，《明清善本小说丛刊初编》，台北：天一出版社，1985 年；

（18）《儒林外史》，北京：人民文学出版社，1974 年；

（19）《新刻出像官板大字西游记》，《明清善本小说丛刊》，台北：天一出版社，1985 年。

（三）共时比较材料：

1. 北京官话材料

（1）《红楼梦》甲戌本、已卯本、庚辰本、戚序本，《古本小说集成》，上海：上海古籍出版社，1994年；

（2）《红楼梦》甲辰本，北京：书目文献出版社，1989年；

（3）《儿女英雄传》，《古本小说集成》，上海：上海古籍出版社，1994年；

（4）*Yü-yen Tzŭ-erh Chi*, A Progressive Course Designed to Assist the Student of Colloquial Chinese, As Spoken in the Capital and the Metropolitan Department, in eight parts, Secretary to H. B. M. Legation at Peking. 日本京都大学文学部藏本；

（5）《小额（社会小说）》，松龄（松友梅）著，太田辰夫、竹内诚编，日本：汲古书院，1992年；

（6）《改订官话指南》，日本京都大学文学部藏本（北京官话本），郑永邦、吴启太（合著），金国璞改订，东京文求堂藏版，明治39年（1906年）三刊于东京；

（7）《马可福音》（Mandarin Mark），日本东洋文库藏本（官话本），British & Foreign Bible Society，光绪三十三年（1907年）；

2. 粤语材料

（8）《广东省土语字汇》, The Honobable East India Company's Press，1828年；

（9）*Cantonese Made Easy*（Second Edition），By J. Dyer Ball, M. R. A. S, etc, Hongkong：Printed at The "China Mail" Office，1888年；

（10）*Cantonese Simplified*，日本京都大学文学部藏本，By S. K. Lee，HongKong：Graphic Press LTD，1888年；

（11）《新批绣像第九才子二荷花史》，清光绪壬辰年萃英楼本；

（12）《粤讴》，南海图书馆藏书，广州石经堂书局，光绪十七年；

（13）《粤音指南》，日本京都大学文学部藏本，光绪二十一年岁次乙未仲春新刊，香港文裕堂活字板承印；

（14）《马可福音·广东话》，日本东洋文库藏本，British & Foreign Bible Society，1916年。

3. 闽语材料

（15）《马可福音·福州土白》，日本东洋文库藏本，British & Foreign Bible Society，1912年；

（16）*A Manual of the Amoy Colloquial*（英华口才集）（Third Edition），日本京都大学文学部藏本，By Rev. J. Macgowan，Amoy：Koolangsu：Printed by Chui Keng Tong，1892 年。

4. 客语材料

（17）《马可福音·客语》，日本东洋文库藏本，British & Foreign Bible Society，1917 年；

（18）*Hakka Made Easy*，日本京都大学文学部藏本，By J. Dyer Ball, M. R. A. S, & C. Kelly & Walsh, Limited, HongKong-Shanghai-Yokoha-Ma and Singapore, Reprint 1913 年（第一版 1896 年）；

（19）《启蒙浅学》，柯理思教授藏本，The Basel Missionary Society，1879 年；

（20）*Introduction to Hakka*，日本京都大学文学部藏本，James M. Drought, A. M., HongKong：Nazareth Press，1926 年。

5. 吴语材料

（21）《马可福音·苏州土白》，日本关西大学内田庆市教授藏本，大美国圣经会托印，上海美华书馆印，1891 年；

（22）《海上花列传》（影印本），《古本小说集成》，上海：上海古籍出版社，1994 年。

## 七、简称及凡例

为便于检索，本书将啸花轩本、琉球写本全文分为一一对应的 2510 个语句节[①]，引文后括号内标记版本、卷名、回目。例如：

262a 就将带来的扇子，递在他手里道："快快换与我去。"（啸/风/二）
262b 就把带来的扇子，递给他手上说："快快换给我去！"（琉/风/二）

"262a、262b"表示笔者所划分的句节和版本，分别表示啸花轩本、琉球写本的第 262 句节；句末括号内的"啸/风/二"、"琉/风/二"分别表示出自啸花轩本、琉球写本"风流配"之第二回。为避免标注繁琐，以下各章中涉及啸琉两本的例子前不再加序号，出自其他材料的例子以出现先后为序。

---

[①] 本为 2516 个语句节，但啸花轩本的最后一页为后补，与琉球写本的最后 6 个语句节不完全对应，因此两种版本的最后 6 个语句节不列入讨论。详见第二章。

# 第二章 《人中画》的版本及编写年代

## 第一节 《人中画》版本源流

### 一、《人中画》的版本

目前对《人中画》版本较早的记述见于孙楷第（1933），孙楷第（1957：103）的内容与其大致相同："《人中画》存清乾隆乙丑（十年）植桂楼刊三卷本，未见。大连图书馆有照抄本，写刻本。半叶八行，行二十字。乾隆庚子（四十五年）泉州尚志堂刊四卷本。［日本内阁文库］清无名氏撰。"但孙楷第（1982：119）的改动较大，主要是新添了对《人中画》啸花轩本的记述："清啸花轩刊十六卷本。清无名氏撰。"并对各个版本进行了简单比较："植桂楼本尚志堂本均每卷一事。尚志堂本多女秀才一卷即二拍女秀才移花接木事。啸花轩则一事占数卷，所演凡五事。其中三事与植桂楼本同，二事不见植桂楼本。"这是在路工（1958）将《人中画》啸花轩刻本选入《明清平话小说选》之后作的修改。

路工（1958：122）对《人中画》的介绍是："清初啸花轩刻本（约一六五〇年左右），……不题作者姓名，全书五篇……啸花轩刻本也无序文，文中'玄'字不缺笔，自作孽开头'话说万历年间'，这些可以证明《人中画》是明末人的作品，可能还会发现明刊本。"路工（1985：160）中又录其1962年整理的《人中画》目录，对孙楷第（1932，1957）的观点进行修正，指出《人中画》的"乾隆十年植桂楼刊三卷本"与"日本内阁文库藏乾隆四十五年泉州尚志堂刊四卷本"两种刊本均为翻刻不全本，重申啸花轩刊本之"玄"字不缺笔，可以肯定为顺治年间（约一六五〇）所刊。

后韩锡铎、王清原（1987：23）在《小说书坊录》"康熙"书坊中列出"啸花轩"书坊，其所刻书目中包括了"《留人眼人中画》十六卷"条，但时间与作者资料从缺。

日本大塚秀高（1984：26）增补了《人中画》的目录，除了孙楷第

（1982）提到的三个版本外，还列出了"天理图书馆藏抄本（十五卷）"、"京都大学文学部藏抄本（琉球写本，十六卷存十三卷附白姓一卷）"、"东京大学图书馆藏抄本（十五卷）"、"傅惜华旧藏乾隆间刊本（二卷）"。后大塚秀高（1987：29-30）又增补了以下三个《人中画》的目录："哈佛大学哈佛燕京学社汉和图书馆藏刊本（？卷）"、"吴晓玲藏本衙藏本《世镜途》（八卷八回）"、"北京图书馆郑振铎藏琴韵书舍刊本《姻缘伞》（不分卷八回）"，并改"东京大学图书馆藏抄本"的"十五卷"为"十六回"。台湾孙秀君（1992：39/43）对大塚秀高（1987）提到的部分版本进行过核对，得知哈佛本仅存《自作孽》第一回与《寒彻骨》第三回，其中的回目及诗词与啸花轩本均同，但在文字叙述上有差异，"同样的语句，哈佛本往往比啸花轩本多几个字"。

目前，大塚秀高（1984，1987）所收的《人中画》的目录是目前较全的，孙秀君（1992）所做的工作进一步完善了前者收集的目录，但我们发现大塚秀高的目录中还存在以下错漏：

（1）天理图书馆藏抄本的卷数，应为十六卷。天理抄本目录写为"卷"，正文又为"回"。但实际上是十六卷，目录中缺两卷：狭路逢第一卷与寒彻骨第二卷，但正文有此两回。目录的第七卷又误作第八卷。故总数应为十六卷也即十六回。

（2）东京大学图书馆抄本的卷数，应为十六卷存十四卷。目录中缺一卷，正文中缺自作孽两卷。

我们对《人中画》各个版本进行了调查，调查的结论如下：

（1）目前《人中画》发现的版本中写刻本包括：

① 啸花轩本（十六卷）；

② 日本内阁文库藏之乾隆四十五年刊泉州尚志堂本（四篇四卷）[①]；

③ 哈佛燕京大学哈佛燕京学社汉和图书馆本（残存《自作孽》第一回与《寒彻骨》第三回）。

（2）抄本包括：

④ 中国大连图书馆藏之乾隆十年刊"植桂楼藏板"抄本（三卷）；

⑤ 日本天理图书馆藏琉球写本；

⑥ 日本京都大学文学部藏之琉球写本（十六卷存十三卷，缺《狭路逢》三卷）；

---

[①] 据孙秀君（1992：44），东京大学文学部、东京大学东洋文化研究所双红堂文库、东北大学狩猎文库、大谷大学、无穷会织田文库、神宫文库等也藏有该版本。

⑦ 日本东京大学总合图书馆藏之琉球写本（十六卷存十四卷，缺《自作孽》两卷）；

⑧ 日本石垣市立八重山博物馆藏之琉球写本（十六卷存《自作孽》两卷）；

⑨ 日本天理图书馆藏之另一琉球写本（十六卷存《狭路逢》三卷）；

⑩ 日本关西大学总合图书馆长泽文库藏之琉球写本（存《终有报》四回）①。

（3）此外还有：

⑪ 以《世途镜》之名收编了《人中画》八卷八回（《狭路逢》三卷、《自作孽》三卷、《寒彻骨》三卷）的"本衙藏板"；

⑫ 以《姻缘扇》之名收编了《人中画》不分卷八回《风流配》的琴韵书舍刊本。

以上《人中画》的各个版本共计十二种，其中⑦日本东京大学总合图书馆藏之琉球写本，大塚秀高（1984：26）记作"抄本？十五卷？（风流配、狭路逢、终有报、寒彻骨）"，后大塚秀高（1987：30）又改为"抄本十六回"，都没有确定其为琉球写本。笔者从大塚秀高（1984）所记的内容，排除⑦为尚志堂本的抄本（因为尚志堂本由《唐季龙》、《柳春荫》、《李天造》、《女秀才》四卷组成，并非分回的系统②），并在东京大学访得该书，由怀疑而证实其应为琉球写本③。该书系由武藤长平先生在琉球所访得，但其图书馆卡片上有"风月主人撰"的错误记录，而乾隆庚子泉州尚志堂刊本就题为"风月主人书"，可能因此该书被误认为尚志堂本的抄本，故一直没有引起学界的注意。

---

① 2008年初，笔者查得日本关西大学藏有《终有报》，怀疑其为《人中画》的残本，在该校内田庆市先生的帮助下，获得了该研究资料，笔者确认其为《人中画》琉球写本的残本。

② "唐季龙"是《人中画》中《终有报》的主要人物，"柳春荫"是《人中画》中《寒彻骨》的主要人物，"李天造"是《人中画》中《狭路逢》的主要人物，据孙秀君（1992：30），"女秀才"出自《二刻拍案惊奇》卷十七《同窗友认假作真，女秀才移花接木》，《今古奇观》取其作第三十四回《女秀才移花接木》。《女秀才》的形式，在正文之前除了诗词外还有故事，与其他三篇不同，二者的差异，显示《女秀才》可能不是《人中画》原本中的故事，而是尚志堂本另取他书而增益的。

③ 2007年，笔者前往日本京都大学留学之初，就向指导教授木津祐子先生提出东京大学可能藏有琉球写本的信息，在木津先生的帮助下，获得了该资料的复印件，并于2008年初与木津先生同往东京大学访得该资料，确认其为琉球写本。

## 二、《人中画》的啸花轩本与琉球写本

调查发现，（一）《人中画》现存版本中，只有啸花轩本（简称"啸本"）与琉球写本是包含了五个故事的十六卷（回）本，其他版本或三个故事（植桂楼本与《世途镜》），或四个故事（尚志堂本），或仅有某一个故事（《姻缘扇》），因此啸本与琉球写本作为历时语法研究对象的价值可能最大。但需要确认琉球写本是否是根据啸本改写的。（二）现存的琉球写本共有⑤⑥⑦⑧⑨⑩六种，在这六种版本中，⑤日本天理图书馆藏琉球写本（简称"天理本"）、⑥日本京都大学文学部藏琉球写本（简称"京大本"）、⑦日本东京大学总合图书馆藏琉球写本（简称"东大本"）所存的篇目都较多，它们都可作为语法研究对象。但它们是否是同一版本的不同抄本？其中何种是与啸本内容一致、年代不同的修改本？可否与啸本合作为历时语法研究的对象？

我们先看看啸本与三种琉球写本的行文：

遂领了司马玄到"浣古轩"来，只见那催妆诗果贴在壁上。（啸本）

就带了司马玄，到"浣古轩"来。只见一首催妆的诗，果然贴在壁上。（天理本）

就带了司马玄，到"浣古轩"来。只见一首催妆的诗，果然贴在壁上。（京大本）

就带了司马玄，到"浣古轩"来。只见一首催妆的诗，果然贴在壁上。（东大本）

它们的内容完全一致，语言方面三种琉球写本内部一致，啸本的"遂"则改为三种琉球写本的"就"，"领"改为"带"，"果"改成"果然"，显示出不同年代的语言面貌。琉球写本很可能是根据啸本改写的。我们新发现的东大本，其多处出现关于"本板"的信息，这些信息也能给上述问题提供一些思路：

（1）东大本狭路逢第一回5·a·2[①] 天头有注释："本板二八说字之上有却字"，啸本有"却"字。天理本与东大本同。京大本缺此回。

（2）东大本狭路逢第一回6·a·3"老道士说说起项王"天头有注释："两'说'字中有若字"。啸本有"若"字。天理本与东大本同。京大本缺此回。

---

[①] 表示"页数·正面·行数"，a表示正面，b表示背面，以下类推。

（3）东大本寒彻骨第一回2·b·3"盘缠还彀用"，旁注："尚足充盘缠之用"，旁注与啸本同。天理本、京大本与东大本同。

（4）东大本寒彻骨第一回3·a·4"在那里去学问定会进益"，旁注："若得读书其中必有妙处"，旁注与啸本同。天理本、京大本与东大本同。

（5）东大本寒彻骨第一回3·a·8"僻静的所在住下"，旁注："幽僻寓处住下"，旁注与啸本同。天理本、京大本与东大本同。

（6）东大本寒彻骨第一回4·a·8"什庅人读书"，旁注："何人读书"。旁注与啸本同。天理本、京大本与东大本同。

（7）东大本寒彻骨第一回3·b·2"得意的所在"，"得意"旁注："忘情之时"。啸本作"得意忘情之时"，天理本、京大本与东大本同。

（8）东大本寒彻骨第一回3·b·3"高声朗诵"，"高声"旁注："高吟"，啸本作"高吟朗读"，天理本、京大本与东大本同。

（9）东大本寒彻骨第一回3·b·3"单身在外"，旁注："只身天涯"，旁注与啸本同。天理本、京大本与东大本同。

（10）东大本寒彻骨第一回5·a·3"你是青年"，旁注："兄年正青"，旁注与啸本同。天理本、京大本与东大本同。

（11）东大本寒彻骨第一回5·a·5"得罪得狠"，旁注："殊觉可愧"，旁注与啸本同。天理本、京大本与东大本同。

（12）东大本寒彻骨第一回5·a·8"姓什么名字叫什么"，旁注："姓甚名谁"，旁注与啸本同。天理本、京大本与东大本同。

（13）东大本寒彻骨第一回5·b·1"有什么冤苦"，旁注："有何冤苦"，旁注与啸本同。天理本、京大本与东大本同。

（14）东大本寒彻骨第一回5·b·1"我替你伸冤"，旁注："或可为兄稍宽万一"，旁注与啸本同。天理本、京大本与东大本同。

（15）东大本寒彻骨第一回5·b·6"到我船上去说"，旁注："可到小舟一谈"，旁注与啸本同。天理本、京大本与东大本同。

（16）东大本寒彻骨第一回5·b·8"蜡烛点着"，旁注："银烛辉煌"，旁注与啸本同。天理本、京大本与东大本同。

（17）东大本寒彻骨第一回6·a·1"破衣破帽"，旁注："敝衣颓冠"，旁注与啸本同。天理本、京大本与东大本同。

（18）东大本寒彻骨第一回6·a·1"替商尚书讲话"，天头注："酬酢其中"，旁注与啸本同。天理本、京大本与东大本同。

（19）东大本寒彻骨第一回6·b·5"我好心酸"，旁注："使我心侧",旁注与啸本同。天理本、京大本与东大本同。

（20）东大本寒彻骨第一回 4·a·2 "月明好亮",旁注："如昼"。啸本作"月明如昼"。天理本、京大本与东大本同。

（21）东大本寒彻骨第一回 2·b·7 "要得一个好地方去发愤读书"。天头："本板必须择一个好地方发愤读书"。啸本作"须得一个好地方发愤读书"。天理本、京大本与东大本同。

（22）东大本寒彻骨第一回 3·b·1 "盘缠不斀",旁注："资斧不□①"。啸本作"资斧不继"。天理本、京大本与东大本同。

（23）东大本寒彻骨第一回 3·b·8 "做官的狠多",旁注："族中冠盖如云",旁注与啸本同。天理本、京大本与东大本同。

（24）东大本寒彻骨第一回 4·a·5 "听见好不伤心",旁注："令人心伤",旁注与啸本同。天理本、京大本与东大本同。

（25）东大本寒彻骨第一回 4·a·1 "爱这西湖的景致,就在那里玩了半个月"。"景致"旁注"风景",后半句旁注"就流连了半月"。啸本作"为爱湖上风景,就留连了半月"。天理本、京大本与东大本同。

（26）东大本寒彻骨第一回 5·b·8 "家人摆着,船里头屏风、案桌",旁注："家人林立,船中锦屏玉案",旁注与啸本同。天理本、京大本与东大本同。

从东大本的旁注来看,东大本改写所依据的母本,在体例、内容、语言都与啸本相当吻合。赵伯陶（1993：前言）提出："啸本《寒彻骨》结尾一段文字反较尚本《柳春荫》为少,内容也不尽相同。"② 木

---

① "□"表示原文不清。
② 啸本寒彻骨末段："自家拜别了商尚书,竟回贵州,将父母棺椁移葬。贵州有司皆来祭奠,好不光耀！葬事已毕,回朝复命。后来柳春荫由翰林直做到侍郎,他不贪仕宦,二年间,即告终养回绍兴,侍奉商尚书夫妻,二人终天之后,哀恸居丧。孝服满后,与孟夫人另卜宅,与孟尚书家相邻,抚育孟公子成人。后生二子,俱成伟器,其功名显大,皆贫贱能守而成。故曰：《寒彻骨》。"
琉球写本寒彻骨末段："自家拜别了商尚书,回去贵州埋葬。这时候,朝廷旨意,早到贵州,柳家产业,都交还他。刘恩先前到家,暗暗把老爷替太太全亲骸骨,都停在丁房里头。等柳春荫一到家,抚院按院、知府县官,没有一个不来迎接,十分荣华。柳春荫重新戴孝开吊,把父母埋葬的事明白了,把产业尽行交付刘恩掌管,纔上京谢恩复命。后来在绍兴住家,直等商尚书弃世,戴孝三年；孟小姐弟兄成人,又扶持他登了科甲,柳春荫纔替孟夫人,一起搬回贵州,料理旧时产业。孟夫人生了两个儿子,都读书。自家做官,做到尚书,转升文华殿大学士。刘恩两个儿子,也扶持他中了举人。俗语说：不是一番寒彻骨,怎得梅花扑鼻香？故此这题目,叫做：《寒彻骨》。"

津祐子（2007：4）也提出："琉球写本作底本的也不是啸花轩本，更不是泉州尚志堂本，因为啸花轩本的卷末《寒彻骨》最后一页经考察是后补的，情节也跟前面故事相矛盾（赵伯陶，1993）。不过琉球写本的该段很完整，跟啸花轩本明显不同，很可能是以啸花轩本的祖本作底而翻成官话体的。"但经赵伯陶（1993：前言）考证："《寒彻骨》位于啸本全书之末，其最后一叶自已草率，笔划单弱，与全书刻工风格明显不同，疑是该本刷印时，其藏板中最后一、二块或有损坏遗失情况，而重新雕版一块。今天所见最后一叶，字已刻满，末行仅有一字之空，则原刻必不止于此。重雕板时为省一、半块板之劳，经过计算，削足适履，将文字压缩，雕满一板即草草结束，致使'故曰寒彻骨'之结语无所从来，而'孟尚书'之称亦不见于前文（孟官拜春坊学士，书中以孟学士或孟老爷相称），可见雕板时草率从事，功亏一篑。植桂楼刊本等简本《人中画》，缩写中所据底本当是啸花轩刊本的原印本，故有了差异。"

我们认为，除了《寒彻骨》的最后一页，琉球写本跟啸本的内容相似度极高，甚至人物不同场合的会话语言风格也非常一致。赵伯陶认为啸花轩藏板的最后一、二块或损坏遗失而重新雕版，也即是说，除了最后一两块板外，其他各处啸本都保持了其"祖本"的实际面貌。

因此，关于本节提出的问题（一）：在没有发现比啸本更早的版本之前，我们认为在剔除掉《寒彻骨》最后一页的内容后，用啸本来代表《人中画》琉球写本的母本系统，是比较合理的。

关于本节提出的问题（二），无论是从内容、语言及东大本的旁注信息来看，三种琉球写本都非常一致，极有可能是同一版本的不同抄本。我们还发现，三种琉球写本的总目录与正文回目都存在出入，天理本《寒彻骨》总目录只列了两卷："十四卷　柳公子衔冤逃性命　商尚书慷慨认螟蛉"，"十五卷　流落子高登科报深仇　慧心女假丧明守佳偶"；正文却分三回，比总目录多出了第二回"第二回　商春荫百磨存气骨　孟学士一眼识英雄"。京大本与东大本总目录的《寒彻骨》都只分两卷："十四卷　柳公子衔冤逃性命　商尚书慷慨认螟蛉"①，"十五卷（无卷名）"。正文却都分三回，内容与天理本正文目录一致。三者的《寒彻骨》总目录都只出现两卷，正文却都分三回，连抄写的谬误也高度一致，可见天理本、东大本、京大本应该是同一版本的不同

---

① 东大本的"性命"，京大本记作"姓命"，其余与天理本、京大本同。

抄本。而从比较中可发现天理本的总目录较为完备、内容较为完整（十六卷俱存），因此其代表琉球写本与啸本合作为历时语法研究对象的价值最高。为了称说的方便，以下将天理本简称为琉本。

日本学者鱼返善雄（1957）和佐藤晴彦（1978）先后提及琉本，并对其来源和改编年代分别进行过论述，前者认为其有可能是"乾隆十几年"时琉球的通事们根据"《人中画》最初的刊本"修改而成；后者认为其有可能是根据啸本在"乾隆初年"改编的，但两位学者的观点缺乏具体的论证，我们将从版本和语法两个方面进行证明。

## 第二节 《人中画》琉球写本的来源

### 一、啸本与琉本的内容比照

将啸本与琉本进行比照，发现两者内容基本上完全对应。比如：

827a 忽树林<u>里</u>闪出一所庄院，甚是幽野。（啸/自/二）
827b 忽然树林<u>里头</u>，闪出一所的庄院，甚是幽雅。①（琉/自/二）
1127a 季寡妇听见他肯了，便满心欢喜，移他入内，收拾一间<u>房</u>与他住。（啸/狭/一）
1127b 季寡妇听见他肯了，就满心欢喜，就叫他进里头去，收拾一间<u>房子</u>，给他住下。（琉/狭/一）
478a 却说尹老官自送了女儿出门，到了三朝七日，要买<u>礼</u>来看看，却又自愧菲薄，怕羞不敢来。（啸/风/三）
478b 如今再说，那尹老头子，从送了女儿出门，到了三朝七日，要买些<u>礼物</u>来看看，又恐怕礼薄，怕羞不敢来。（琉/风/三）
1846a 逐日日带了绣鸳鸯在身边，竟<u>自</u>到半塘与虎丘闲撞。（啸/终/三）
1846b 天天带了绣鸳鸯在身边，竟<u>自家</u>去到半塘、虎丘那里玩。（琉/终/三）
513a 遂领了司马玄到"浣古轩"来，只见那催妆诗<u>果</u>贴在壁上。（啸/风/三）
513b 就带了司马玄，到"浣古轩"来。只见一首催妆的诗，<u>果然</u>

---

① 啸本的句读按路工校注的排印本，琉本的句读按天理大学藏本的原文，故两本的句读略有不同。

贴在壁上。(琉/风/三)

1467a 却说众乡邻、亲友听见李春荣寻了父亲回来，都来贺喜。(啸/狭/三)

1467b 再说，众乡里邻居、亲戚朋友，听见李春荣寻了老子回来，都来贺喜。(琉/狭/三)

681a 师生二人欢欢喜喜，同往南京乡试。(啸/自/一)

681b 先生学生二人欢欢喜喜，一齐去南京乡试。(琉/自/一)

1129a 又恐他父未死，原名春荣不另改了。(啸/狭/一)

1129b 又恐怕他老子没有死，原叫春荣，就不更改了。(琉/狭/一)

306a 尹荇烟听了，心下已知是诗扇的来头。(啸/风/二)

306b 尹荇烟听了，心里头早已知道是诗扇的缘故。(琉/风/二)

以上两个版本相对应的文句内容一致，不同之处主要表现在啸本的单音节词在琉本中被改写成了双音节词（例句中画线处）——从本质上看是现代汉语用法对近代汉语用法的替换。我们认为，琉本应当是在啸本刊行之后，后代根据当时的语言面貌对其进行修改而成的今译改写本。需要补充的是，琉本对啸本的改写还有以下两点值得一提：

（1）啸本中作为话本小说的回目，篇头、结尾处的诗词评论及文中引用的古文在琉本中基本保持原貌。

（2）啸本中叙述语言与人物对话语言存在明显的语体差异。其叙述语言有典型的话本小说特点，能反映当时的实际语言情况。人物对话语言分为两种情况，文化层次较高的秀才、官员、才女等的语言，语体大多趋雅仿古，不能代表当时的实际语言情况；文化层次较低的卖花人、农民、媒婆、船夫、商人等的语言，语体层次一般较低[①]，通俗浅白，与叙述语言一样反映当时的实际语言情况。琉本注意到了这些语体的区别，对啸本的改写非常细致，对不同人物在不同场合的语言作了不同程度的改写，对许多高语体场景中的句子仍然保持了相应的语体风格。[②]

---

① 这种语体的区别不仅由人物的文化层次决定，也由场合决定，如《狭路逢》中的李天造，虽然身为商人，文化层次较低，但在项王庙祷告这样的庄严场合时，语言的语体层次也极高。

② 作/编者的叙述语和一般场合下文化水平低的人物语言口语化的程度是相当高的，而文化水平高的人物语言则经常受到场合的限制，显示出趋雅的书面化倾向。因此前两者能够代表啸琉两本所处时代的真实语言面貌，而后者则需要进行层次的区分。因此本章讨论的重点是前两者，后者在涉及相关的语法现象时另加以注明。

## 二、啸本所作时间

啸本应作于清初顺治年间。根据主要有二：一是啸花轩是一个明代后期即已出现了的书坊（陈辽，1996），啸本中所有"玄"字均不缺笔，这表明它一定是康熙年之前的作品；二是啸本"自作孽"开头有"话说万历年间"，第二回有"却喜得神宗皇帝怪御史多言，不肯考选都察院之人，因此江西久无按院，汪费得以横行"之语，不似明末的表达方式①，应为明末之后的表达方式。据以上两点，明末之后康熙年之前，那么啸本只可能作于清初顺治（1643—1661）年间②。

## 第三节　琉本的语言现象与改编年代

琉本的词汇单双音节现象与啸本迥异，但与琉球官话课本中的《白姓官话》一书的情况却非常相似：

（1）在那边新盖的<u>房子</u>里头养病。（《白姓官话》）

（2）那边盖起的<u>房子</u>，是什么人住在里头呢？（《白姓官话》）

（3）我的愚见，不要叫官来，单把<u>礼物</u>收下，你们自己祭他，好不好呢？（《白姓官话》）

（4）不要思量家里，保养<u>自家</u>身体，更是要紧。（《白姓官话》）

（5）这样<u>果然</u>好，只是又要费你国王的钱粮，办事人的心力，我心上怎么过得去呢？（《白姓官话》）

（6）那边住的，就是福建的<u>朋友</u>么？（《白姓官话》）

（7）<u>学生</u>痴长十五岁。（《白姓官话》）

（8）我们看那朱三官的病，十分深了，<u>恐怕</u>不会好。（《白姓官话》）

（9）如今天气炎热，夏衣都没有，不知道怎么样<u>纔</u>好。（《白姓官话》）

《白姓官话》与琉本一样，用"里头"而不用"里"，用"礼物"而不用"礼"，用"自家"而不用"自"，用"果然"而不用"果"……而这些《白姓官话》与琉本不用的用法却是啸本的典型用法。换言之，词汇方面琉本与啸本迥异，而与《白姓官话》相似。我们不妨将琉本、

---

① 孙秀君（1992）认为这种文人直接批评当朝皇帝的做法不可能出现于明末，故啸本不可能撰于明末。另外，神宗（1573—1620）是庙号，死后才有。至少可排除作于1620年前。

② 陈辽（1996）也提到《人中画》顺治年间出版，路工（1985）也认为可以肯定为顺治年间（约1650）所刊。

《白姓官话》、啸本三者的语法现象进行一番比较，看看三者在语法方面的表现是否与词汇方面的表现相平行，具体说就是看看三者在近代汉语用法与现代汉语用法上的孰多孰少、如何取舍的情况。

上文提到啸本、琉本的叙述语言和人物语言的语体高低不同，高语体的与当时实际语言有距离。因此我们本节在考量琉本的改编年代时，主要考察啸本、琉本中的叙述语言部分。以下我们将对琉本、《白姓官话》、啸本三者进行七个语法项的统计与分析。

### 一、引进受事的介词"把"和"将"

"把"是现代汉语用法，"将"是近代汉语用法。介词"把/将"出现的情况《白姓官话》为16/0，琉本为128/15，啸本为6/114。啸本的"将"数量还是"把"的十几倍，琉本、《白姓官话》的"把"都已大大超过"将"，也即是说，介词"将"是啸本的常见用法，而介词"把"是琉本与《白姓官话》的常见用法。相关例子如下：

（10）天时热得狠，把衣裳脱吊，凉快凉快。（《白姓官话》）

54b 吕柯就把去华老师家拜寿、留他在书房吃酒、看见金扇的事情，细细说了一遍。（琉/风/一）

54a 吕柯就将华老祝寿、留饮书房、看见金扇之事细细说了一遍。（啸/风/一）

### 二、引进施事的介词"给"和"被"

"给"是现代汉语用法，"被"是近代汉语用法。介词"给/被"出现的情况《白姓官话》为4/7，琉本为19/3，啸本为0/19。琉本、《白姓官话》已经出现表被动的介词"给"，啸本表被动只用介词"被"。相关例子如下：

（11）那些没有丢的，也给海水打滥了。（《白姓官话》）

（12）弟被风漂来，心里闷得紧，今蒙赐顾，又承大教，心里十分爽快，正古人所谓，同君一夜话，胜读十年书。（《白姓官话》）①

---

① 此例"被"语体趋雅，不能代表当时实际的语言情况。《白》中"被"例子与此例一样有明显语体限制的共4例，又如：

弟们十二月二十一日，收到奇界岛，蒙那里老爷叫小船拉进港里，这番弟们船只又被风浪打坏，不堪之极，蒙老爷恩典，要替弟们修理，弟们自家看这只船，伤损狠多，修理不得，求老爷把这船烧吊，送我们随贡船回去罢了。（《白》）

1078b 父子哭个不了，给一个大浪，把船打翻，两个人都滚在水里。（琉/狭/一）
2047b 张媒婆被打三十，扒了出来，众人都骂不歇。（琉/终/四）
1078a 父子哭不了，早被一个大浪，把船打翻，二人都滚入水中。（啸/狭/一）

### 三、引进空间的介词"在"和"于"①

"在"是现代汉语用法，"于"是近代汉语用法。介词"在/于"出现的情况《白姓官话》为79/0，琉本为226/1，啸本为183/10。《白姓官话》的"于"已经消失、琉本也只有1例"于"，啸本仍有10例"于"。相关例子如下：

（13）那边盖起的房子，是什么人住在里头呢？（《白姓官话》）
74b 司马玄写完，叫人挂在厅堂上，请华岳来看。（琉/风/一）
74a 司马玄写完，叫人用针悬挂于厅壁之上，请华岳观看。（啸/风/一）

### 四、引进时间的介词"从"和"自"②

"从"是现代汉语用法，"自"是近代汉语用法。介词"从/自"出现的情况《白姓官话》为6/0，琉本为12/0，啸本为0/17。琉本、《白姓官话》用"从"来引进时间，"自"已经消失；啸本用"自"来引进时间，"从"尚未出现。相关例子如下：

（14）敝国进贡，是从唐朝起的。（《白姓官话》）
1032b 因他祖业凋零，从小就在江湖上，学做生意，到了三十岁，就发有几千两银子。（琉/狭/一）
1032a 因祖业凋零，自幼就在江湖上习了商贾之业，到得三十以外，发有数千金之财。（啸/狭/一）

### 五、时间副词"纔"和"方"

"纔"是现代汉语用法，"方"是近代汉语用法。副词"纔/方"出现的情况《白姓官话》为47/0，琉本为97/1，啸本为15/54。《白姓官话》的"方"已经消失，琉本也只有1例"方"，啸本中副词"方"

---

① 介词"在/于"还能引进时间，例略。
② 介词"从/自"还能引进空间，例略。

数量还大大超过"纔"。相关例子如下：

（15）新通事还没有来到，等他到了，交代明白，弟<u>纔</u>动身。（《白姓官话》）

118b 大家欢喜，又坐在桌上吃酒，吃到尽兴<u>纔</u>散。（琉/风/一）

118a 大家欢然入席又饮，直饮得尽兴<u>方</u>散。（啸/风/一）

### 六、总括副词"都"和"皆"

"都"是现代汉语用法，"皆"是近代汉语用法。"都/皆"出现的情况《白姓官话》为83/0，琉本为170/0，啸本为91/11。琉本与《白姓官话》的"皆"都已消失，啸本中仍有11例"皆"。相关例子如下：

（16）他随身穿的还有，<u>都</u>给他穿了，多谢老爷费心，不消做了。（《白姓官话》）

1542b 再望楼下一看，<u>都</u>是菊花：紫的白的，红的黄的，围满一院。（琉/终/一）

1542a 再往楼下一看，<u>皆</u>是菊花，紫白红黄，芬纭满院。（啸/终/一）

### 七、否定副词"没有"和"未曾、不曾"

"没有"是现代汉语用法，"未曾、不曾"是近代汉语用法。"没有/未曾、不曾"出现的情况《白姓官话》为43/0，琉本为26/0，啸本为1/11。琉本与《白姓官话》的"未曾、不曾"都已消失，啸本中仍有4例"未曾"与7例"不曾"。相关例子如下：

（17）点完了么？还<u>没有</u>点完。<u>没有</u>点完，把那点了的，给我带去，还<u>没有</u>点的，放在这里。（《白姓官话》）

2262b 商春荫听见租粮都完，因他在前有病，<u>没有</u>送来，他就要回去。（琉/寒/二）

1829b 庄玉燕不失信，过了半个月，果然替他绣得端端正正的，<u>没有</u>落个款。（琉/终/三）

2262a 商春荫已闻知租粮皆完，只因病，尚<u>未曾</u>交纳，他就要回去。（啸/寒/二）

1829a 庄玉燕不失信，过了半月，果然替他绣得端端正正，只<u>不曾</u>落款。

## 八、小结

排除有语体限制的情况，以上数据可用图表表示如下：

表 2-1

|  | 琉本 | 《白姓官话》 | 啸本 |
|---|---|---|---|
| 把/将 | 128/15 | 16/0 | 6/114 |
| 给/被 | 19/3 | 4/3 | 0/19 |
| 在/于 | 226/1 | 79/0 | 183/10 |
| 从/自 | 12/0 | 6/0 | 0/17 |
| 纔/方 | 97/1 | 47/0 | 15/54 |
| 都/皆 | 170/0 | 83/0 | 91/11 |
| 没有/未曾、不曾 | 26/0 | 43/0 | 1/11 |

从表中可以看出：

（一）琉本与《白姓官话》现代汉语用法的介词"把""给""在""从"、副词"纔""都""没有"的数量都大大超过了其相应的近代汉语用法的介词"将""被""于""自"、副词"方""皆""未曾、不曾"，后者在琉本与《白姓官话》中已经消亡或濒临消亡。

（二）啸本中近代汉语用法的介词"将""被""自"、副词"未曾、不曾"数量仍大大超过其相应的现代汉语用法的介词"把""给""从"、副词"没有"，后者在啸本中尚未出现或刚刚出现。在琉本与《白姓官话》中已经消亡的近代汉语用法介词"于"、副词"方""皆"，在啸本中仍然有着为数不少的例子。

从琉本、《白姓官话》与啸本在以上七个语法项上的表现情况来看，琉本与《白姓官话》的数据都很接近，而与啸本则有很大不同；再结合三者在词汇单双音节方面的平行表现，我们完全有理由认为：琉本与《白姓官话》的编写年代接近，《白姓官话》作于 1750 年（濑户口律子、李炜，2004），琉本的改编年代也应在 18 世纪中叶。琉本的改编年代与啸本的编写年代则相距约一个世纪。

# 第三章 《人中画》琉球写本的历时坐标

## ——兼论近代汉语与现代汉语的分界问题

汉语语法史可以划分为上古汉语语法、中古汉语语法、近代汉语语法和现代汉语语法。其中，近代汉语语法研究虽然起步较晚，但经过数十年的苦心经营，已成为一门突飞猛进的显学。然而，近代汉语的分界，也即其上限下界，却存在着各种看法，至今没有定论。几种较主要的意见如下：

（一）王力（1958：34-35）认为公元13世纪到19世纪（鸦片战争）为近代汉语时期（自1840年鸦片战争至1919年五四运动为过渡阶段，20世纪五四运动以后为现代汉语），这种意见的影响范围很大。刁晏斌（1999，2006a，2006b）提倡设立"现代汉语史"的研究，对现代汉语史区分出四个阶段，其中的第一个阶段就是从1919年开始的（2006b：34-43）。

（二）高本汉（B. Karlgren、赵元任、罗常培、李方桂译《中国音韵学研究》，1940：21）将汉语分期为"太古汉语"（le proto-chinois，《诗经》以前）、"上古汉语"（le chinois archaique，《诗经》到东汉）、"中古汉语"（l'ancien chinois，六朝至唐代）、"近古汉语"（le chinois moyen，宋代）和"老官话"（le vieux mandarin，元明时代）。

（三）吕叔湘（1985：1）提出："以晚唐五代为界，把汉语的历史分为古代汉语和近代汉语两个大的阶段是比较合适的。至于现代汉语，那只是近代汉语内部的一个分期，不能跟古代汉语和近代汉语鼎足三分。"所谓晚唐五代，即公元9世纪。

（四）杨耐思（1987：20）认为："晚唐五代到清初的一千余年"为近代汉语时期。跟这种意见相似的还有胡明扬（1991：251）："7世纪的唐初到16世纪末、17世纪初的清初，上下一千年"为近代汉语时期，具体而言，"上限不晚于隋末唐初，下限不早于《红楼梦》以前"，其在语法和语汇方面提出的确定近代汉语上下限的标准是："语法上的'的了呢吗'的出现和全面替代'之乎者也'；'这、那'的出现和替代'彼此';'将'字句的出现、发展和消失;'把'字句的出现和发展;'动+将+趋'的出现、发展和消失。语汇中'我你他'还有'们'的出现和全面替代'吾汝其'等古代汉语人称代词。"

（五）蒋绍愚（1994：6）认为："把语音和语法综合起来看，把唐代初年作为近代汉语的上限是可以的。"近代汉语的下限则应"定为18世纪中期，或者粗略一点儿说，定在清初"。

近代汉语的分期与汉语史的研究密切相关。研究近代汉语当然必须先对其上限下界进行界定，以划定研究的范围；研究古代汉语也必须关心近代汉语的上限，因为这与其下限密切相关；研究现代汉语也必须关心近代汉语的下限，因为这与其上限密切相关。由于各家的意见存在分歧又没有定论，使研究者们在研究汉语的历史时多有不便，研究工作的第一步就是先说明并解释自己的分期标准。比如以下几部近代汉语语法专著，各家对近代汉语的判定各有不同，如杨荣祥（2005：6）将近代汉语副词的研究范围划定为晚唐五代的《敦煌变文集》到明代的《金瓶梅词话》；曹广顺（1995：184）对近代汉语助词的研究虽然没有开章明义说明自己的研究范围，但是选用的语料下限为写作于19世纪末的《老残游记》；马贝加（2002：2）对近代汉语介词的研究范围为西汉的《史记》至20世纪初的《二十年目睹之怪现状》。

以上学界对近代汉语分期的意见中，吕叔湘注意到了现代汉语和近代汉语的密切联系，从汉语发展的历史来看是有道理的，但是在实际的操作中却有诸多不便。目前学界还是倾向于采用"三分法"，因此对近代汉语下限的看法一般可以概括为三种：（1）17世纪中叶（明末—清初）；（2）18世纪中叶（清中叶）；（3）19世纪中叶（清末）。虽然都在清代，但前后却跨了三个世纪。三百年之间，语言的发展变化不可小视[1]，近代汉语究竟在哪一个世纪终结，意味着现代汉语在哪一个世纪开始，厘清这个问题，对汉语史、近代汉语、现代汉语的研究意义重大。

啸本编写于17世纪中叶，琉本改编于18世纪中叶，分别处于清

---

[1] 近年来国内外学者利用新发现的各种汉语官话及方言的材料进行语言演变研究，可以看出在清代，编写年代相隔几十年的语料所呈现出来的语言特点已存在各种不同。如李炜：清中叶以来的"给"字及其相关句式，中山大学博士学位论文，2002；横田文彦：早期粤语从"在 zhoi"到"喺 hai"的演变及其原因[C]，第三届汉语方言语法国际研讨会，暨南大学，2006；庄初升：一百多年前新界客家方言的体标记"开"和"里"，暨南学报，2007，3：148-158 等。

初和清中叶,本章我们将对这两种语料进行历时比较,试图为近代汉语的下限即现代汉语的上限问题的确定提供一些思路。

前一章中我们在讨论琉本的改编年代的时候,已经从介词、副词等几个方面对啸本和琉本进行了简单的比较,为了论述的集中,我们只举了少数几个方面的语法特征,讨论的范围也只限于文章的叙述语言。这一章我们将观察的范围扩大至全文,在仔细区分文中各句节语体情况的前提下,进一步讨论两本之间的历时语法差异①。

## 第一节 《人中画》两种版本的语法历时比较(上)

### 一、代词的演变

啸本的代词在琉本中的演变,主要体现在疑问代词方面。

(一) 甚、甚么

1. 甚—什么/甚么

啸本疑问代词"甚"共出现55次,在琉本中替换为"什么/甚么"(这两种不同写法的意义、功能完全一致,为叙述方便,本文总称为"什么")51次,如:

375a 还不打紧,说他的才美聪明,随你<u>甚</u>人也敌他不过。(啸/风/三)

375b 这还不打紧,说他的才学聪明,随你<u>甚么</u>人,也敌他不过。(琉/风/三)

454a 尹荇烟道:"有<u>甚</u>缘故?乞小姐说明,免我心下狐疑!"(啸/风/三)

454b 尹荇烟说:"有<u>甚么</u>缘故?求小姐讲明,免得我心里头可疑。"(琉/风/三)

169a 旧时有个李阁老老爷,不知为<u>甚</u>事,皇帝恼他,叫他住在城外,整整的住了七、八年。(啸/风/二)

169b 旧时有个李阁老老爷,不知为<u>甚么</u>事,皇帝恼他,叫他住在城外,整整的住了七八年(的)②。(琉/风/二)

其中出现在叙述语言的有7例,如:

---

① 本文讨论例子不包括题目、拟话本开头结尾处的诗词、公文等文言部分。

② 括号内为琉本正文外旁加文字,下同。琉本因是抄本,常在正文外旁加个别文字,这些文字应为抄写者对抄写的校正、补充。

138a 司马玄初意看诗，只道是<u>甚</u>才人题咏，及自读完，芳韵袭人，字字是美人幽恨，又见写着"尹氏苏烟"，心下大惊道："终不成又有个才女？"（啸/风/二）

138b 司马玄起头看诗，当是<u>什么</u>才人题的。到念完，那里头的意思，都是美人怨恨的心事。又见写著是"尹氏苏烟"，心里头惊说："难道又有个才女不成么？"（琉/风/二）

1105a 救活了，都只道他身上有<u>甚</u>财物，你也来搜，我也来搜，却不料是一个光身子，并无财物。（啸/狭/一）

1105b 救活了，都讲他身上有<u>甚么</u>银钱，你也来搜，我也来寻，不想是一个光身子，并没有银钱。（琉/狭/一）

1475a 到次日，果然都走来撮合，李天造江湖久鳏，又感季氏收留儿子，有<u>甚</u>不肯？（啸/狭/三）

1475b 到第二天，果然都来作成。李天造在江湖上，好久没有老婆，又多感季氏收留他儿子，有<u>甚么</u>不肯？（琉/狭/三）

2158a 且说商春荫自到商府之后，以为栖身有地，可以安心读书，又见有人服侍，刘恩无<u>甚</u>用处，因思量故园不知怎生光景，遂打发刘恩回贵州，去打探家中消息。（啸/寒/一）

2158b 再说，商春荫从到商府来，自家说是栖身有地方，可以安心读书。又见有人服侍，刘恩没有<u>什么</u>用处，就是思量家里，不知道是什么光景，就打发刘恩回贵州去，打听家里的消息。（琉/寒/一）

774a 说不了，外面喝道声响，有<u>甚</u>官府来了。（啸/自/一）

774b 说不了，外头喝道一声，有<u>什么</u>官府来了。（琉/自/一）

1447a 傅星听见说女婿父子重逢，也不暇问<u>甚</u>名号，便欢欢喜喜走了出来接见亲家。（啸/狭/三）

1447b 傅星听见说女婿父子重逢，也不等问<u>什么</u>名号，就欢欢喜喜，走了出来，接见亲家。（琉/狭/三）

1452a 李春荣与傅氏俱不知为<u>甚</u>缘故，尽惊讶来问。（啸/狭/三）

1452b 李春荣替傅氏，不晓得为<u>什么</u>缘故，都来问。（琉/狭/三）

琉本改变说法 2 次，如：

734a 不是我夸口说，举人入京会试，拿定来春就是个进士。他老也老了，还发个<u>甚</u>迹？（啸/自/一）

734b 不是我夸口说，举人、进士，正是我们少年的事。他老也老了，还发到那里去呢？（琉/自/一）

琉本缺页 2 次①，如：

1116a 季寡妇看见李春荣不象以下人家，忙搀起道："小官人不消谢！你是何方人氏，姓<u>甚</u>名谁，因何落水？"（啸/狭/一）

1116b 琉版缺页

2. 甚么—什么/甚么

啸本疑问代词"甚么"共出现 34 次，在琉本中仍为"什么"。如：

306a 尹荇烟听了，心下已知是诗扇的来头，因对父亲道："吕翰林便吕翰林罢了，你慌<u>些甚么</u>？"（啸/风/二）

306b 尹荇烟听了，心里头早已知道是诗扇的缘故，替他老子说："吕翰林就是翰林罢了，你忙做<u>甚么</u>？"（琉/风/二）

311a 尹老官道："他是纱帽圆领，我却穿<u>甚么</u>衣服？"（啸/风/二）

311b 他老头子说："他是纱帽圆领，我穿<u>甚么</u>衣服呢？"（琉/风/二）

370a 只打听到晚，方来回复道："吕爷果然与司马相公到<u>甚么</u>红菟村尹家去定亲，值等到此时，方定了回来。"（啸/风/三）

370b 打听到黑，纔来回复说："吕老爷果然替司马相公，到<u>甚么</u>红菟村尹家去定亲，值等到这个时候，纔得回来。"（琉/风/三）

其中出现在叙述语言的有 4 例：

686a 汪费若在旧时，未免敛容受教，今日虽不说<u>些甚么</u>，但只笑笑就罢了。（啸/自/一）

686b 汪费若是在先的时候，就也听他了，如今他嘴里不说<u>些甚么</u>，寡笑笑就罢了。（琉/自/一）

830a 也不问是<u>甚么</u>人家，便一齐拥到庄前，两三个家人跳下牲口，竟乒乒乓乓乱敲。（啸/自/二）

830b 也不问是<u>什么</u>人家，就一齐都到庄前，两三个家人，跳下牲口，就乒乒乓乓的乱打门。（琉/自/二）

1255a 知县听了也不说<u>甚么</u>，又叫那女子上去问道："你是万衙丫鬟？叫<u>甚</u>名字？还是被李春荣拐带出来，还是有<u>甚</u>冤苦自去投水？须直直说来，免我动刑！"（啸/狭/二）

1255b 知县听了，也不说<u>甚么</u>，又叫那女子上去，问说："你是万家丫头？叫<u>甚么</u>名字？还是给李春荣拐带出来，还是有<u>甚么</u>冤苦，自

---

① 下文若遇到琉本缺页的情况，例一般不再赘举。

家投水？直直说来，免得我动刑罚！"（琉/狭/二）

2180a 商春荫只应得一声"是"，半字也不说甚么，竟走了下来。（啸/寒/一）

2180b 商春荫答应一声"是"，半字也不讲什么，竟走了下来。（琉/寒/一）

可见，啸本的"甚"和"甚么"都能用于叙述语言和人物语言，也即是说，用"甚"或"甚么"，并不受到语体的限制，因此，啸本仍处于"甚"和"甚么"混用的阶段。在琉本中，这两种用法被统一为"什么"，与现代汉语的用法已经基本相同。

（二）何

疑问代词"何"在啸本中一般与"如"联合，构成"如何"、"何如"，其在琉本中被替换为各种现代汉语用法。

1. 如何

啸本的"如何"共出现 50 次，在琉本中替换为"怎么"24 次，如：

1079a 他二人初入水尚抱紧不肯放，忽又被一个大浪劈手冲来，二人如何抱持得定？（啸/狭/一）

1079b 他两个人纔下水，还抱紧不肯放。忽然给一个大浪，劈手冲来，两个人怎么会抱得紧？（琉/狭/一）

替换为"怎么样"17 次，如：

18a 吕柯道："时光有限，兄如何成就得小弟？"（啸/风/一）

18b 吕柯说："如今没有多久，怎么样会成就我呢？"（琉/风/一）

替换为"那里"5 次，如：

400a 小姐也沉吟道："除非孩儿改了男妆，假充司马玄坐在轿中不出来，他如何得知？"（啸/风/三）

400b 小姐也思量一会说："除非孩儿改了女扮男妆，假做司马玄，坐在轿里头不出来。他那里会晓得？"（琉/风/三）

替换为"好不好"2 次，如：

2136a 我今取汝叫做春荫，你道如何？（啸/寒/一）

2136b 我今取你一个名字，叫做春荫，你说好不好？（琉/寒/一）

琉本改变说法，没有出现相应的疑问代词 1 次①。

85a 吕柯道："他今将诗已携去，且看缘法<u>如何</u>。"（啸/风/一）
85b 吕柯说："他如今把诗拿去，且看你的缘法。"（琉/风/一）

替换为"何如"1 次，即：

2347a 不知此后<u>如何</u>，且听下回分解。（啸/寒/二）
2347b 不知道此后<u>何如</u>？且听下回分解。（琉/寒/二）

这一例为拟话本小说的回末套语，不能代表实际的语言情况。可见，啸本的"如何"在琉本中全都替换成现代汉语疑问代词"怎么（样）"、"那里"或选择问句"好不好"。

2. 何如

啸本的"何如"共出现 28 例，在琉本中仍为"何如"5 例，其中 3 例出现在拟话本小说的回末套语中：

341a 不知吕翰林回去<u>何如</u>，且听下回分解。（啸/风/二）
341b 不知（道）吕翰林回去<u>何如</u>，且听下回分解。（琉/风/二）
519a 欲知毕竟<u>何如</u>，且听下回分解。（啸/风/三）
519b 不知司马玄相思，毕竟<u>何如</u>，且听下回分解。（琉/风/三）
1799a 不知此后<u>何如</u>？且听下回分解。（啸/终/二）
1799b 不知此后<u>何如</u>，且听下回分解。（琉/终/二）

另外 2 例为：

544a 吕柯道："这不难，我明日请与一较，看他<u>何如</u>？"（啸/风/四）
544b 吕柯说："这个不难。我明日请他来考考，看他<u>何如</u>。"（琉/风/四）

1372a 行主人听知，跌脚道："我前日就对老相公说，这姓傅的不是好人，你不听我，今日<u>何如</u>？"（啸/狭/三）
1372b 行家听了，跳脚说："我前日就替老相公说，这姓傅的，不是好人。你不肯听我，今日<u>何如</u>？"（琉/狭/三）

例 544 出现在吕柯和司马玄的对话中，对话双方前者为翰林，后者为探花，文化程度都较高，琉本的修改者意识到并在琉本中保持了这种对话风格。以下我们用社会语言学的概念"高语体"来指称这种

---

① 这种改写后没有出现与原文相应的某种形式的情况，本文称之为零形式，下同，例一般不再赘举。

对话语体。没有语体限制的"何如",琉本仅余 1372 这一例。

其余的 23 例"何如",在琉本中替换为"怎么样"10 例。如:

88a 看了又看,暗暗欢喜道:"此二人真可谓天生一对,况此生青年发解,前程甚远,明日招他为婿,也是快事。但不知女儿心下<u>何如</u>?"(啸/风/一)

88b 看了又看,暗暗欢喜说:"这两个真真是天生一对!他是青年中个解元,前程远大。明日招他做女婿,也是快活之事。不晓得女儿心里<u>怎么样</u>的?"(琉/风/一)

替换为"好不好"5 例,如:

605a 华岳笑道:"这也不难,就将新婿改换女妆,充做苄烟,同嫁与探花,你道<u>何如</u>?"(啸/风/四)

605b 华岳笑说:"这也不难,就把新女婿改做(换?)女妆,充做苄烟,嫁给探花。你说<u>好不好</u>?"(琉/风/四)

替换为"好么"2 例,如:

1585a 元晏道:"既是他家女儿托你讲亲,你何不总承了我,我重重谢你<u>何如</u>?"(啸/终/一)

1585b 元晏说:"既是他家女儿托你说亲,你何不总承给我,我重重谢你<u>好么</u>?"(琉/终/一)

替换为"是不是"1 例,即:

2293a 曹先生因笑说道:"我就对老年翁说,此子狂士也,不足与语,<u>何如</u>?"(啸/寒/二)

2293b 曹先生笑说:"我替你说了这个人狂,<u>是不是</u>呢?"(琉/寒/二)

另替换为零形式 5 例,不赘。

可见,除了用于拟话本小说的回末套语外,啸本的"何如"在琉本中已被替换成现代汉语用法的"怎么样"、"好不好"、"好么"、"是不是"。

### 二、动词的演变

啸本的动词在琉本中的演变,除了体现为单音节动词演变为双音节动词外(详见后文本章表 3-1,此处不赘),还有一批近代汉语常用的单音节动词的衰落,代之以一批现代汉语常用的单音节动词的兴起。我们将分别对啸本的给予动词、使役动词、能愿动词在琉本中的演变

## 第三章 《人中画》琉球写本的历时坐标

进行考察。

（二）给予动词、使役动词

啸本的动词"与"有多种用法，现分类列出：

1. 给予句中的"与"

"与"做给予句的主要动词，能出现在下列多种给予句式中：

A式："与 $N_2$"（本文以 $N_1$ 指"与者"，$N_2$ 指"受者"，$N_3$ 指"与者所与亦即受者所受的事物"；$N_1N_2$ 一般是指人名词，$N_3$ 一般是指物名词）。该句式的 $N_3$ 在"与"前，或做受事主语，或做"将"字宾语，或承前省略。啸本出现于该式的"与"共8例，在琉本都被"给"所替换，如：

2149a 因进京的钦限甚迫，不敢久留，只得恳恳切切写了两封书，一封与夫人，一封与曹先生，都是叫他好生看管商春荫之事。（啸/寒/一）

2149b 因进京的日子，部限甚急，不敢久住，恳恳切切的，写了两封信，一封给夫人，一封给曹先生，都是叫他好生看管商春荫的事。（琉/寒/一）

179a 李老爷起身时，又将带不去的许多书籍、文章、古董、玩器都与了尹姑娘。（啸/风/二）

179b 李老爷起身回去的时候，那带不去的书籍、文章、古董、玩器，都给了尹姑娘。（琉/风/二）

157a 司马玄就在家人银包内取了一锭，递与老儿道："我与你，你肯卖么？"（啸/风/二）

157b 司马玄就在家人银包里头，拿了一锭，递给他说："我给你，你肯卖么？"（琉/风/二）

B式："与 $N_2N_3$"。啸本出现于该式的"与"共5例，在琉本都被"给"所替换。如：

155a 司马玄道："我多与你些银子，卖了罢。"（啸/风/二）

155b 司马玄说："我多给你些银子卖了罢。"（琉/风/二）

222a 尹苻烟道："你找了价来，我再多与你几幅也不打紧，如今没有。"（啸/风/二）

222b 尹苻烟说："你找了价来，我再多给你几张，也不打紧，如今没有了。"（琉/风/二）

C式："V 与"。即"V 与"后面既无 $N_2$ 也无 $N_3$。啸本出现于该式的"与"共2例，在琉本都被"给"所替换，如：

31

1190a 却说傅星别了李天造，一径到芜湖主人家，将书信<u>付与</u>，就说知苏州桐油长了，前日载去的一半卖了一千，而今要载去这一半之意。（啸/狭/二）

1190b 再说，傅星别了李天造，一直到芜湖主人家，把书信<u>付给</u>，就说："苏州桐油价钱长了，前日载去的一半，卖了一千，如今要载去这一半。"（琉/狭/二）

2241a 蠹家人方才没寻火处，亏一个妇人取了火刀、火石<u>递与</u>，蠹家人敲出火来，点上灯，移到堂中来照。（啸/寒/二）

2241b 蠹家人正没处寻火，亏一个女人，拿了火刀火石，<u>递给</u>蠹家人，纔打出火来，点起灯，拿出堂上来炤。（琉/寒/二）①

D式："V与$N_2$"。该句式的$N_3$在"V与"前，或做受事主语，或做"把"字宾语，或承前省略。啸本出现于该式的"与"共50例，其中47例在琉本都被"给"所替换。如：

1686a 这头亲事，我正想着要<u>说与</u>唐相公，不知你们也讲动了，就讲成，这媒人原要我做，此乃是大亲事了。（啸/终/二）

1686b 这头亲事，我正想着要<u>说给</u>唐相公，不知道你们也讲了。就讲成，这媒人原要我做，这个是大亲事了。（琉/终/二）

114a 司马玄题毕，双手<u>呈与</u>华岳。（啸/风/一）

114b 司马玄题完，双手<u>递给</u>华岳。（琉/风/一）

另外3例为给予动词零形式：

1321a 原来李春荣得了知县之力高荐上府，府中有了名字，<u>送与</u>道考，提学考过，刚刚来家候案。（啸/狭/三）

1321b 原来李春荣，得了知县的分上，荐他到府。府里有了名字，<u>送去</u>道里，提学道考过，刚刚回来，在家等候发案。（琉/狭/三）

1371a 李贵去了，回来方知：一到两三日就卖了九百两银子，<u>交付与</u>傅客人来了。（啸/狭/三）

1371b 李贵去了，回来说："桐油一到那里，两三天就卖了九百两银子，<u>交付</u>傅客人带来了。"（琉/狭/三）

1194a 主人家准准卖了九百两银子，<u>交与</u>傅星道："何如？岂不强似到苏州去卖！"（啸/狭/二）

---

① 此句琉本因断句与啸本略有不同，因此其替换后的"给"字句式与啸本略有不同，应归为D式。

# 第三章 《人中画》琉球写本的历时坐标

1194b 主人家准准的卖了九百两银子,<u>交付</u>傅星说:"好么?这不强过到苏州去卖!"(琉/狭/二)

E 式:"VN$_3$ 与 N$_2$"。啸本出现于该式的"与"共 15 例,在琉本都被"给"所替换。如:

207a 尹苻烟因他是父亲一辈的老人家,不好回他,就在案头取了一把白纸无字的<u>与</u>他,道:"张伯伯,拿去将就用罢。"(啸/风/二)

207b 尹苻烟见他是老子一辈的人,不好回他,就在桌上,拿了一把白纸扇没有字的<u>给</u>他说:"张伯伯拿去,将就扇扇罢。"(琉/风/二)

1061a 这大王真也威灵,前月托一梦<u>与</u>贫道,道是:"人心不古,不威不畏,不灵不惧,从今之后只得又要显灵了。"(啸/狭/一)

1061b 这大王真也灵感,前日托一梦<u>给</u>贫道,说是:"人心不古,不威不畏,不灵不怕。从今以后,要显威灵了。"(琉/狭/一)

据李炜(2002c:135),A 式和 B 式是最能体现"与"动词性的句法环境之一。在这两式中的"与"是动词。能够出现在 C 式、D 式中的动词大多是朱德熙(1980:174)所说的包含给予义的动词。如:递(11 次)、送(5 次)、卖(4 次)、交付(3 次)、拿(3 次)、许嫁(2 次)、许(2 次)、许配(1 次)、出嫁(1 次)、献(1 次)、兑换(1 次)、付(1 次)、呈(1 次)、传(1 次)、换(1 次)、嫁(1 次)、让(1 次)、交(1 次)、交明(1 次)、配(1 次)等①。从当今口语的语感来说,包含给予义的动词后的"与"常可省略,这两式是"与"动词性弱化了的句法环境,啸本例 1371 和例 1194 的"与"在琉本中改写成给予动词零形式就是"与"的动词性弱化的表现。E 式的"与"也是弱化动词。

"给"用作动词和介词是现代白话的特点,"与"用作动词和介词主要是在现代白话以前(李炜,2002c:139)。李炜(2002c)曾对北京官话作品《红楼梦》与《儿女英雄传》的"与"和"给"进行过研究,研究认为《红楼梦》前八十回正处于"给"对"与"的"词汇更替"阶段,到了《红楼梦》后四十回时"与"已全面丧失了与"给"的竞争能力,到了《儿女英雄传》时"与"已基本上被"给"取代。在此之后,动词、介词"与"就从现代白话口语中全面消失了。啸本这五个给予句式中的"与"在琉本中全都被替换为"给",也已

---

① 也有"说与/给"1 次,见 D 式中的 1686a/b。

经成为现代汉语用法。

2. 兼语句中的"与"

啸本的动词"与"还能用于兼语句中。如：

330a 遂将礼帖拿进去<u>与</u>女儿看。（啸/风/二）

兼语句中"与 $N_2$"的后面出现另一个动词。在啸本中，"与"字兼语句有以下几种格式：

A'式："与 $N_2 V$"，共出现 4 例，该句式的"与"在琉本中都被"给"所替换。如：

1659a 素英便叫丫环："去拿点心茶来，<u>与</u>张娘娘吃。"（啸/终/二）

1659b 素英就叫丫头："去拿点心茶来，<u>给</u>张妈妈吃。"（琉/终/二）

2388a 商春茂看见商春荫走来，正合着雷公说，"对对人外面来矣！"因将雷公之对<u>与</u>他看道："三弟能对否？"（啸/寒/三）

2388b 商春茂看见商春荫走来，正合着雷公的话——"对的人，外头来了"，就把雷公的对，<u>给</u>他看说："三弟会对么？"（琉/寒/三）

D'式："V 与 $N_2 V$"，共出现 20 例，该句式的"与"在琉本中都被"给"所替换。如：

1678a 张媒婆道："我便解<u>与</u>唐相公听，只要唐相公嘴稳些！"（啸/终/二）

1678b 张媒婆说："我解<u>给</u>唐相公听，总要唐相公嘴稳些！"（琉/终/二）

1267a 李春荣看了，也是一时侥幸，忽然有触，遂对了一句，呈<u>与</u>知县看，道："道存拯济遇溺不援豺狼也！"（啸/狭/二）

1267b 李春荣看了，也是一时侥幸，就对了一句，呈<u>给</u>知县看说："道存拯济见溺不援豺狼也！"（琉/狭/二）

E'式："$VN_3$ 与 $N_2 V$"，共出现 11 例，该句式的"与"在琉本中都被"给"所替换。如：

97a 今独拿这首诗<u>与</u>我看，必有深意。（啸/风/一）

97b 独独拿这首诗<u>给</u>我看，不是替我拣女婿，就是怪我了。（琉/风/一）

1824a 我没甚好东西来送小姐，改日寻几枝新时样的翠花<u>与</u>小姐戴罢！（啸/终/三）

1824b 我没有什么好东西来送小姐，改日寻几枝新时样的翠花，<u>给</u>

小姐戴罢！（琉/终/三）

　　A'式、D'式、E'式在形式上看似给予句 A 式、D 式、E 式后加挂另一个动词而成，实际上 A'式、D'式、E'式的句子也都可以去掉后面的动词而独立，如 A'式可以去掉动词"吃"、"看"变成"去拿点心茶来，与张娘娘"、"因将雷公之对与他"；D'式可以去掉动词"看"，变成"遂对了一句，呈与知县"；E'式可以去掉动词"看"、"戴"，变成"今独拿这首诗与我"、"改日寻几枝新时样的翠花与小姐"。只有 D'式的 1678"我便解与唐相公听"似乎不能去掉动词"听"而独立，但联系 1686 中的"我正想着要说与唐相公"，"我便解与唐相公"在当时可能也是可以成立的。因此，我们认为上述兼语句中的动词"与"都是表示给予的动词或弱化动词，琉本相应的动词"给"也都是表给予的动词或弱化动词，整个兼语句可以看成是一个后面加挂了动词的复杂给予句。啸本复杂给予句中的"与"在琉本中被"给"所整体替换，成为现代汉语用法。

　　3. 使役句中的"与"

　　啸本的动词"与"还能出现在使役句中，共出现 9 例，在琉本中也被"给"所替代。如：

　　803a 周文选道："本司不是吝惜一知县，不与黄兄选去，因见黄兄高才，非贡途中人，故不忍轻掷耳！"（啸/自/一）

　　803b 周文选说："本司不是舍不得一个知县，不给你去做。见你高才，不是贡里头的人，不忍轻看你。"（琉/自/一）

　　1299a 况这女子性如烈火，日后倘有疏虞，就是你家老爷也有不便之处，莫若与他父亲领去。（啸/狭/二）

　　1299b 这女子性子烈火一样，日后倘有差池，就是你家老爷，也有不便。不如给他老子领去。（琉/狭/二）

　　使役句与复杂给予句的区别在形式上较难区分，主要的不同是语义上是否具有给予义，若具有给予义，则应属于后者。啸本表使役的动词"与"在琉本中也被"给"所整体替换，琉本的动词"给"具备了现代汉语动词"给"的所有功能，与现代汉语的用法已基本相同。

　　（二）能愿动词

　　啸本在琉本中变化比较明显的能愿动词主要有"须"、"须要"。

　　啸本的能愿动词"须"共出现 49 例，在琉本中仍为"须"1 例。如：

383a 华岳思想了半晌，忽然有悟，自笑道："孩儿不须心焦。"（啸/风/三）

383b 华岳思想了一会，忽然心里头想到，自家笑说："孩儿不须心焦。"（琉/风/三）

替换为"要"28 例，如：

56a 真匪夷所思，非灵心独露，谁能辨此？兄须为小弟细访！（啸/风/一）

56b 不是聪明伶俐的人，也不会做出来。你要替我细细查访纔好！（琉/风/一）

替换为"消"4 例，如：

900a 汪费笑道："这不须老师忧心，我此去不过借衙门出身，只消三年工夫行取代巡，方遂我平生之志。"（啸/自/二）

900b 汪费笑说："这不消老师挂心。我这一回去，不过借衙门出身，只消三年工夫，行取进京，代天巡狩，纔合我平生的志气。"（琉/自/二）

替换为"该"1 例：

689a 汪费道："既入场，便都有分中，不中也须候过揭晓回去。"（啸/自/一）

689b 汪费说："既进场，大家都有分。中不中，也该等到发榜过了回去。"（琉/自/一）

替换为零形式 14 例，如：

2462a 贤契须为我周旋勿疑，我决不做负心之辈！（啸/寒/三）
2462b 你替我周全，不要疑心，我断不做负心的人！（琉/寒/三）

另有琉本缺页 1 例。

啸本的能愿动词"须要"共出现 12 例，在琉本中全都替换为"要"。如：

894a 吏部说道："本部速选不难，只是你得罪赵科尊，须要去请罪、讲明方好。若不讲明，明日选出衙门，他参你一本，不但你做官不成，未免连本部也没趣。"（啸/自/二）

894b 吏部说道："本部要快选你也不难，总是你得罪赵崇礼，要去请罪讲明纔好。你不讲明，明日选去做官，他参你一本，不独你做官

不成，连我也没有趣。"（琉/自/二）

986a 那人道："若终身前程大有好处，若说目下气色甚是滞晦，只怕早晚有人参论，<u>须要小心防范</u>！"（啸/自/二）

986b 那人说："终身前程，大有好处。如今眼下气色，有些晦气，怕你早晚有人参论，<u>要小心防备</u>纔好！"（琉/自/二）

可见，啸本的"须"和"须要"在琉本中绝大多数都被替换为"要"，即"须"/"须要"→"要"。① "须"和"须要"是近代汉语用法，"要"是现代汉语用法，琉本的用法已经与现代汉语的用法基本相同。

### 三、副词的演变

从啸本的副词在琉本中的演变可以看出，一些功能相似（有些分工略有不同），从近代汉语甚至古代汉语以来就一直共存、竞争的副词，在啸本中继续演变发展，在琉本中有些副词消失了，有些副词延续为现代汉语的用法。以下分类说明。

#### （一）总括副词

总括副词的功能特征是能修饰动词、形容词和数量词，语义特征

---

① 初步观察，没有发现啸本的"须"在琉本中被替换成"须要"的例子，也即是说，没有例子显示"须"→"须要"。但进一步观察，啸本的"须"在琉本中还有4例被替换为"消"，如上所举的例900。又如：

1673a 张娘娘说的亲事，再没有一头好的，今日就有好的，也不须开口了。（啸/终/二）

1673b 张妈妈说的亲事，再没有一头好的。今日就有好的，也不消开口了。（琉/终/二）

2282a 既要见他，不须自去，我着人唤他来就是了。（啸/寒/二）

2282b 既要见他，不消自家去，我着人叫他来就是了。（琉/寒/二）

1906a 要我另寻一幅便难，要我取回这个容易，今日天晚不及，明日我就去拿来。庄老爷何须发怒？（啸/终/三）

1906b 要我另寻一幅就难，要我拿回来，这个容易。今日天晚拿不及了，明早我就去拿来，庄老爷何消发怒？（琉/终/三）

能愿动词"消"之前不是有否定副词"不"，就是有疑问代词"何"，"消"做能愿动词是有条件限制的，不能独立出现。这是否意味着"消"为"须+要"的合音形式，三个音节的"不须要"和"何须要"合音成为两个音节的"不消"和"何消"；而前面不出现否定副词或疑问代词的"须要"为双音节，本身就是较为稳定的音节结构，因此没有合音为"消"？在没有发现其他材料的支持的情况下，这当然只是一个猜想，但啸本的"不须"和"何须"被琉本的"不消"和"何消"所替代，给了我们一个启发："须"、"须要"、"要"三者的演变模式除了"须"→"要"、"须要"→"要"外，还存在过一个过渡模式"须"→"须要"，琉本的"消"就是这个阶段的"化石"。

是表示总括无例外,语义指向都是谓语中心词的语义相关项(杨荣祥,2005:50)。

啸本的总括副词用"俱"(53例)、"皆"(21例)、"尽"(9例)、"尽皆"(2例)、"都"(110例),在琉本中均被"都"替换。如:

463a 各问年纪,<u>俱</u>是十七岁,华小姐只大半月,叙定为姐。(啸/风/三)

463b 各人问多少年纪,<u>都</u>是十七岁,华小姐只大他半个月,叫做姐姐。(琉/风/三)

1542a 再往楼下一看,<u>皆</u>是菊花,紫白红黄,芬纭满院。(啸/终/一)

1542b 再望楼下一看,<u>都</u>是菊花:紫的白的,红的黄的,围满一院。(琉/终/一)

1353a 我老朽连年江湖所积<u>尽</u>在于此,贤婿可收了,或买田地、或别营运,听凭贤婿主张!(啸/狭/三)

1353b 我老人家,历年在江湖上积的,<u>都</u>在这里。女婿你收了,或是买田地,或是做生意,听凭你去主意。(琉/狭/三)

2471a 自从学士死后,家产<u>尽皆</u>孟小姐掌管,喜得孟小姐虽是一个闺中女子,却胸中大有经纬,治家严肃。(啸/寒/三)

2471b 自从孟学士死后,家产<u>都</u>是孟小姐掌管。喜得孟小姐虽是一个闺女,肚里大有本事,料理家事,十分严谨。(琉/寒/三)

1183a 李天造道:"钱财、儿女<u>都</u>要命中带来,就托他去,料也无妨。"(啸/狭/一)

1183b 李天造说:"钱财儿女,<u>都</u>要命里带来。就托他去,料想也不怕。"(琉/狭/一)

琉本中近代汉语副词"俱"、"皆"都已消失。① "宋代,总括副词'都'已全部包含了'皆、悉、总'的地方,原则上都可以用'都'替换,但'皆'等仍保持一定的使用频率。"(杨荣祥,2005:394)琉本中的"都"完全取代了"俱"、"皆"等,是总括副词累积到一定程度后,由于语言的经济性而发生了"排挤"现象。一批词整体地退出某个时代,反映了语言面貌从量变到质变的整体改变,可视为划时代的演变。

---

① "尽"出现3例,这与琉本的官话性质有关,详见第四章的讨论。

## （二）类同副词

类同副词的语义特征是表示类同，语义除了能指向句子中谓语中心词的关联项外，还可以指向谓语中心词（杨荣祥，2005：51）。啸本中的类同副词用"亦"（43例）和"也"（124例），在琉本中都被"也"所取代。如：

43a 华岳设酒款待，吃了一日酒，众客散去，又留几个得意门生到书房中小饮，吕柯亦在其内。（啸/风/一）

43b 华岳办酒请他们，吃了一天。众客散去，又留几个得意的门生，到书房里头，摆起小碟子再吃。吕柯也在。（琉/风/一）

65a 原来华岳虽绝口不向人言，然心下却也暗暗择婿。（啸/风/一）

65b 原来华岳口里不说，心里却也暗暗拣选女婿。（琉/风/一）

琉本的"亦"只剩下1例，即：

69a 吕柯听了欢喜道："门生敬祝之心，苦无可伸，子苍兄大才，正好应老师之命，亦可为小弟借光。"（啸/风/一）

69b 吕柯听了，欢喜道："门生（敬）祝寿之心，不能做得（没有可伸?）。子苍兄的大才，正好应老师之命，亦可为小弟借光。"（琉/风/一）

此例对话双方为吕柯和华岳，属于高语体的对话。啸本其他的"亦"在琉本中已经消失，"也"在琉本中承担了表类同的功能，已经和现代汉语的用法基本相同。

## （三）限定副词

限定副词表示对事物的范围、数量或动作行为的限定。啸本的限定副词有"惟"、"止"、"只"等，在琉本中演变为多种形式。

啸本的"惟"12例，琉本替换为"寡"1例、"独"2例，其他9例琉本为零形式。如：

429a 尹荇烟不好回答，惟低头作欲将欲迎之态。（啸/风/三）

429b 尹荇烟不好回答，寡低头做半推半就的意思。（琉/风/三）

1303a 惟万衡家人扫尽高兴，然没法奈何，只得回去取了原约来领银子。（啸/狭/二）

1303b 独有万家家人扫兴，没奈何回去，拿了原约来领银子。（琉/狭/二）

2060a 后来唐辰虽登科甲，因爱高逸，不肯做官，惟在家内与庄小姐为室家之乐，外与庄临、王鹤倘佯山水之间，以诗酒自娱终身而已。（啸/终/四）

2060b 后来唐辰登了科甲,因他爱清静,不肯做官,在家里,内替庄小姐谈笑,在外替庄临、王鹤游玩,做诗吃酒,就是这样的过日子。(琉/终/四)

啸本的"止"17例,在琉本中仍为"止"3例,替换为"寡"7例、替换为"只"3例,零形式4例。如:

1162a 傅星道:"一人,小犬不幸死了,止在下只身。"(啸/狭/一)

1162b 傅星说:"一个儿子,不幸死了,止是我一个人。"(琉/狭/一)

723a 却说汪费京中事毕回来,祁门县止中他一个举人,谁不奉承?(啸/自/一)

723b 汪费京里回来,祁门县寡中他一个举人,谁不奉承?(琉/自/一)

63a 华岳因爱吕柯,却不得情,只得来赴席,席中并无他人,止有司马玄相陪。(啸/风/一)

63b 华岳因爱吕柯,却不得他的情,只得来吃酒。席上并无别人,只有司马玄相陪。(琉/风/一)

啸本的"只"391例,在琉本中仍为"只"134例,替换为"总"36例,替换为"寡"27例,零形式193例,琉本缺页1例。如:

389a 尹老官老夫妇看见闹闹热热,满心欢喜,只待黄昏,就要打发女儿上轿。(啸/风/三)

389b 尹家老头子老夫妇,看见闹闹热热,满心欢喜,只等黄昏,就要打发女儿上轿。(琉/风/三)

180a 他如今那里象个田家女儿,每日只是烧香、看书、作诗、写字,就象个不出门的秀才一般。(啸/风/二)

180b 如今那里像个种田家的女儿,每日总是烧香、读书、做诗、写字,就像个不出门的秀才一般。(琉/风/二)

686a 汪费若在旧时,未免敛容受教,今日虽不说些甚么,但只笑笑就罢了。(啸/自/一)

686b 汪费若是在先的时候,就也听他了,如今他嘴里不说些甚么,寡笑笑就罢了。(琉/自/一)

44a 到了书房中一看,只见琴书满座,触目琳琅。(啸/风/一)

44b 到了书房里头一看,看见琴书满座,都是好东西。(琉/风/一)

啸本的"只"有193例在琉本中替换为零形式,这部分"只",形式上多用在句首,意义上比起其他的"只"来表示限定的语义较弱。如44a的"只见",在白话小说叙述语言中经常出现,其字面意义是

"只看见、仅看见、单单看见……"。但实际上,在文中似乎缺乏明显的限定意味,因此在琉本中这样的"只"总被删减掉,故琉本总以"见"或"看见"(后者是琉本双音节化的结果)来替代"只见"(共48例)。与此相似的还有:

708a 黄舆只得辞说道:"天隐京中事冗,只怕还要耽搁,我学生无事,要先回去了。"(啸/自/一)

708b 黄舆只得辞说道:"京里事情多,恐怕还要耽搁。我在这里没有事,要先回去了。"(琉/自/一)

869a 汪费骡轿才出村口,只听得当、当、当铺兵锣远远敲将来。(啸/自/二)

869b 汪费骡轿纔出村口,听得铺兵打(把?)锣打得当当响来。(琉/自/二)

这种没有实在意义的副词属于冗余的语言形式,在现代汉语中被省略掉了。这也是近代汉语发展为现代汉语的一个较为明显的语法特点。

(四)程度副词

啸琉两本中发生明显变化的是表比较的程度副词。

表比较的程度副词,啸本用"愈"8例,在琉本中替换为"越"6例,"越发"1例,零形式1例;啸本用"愈加"6例,在琉本中替换为"越加"2例,"越发"4例。如:

115a 华岳看了,赏爱不已道:"幽思逸致,愈出愈奇,虽杜李复生,不能逾此。但小女闺娃识字,怎敢当兄谬誉?"(啸/风/一)

115b 华岳看了,称赞不了说:"意思奥妙,越讲越好。虽杜甫、李白再生,也不过如此。我女儿不过一个女孩子,那里比得你呢?这样的太襃奖了!"(琉/风/一)

716a 争奈他家产原薄,又不在世务上苟取,遇着为善好义之事,转要费用些去,由此家道愈觉萧条。科场走了三、五次,又不能中,所望者贡了,选个官做做,或者还有俸禄之望。(啸/自/一)

716b 他家产业,原是淡薄,没有什么东西。又不肯钻凿银钱,遇着有为善好义的事情,反要费用些去,家里越发淡薄起来。科场走了三五次,又不会中。所望的,只想拔贡了,选个官做做,或者还有俸禄吃。(琉/自/一)

1836a 元晏打开一看,又见下面绣着"庄玉燕制"四字在上,心以为千真万真，再不想到是被奸婆作弄。又暗合着他二人肉鸳鸯之事，以为情深，<u>愈加</u>思想，每日只求张媒婆要思量后会。（啸/终/三）

1836b 元晏打开一看，又见底下绣着"庄玉燕绣"四字，满心当是真，再不想到是给他作弄，又暗合着他两个肉鸳鸯的事情，<u>越加</u>思想，每日总是来求张媒婆，要思量后会。（琉/终/三）

1352a 李春荣与傅氏因有救溺一段情缘，彼此<u>愈加</u>恩爱。（啸/狭/三）

1352b 李春荣替傅氏，因有救他跳下水的一段情由，<u>越发</u>恩爱。（琉/狭/三）

"愈"是从上古汉语一直沿用下来的，在现代汉语口语中已被"越"和"越发"所取代。琉本的用法已经和现代汉语基本相同。

此外，表示程度高的程度副词方面，琉本新出现了"狠"（22例），而啸本中相应的程度副词是"甚"（4例）、"最"（1例）、"极"（1例）、"无限"（1例）、"尽（儘）"（2例），其他原为零形式。如：

2476a 曹先生道："亲事这断然要应承的了，但所说之事，<u>甚</u>是有理，我回去与商太老爷商量，再来回复。"（啸/寒/三）

2476b 曹先生说："这个亲事，断然要应承的了！说的事情，<u>狠</u>有道理，我回去替商太老爷商量，再来回覆你。"（琉/寒/三）

2412a 前日孟学士有书来说，他有一女要配与你，此亦<u>最</u>美之事，为何你不允？（啸/寒/三）

2412b 前日孟学士有书来说，他有一个女儿，要配给你。这个<u>狠</u>好的事，你为何不肯？（琉/寒/三）

1149a 众人都道："这位老相公所言，各认一半<u>极</u>公，若到官，你二人就有大不便之处。"（啸/狭/一）

1149b 众人都说："这位老相公说的，各人认一半<u>狠</u>公道。若到官，你两个人，就有大不便了。"（琉/狭/一）

1442a 季寡妇与傅氏听了，<u>无限</u>欢喜，连忙出来相见。（啸/狭/三）

1442b 季寡妇替傅氏听见，<u>狠</u>欢喜，连忙出来相见。（琉/狭/三）

2179a 你资性<u>尽</u>高、才情<u>尽</u>妙，但学力有不到处，尚欠指点，你须细细讲究一番，异日自成大器。（啸/寒/一）

2179b 你资质<u>狠</u>高，文才<u>狠</u>好。你的学力，还有不到处，少欠指点，你要细细讲究一番，后来自然会成大器。（琉/寒/一）

程度副词"很（狠）"大约产生于元代（太田辰夫，1958），最初作"哏"，但是一直到明代都用得很不普遍，据高本汉（1952），"很

（狠）"在《水浒》出现 0 次，《西游记》出现 5 次，《儒林外史》出现 18 次，《红楼梦》出现极多。琉本出现了"狠"，与现代汉语的用法基本相同。

（五）时间副词

时间副词的语义特征是表示"时间观念"（王力，1943：134）。啸本在琉本中发生明显变化的是表突发、短时的时间副词"遂"、"便"以及表初始的时间副词"方"、"方纔"。

啸本的"遂"出现了 69 例，在琉本中仍为"遂"3 例，替换为"就"28 例，替换为零形式 34 例。改用为"也"1 例，改用为"纔"2 例，琉本缺页 1 例。① 如：

72a 司马玄原要以才自荐，又虚谦一两句，<u>遂</u>提起笔来，便大着胆，依他女儿韵脚，竟和了一首道……（啸/风/一）

72b 司马玄原要把他的才试出来，又虚谦一两句，<u>遂</u>提起笔来，便大著胆，依他女儿韵脚，竟和了一首道……（琉/风/一）

330a <u>遂</u>将礼帖拿进去与女儿看。（啸/风/二）

330b <u>就</u>把礼帖拿进去，给女儿看。（琉/风/二）

109a <u>遂</u>叫书童将小姐原扇送看，吕柯佯惊道："门生立门许久，并不知老师有如此掌珠，古称谢庭道韫，由此观之，不足数也。但不知青春几许？"（啸/风/一）

109b 叫书童将小姐原扇子拿来看。吕柯假意说："我在你家来往好久，并不晓得老师有这样的好女儿。就是古时谢道蕴，那也比不得。不晓得今年多少岁了？"（琉/风/一）

1497a 二人因天气晴明，不寒不煖，<u>遂</u>不雇船，便缓步而行。（啸/终/一）

1497b 那天天气晴明，不冷不热，<u>也</u>不雇船，就慢慢走去。（琉/终/一）

2308a 孟学士<u>遂</u>别回。（啸/寒/二）

2308b 孟学士<u>纔</u>别了回去。（琉/寒/二）

啸本的"便"出现了 270 例，在琉本中仍为"便"4 例，在琉本中替换为"就"221 例，替换为零形式 35 例，改用为"也"5 例，改用为"纔"3 例，改用为"更"1 例，琉本缺页 1 例。如：

---

① 本文对一些术语界定如下：琉本对啸本的改写中，用于相同位置的词，意义与原文相同者，我们称之为"替换"；意义与原文不同者，我们称之为"改用"，下同。

17a 司马玄听了忿然道："夫妇为人伦之首，怎一个进士<u>便</u>欺负举人，要思量夺去？说来令人发指！也罢，我小弟弃着三年工夫，成就了兄罢。"（啸／风／一）

17b 司马玄听了，气起来说："各人的老婆，怎么他一个进士，<u>便</u>欺负你举人，就思量抢去？气人不过！也罢，我小弟拚著三年工夫，成就你罢。"（琉／风／一）

14a 那举人见司马玄问他，<u>便</u>立起身道："小弟之苦，一言难尽！"（啸／风／一）

14b 那举人见司马玄问他，<u>就</u>站起来说："小弟的苦讲不尽！"（琉／风／一）

206a 张老儿道："越多越好，替换着扇，<u>便</u>省得扇坏姑娘的扇子。"（啸／风／二）

206b 老头子说："越多越好。替换著扇，省得扇坏姑娘的扇子。"（琉／风／二）

245a <u>便</u>不多言，就走了家去。（啸／风／二）

245b <u>也</u>不多话，就走了回去。（琉／风／二）

532a 非为别事，就是敝友司马玄向日蒙老师许结丝萝，原约春闱得意<u>便</u>可乘龙。（啸／风／四）

532b 不为别事，就是那司马玄，当日蒙老师选他做女婿，原許他中了<u>纔</u>成亲。（琉／风／四）

90a 原来这小姐年虽十六，却聪敏异常，诗书过目不忘，文章落笔<u>便</u>妙。（啸／风／一）

90b 原来这小姐，年纪虽是十六岁，聪明了不得，一看就记得，做的文章<u>更</u>好。（琉／风／一）

啸本的"遂"、"便"在琉本中的替换有两个相同的特点，一是都大量地替换为"就"，"遂"、"便"在琉本中仅余个别例子，近代汉语以来，长期共存的表短时的"遂"、"便"、"就"被"就"所统一，与现代汉语的表现已经基本相同；二是都大量地替换为零形式，"遂"替换为零形式的例子数量还超过其替换为"就"的数量。我们认为，这与上文提到的啸本的"只"一样，因为其语义比较空虚，是一种冗余的语言形式，在琉本中被优化简省掉。这与现代汉语是一致的。

啸本的"方"96例，在琉本中仍为"方"1例，替换为"纔"94例，改用为"就"1例。如：

1796a 张媒婆<u>方</u>关上舱门，悄悄叫船家将船移入城，送花小姐回

衙。(啸/终/二)

1796b 张媒婆方关上舱门，悄悄叫船家把船撑入城里，送花小姐回衙门。(琉/终/二)

1828a 庄太太留他吃些酒饭，又说些闲话，方辞了出来。(啸/终/三)

1828b 庄太太留他吃些酒饭，又说些闲话，纔辞了出来。(琉/终/三)

100a 但不知司马玄曾娶否？须问吕柯方知。(啸/风/一)

100b 不晓得司马玄有娶亲没有？等我问吕柯就晓得。(琉/风/一)

啸本的"方才(纔)"41例，在琉本中仍为"方纔"9例，替换为"纔"26例，替换为零形式3例，改写为"纔先"1例，改写为"纔得"1例，改写为"刚纔"1例。如：

64a 相见叙了姓名，方才坐席饮酒。(啸/风/一)

64b 相见大家叙叙姓名，方纔坐席吃酒。(琉/风/一)

1018a 代巡撇不过同年情谊，方才允了。(啸/自/二)

1018b 巡狩撇不过同年的情谊，纔肯了。(琉/自/二)

2241a 蠢家人方才没寻火处，亏一个妇人取了火刀、火石递与，蠢家人敲出火来，点上灯，移到堂中来照。(啸/寒/二)

2241b 蠢家人正没处寻火，亏一个女人，拿了火刀火石，递给蠢家人，纔打出火来，点起灯，拿出堂上来炤。(琉/寒/二)

215a 就是方才说的那位少年相公，原要买花，因看见了扇子，连花都不买，拿着扇子读来读去，就象疯了的一般，定要与我买。(啸/风/二)

215b 就是纔先说的那个青年的相公。原要买花，因看见了扇子，连花都不买，拿著扇子，读来读去，就像癫子一般，定要替我买。(琉/风/二)

1090a 李天造得了温暖之气，方才渐渐醒来，睁开眼一看，忽见李贵在傍，问道："你为何在此？我那李春荣亲儿死得好苦嘎！"(啸/狭/一)

1090b 李天造得了热气，纔得渐渐醒来，睁开眼一看，看见李贵，问说："你怎么在这里？我那李春荣亲儿，死得好苦嘎！"(琉/狭/一)

1737a 张媒婆道："元相公原来不识好人，我为你费尽唇舌，方才妥帖，到来疑我骗你。"(啸/终/二)

1737b 张媒婆说："元相公原来不识好人！我为你费尽唇舌，刚纔妥贴，到来疑我骗你。"(琉/终/二)

45

啸本"才"也出现了30例，在琉本中仍为"纔"。如：

869a 汪费骤轿<u>才</u>出村口，只听得当、当、当铺兵锣远远敲将来。（啸/自/二）

869b 汪费骤轿<u>纔</u>出村口，听得铺兵打（把？）锣打得当当响来。（琉/自/二）

啸本的"方"、"方才（纔）"、"纔"在琉本中都优先替换为"纔"，随着"纔"的兴起，"方"逐渐衰落并消失。随着"纔"的大量使用，明代新产生了合成词"方才（纔）"（杨荣祥，2005：361）；随着"方"的衰落，"方纔"的使用频率也大大降低，最终在现代汉语中被"纔（才）"所取代。琉本的表现与现代汉语的用法已基本相似。

（六）否定副词

否定副词指语义上表示否定的副词。啸本在琉本中发生明显变化的是否定已然的副词"不曾"、"未曾"。

啸本的"不曾"出现了34例，在琉本中仍为"不曾"1例，替换为"没有"30例、替换为零形式2例，琉本缺页1例。如：

375a 故此吕爷替司马相公定了，做亲还没日子，<u>不曾</u>说起。（啸/凤/三）

375b 故此吕老爷替司马相公定了。做亲还没有日子，<u>不曾</u>说起。（琉/凤/三）

393a 又有人回说道："司马相公也<u>不曾</u>来。"（啸/凤/三）

393b 又有人回说道："司马相公也<u>没有</u>来。"（琉/凤/三）

667a 这一番汪费虽<u>不曾</u>进得，却与黄舆认了师生，到时常往来。（啸/自/一）

667b 这一回，汪费替黄舆，认了个先生、学生，常常来往。（琉/自/一）

啸本的"未曾"出现14例，在琉本中仍为"未曾"1例，在琉本中替换为"没有"12例，改变啸本意思零形式1例。如：

227a 张老儿道："诗字虽多，却<u>未曾</u>拿来。"（啸/凤/二）

227b 老头子说："诗、字到多，今日<u>未曾</u>拿来。"（琉/凤/二）

178a 故此尹姑娘今年一十七岁，尚<u>未曾</u>许与人家。（啸/凤/二）

178b 故此尹姑娘，今年纔十七岁，还<u>没有</u>配给人。（琉/凤/二）

1809a 张媒婆道："老身连日穷忙，故<u>未曾</u>来看得，今日特特寻了几个果品，来孝顺太太与小姐。"（啸/终/三）

1809b 张媒婆说："我连日穷忙，不得闲来。今日特意寻了几个果

子来，孝顺太太替小姐。"（琉/终/三）

啸本共出现"没有"22例，但其中有21例都是动词，不是否定副词。如：

1049a 店主人看见，忙来问道："老相公要用酒自有，只江中村店，<u>没有</u>甚么好肴。"（啸/狭/一）

1143a 那少年道："我昨日买货的五两银子，主人家都晓得，怎说<u>没有</u>？"（啸/狭/一）

1151a 那老者道："我是折本客人，莫说二两半，就是二钱半我也<u>没有</u>，拿甚赔他？"（啸/狭/一）

做否定副词的"没有"啸本只有1例：

2271a 曹先生得了信，便回书约了日期，又暗暗透风与商家这些子侄知道，凡是<u>没有娶亲</u>的，都叫他打点齐整，以待孟学士来选。（啸/寒/二）

琉本的"没有"共出现了355例，做否定副词修饰动词和形容词的共92例。如：

1198b 我苦挣了一世，从<u>没有</u>见这些银子。今日既到我手，又去交还别人，几时再得他来？（琉/狭/二）

1232b 李春荣说："纔救起，还<u>没有</u>问个明白，叫我送到那个衙里去？"（琉/狭/二）

1242b 这时候，天还<u>没有</u>亮。等一会，天大亮了，内里头要出一个帖子来，把两个人原锁著，送到县里来。（琉/狭/二）

啸本的"不曾"和"未曾"在琉本中都优先替换为"没有"，"不曾"和"未曾"在琉本中已经衰落并走向消亡，已与现代汉语的基本相似。啸本的"没有"主要充当动词表示否定，琉本中"没有"作为否定副词的功能大大发展起来，用法已经和现代汉语基本相同。

## 第二节 《人中画》两种版本的语法历时比较（中）

### 一、介词的演变

从啸本的介词在琉本中的演变可以看出，一些功能相似（可能分工略有不同）、从近代甚至古代汉语以来就一直共存、竞争的介词，在琉本中有些消失了，有些保留下来，并延续为现代汉语的用法。以下分类说明。

(一) 引进空间的介词

引进空间的介词在啸本和琉本中发生变化的主要有"于/在"、"至/到"、"自/从"。这些成对的介词，啸本主要用前者，在琉本中被整体替换为后者。下面分别说明。

"于"啸本出现 32 例，在琉本中已经消失，被"在"取代。如第二章第三节所举例子。又如：

1250a 又指着李春荣道："昨夜四更头，被这不知姓名男子诱引拐带，已经上船，幸本衙惊觉，急急追寻，方<u>于</u>水口船上拿获。今带在此，求老爷正法。"（啸/狭/二）

1250b 又指着李春荣说："昨晚四更时候，给这个拐带上船，我老爷晓得，急急追寻，纔<u>在</u>船上拿着。如今带在这里，求老爷正法！"（琉/狭/二）

2142a 商春荫道："大人既奉召进京，孩儿还是随大人北上，还是寄居<u>于</u>此？"（啸/寒/一）

2142b 商春荫说："大人既奉旨进京，孩儿还是跟大人上京，还是<u>在</u>这里住？"（琉/寒/一）

此外，"至"啸本出现 4 例，在琉本中已经消失，被"到"所取代。① 例如：

1291a 左右带<u>至</u>丹墀下，傅氏早已远远望见，禀道："正是小妇人的父亲。"（啸/狭/二）

1291b 左右带<u>到</u>阶上，傅氏远远看见，禀说："正是小妇人的老子！"（琉/狭/二）

啸本中表空间的"从"出现了 9 例，"自"出现 1 例。可以看出，啸本存在较多的近代汉语用法，同时有些语法表现已经与现代汉语用法一致，但与琉本比较，啸本仍存在大量的近代汉语用法，仍处在从近代汉语向现代汉语演变的过程之中。而琉本的各种语法项目已经整体呈现为现代汉语用法，表现较为均衡。这也是啸本与琉本的主要不

---

① "至"还可以做介词引进时间，啸本中出现 1 例，在琉本中出现 0 例，被"到"所取代。如：

1212a 原来白杨湾渡江到武昌县里，尚有三十里远，他雇船出门迟了，直<u>至</u>黑晚方到，不便寻宿店，就在船中宿了。（啸/狭/二）

1212b 原来白杨湾，过江到武昌县里，还有三十里远。他雇船出门迟了，直<u>到</u>乌黑纔到，不便去寻歇店，就在船里过夜。（琉/狭/二）

同之一。

这例"自"在琉本中已经消失,被"从"取代。即:

275a 我自蜀至京,不远数千里,一路寻访,并无一个可人。(啸/风/二)

275b 我从蜀到京里,几千里路,一路寻访,并没有一个好人。(琉/风/二)

引进空间的介词"于"、"在"都在先秦就已经出现;介词"至"萌生期是汉代,定型期在南北朝,"到"向介词转化在"至"之后;"自"在甲骨文中已经有介词的用法;介词"从"在《左传》中也已出现(马贝加,2002:21-58)。这些介词成对从古代汉语阶段发展到近代汉语阶段,长期共存竞争,在啸本中还是前者占优势,在琉本中已经被后者集体替换,替换后的用法已与现代汉语的情况基本相同。琉本对啸本的介词的改写,不仅仅是简单的词汇替换,还影响了近代汉语语序向现代汉语语序的转变,如2142a的"寄居于此",在琉本中变成"在这里住",从后置词格式发展为与现代汉语一致的前置词格式。

(二)引进时间的介词

引进时间的介词在啸本和琉本中发生变化的主要有"自/从、自从","由/从"。这些成对的介词,啸本主要用前者,在琉本中已经被后者所取代。下面分别说明。

"自"啸本中出现26例,在琉本中已经消失,被"从"和"自从"所取代。如:

1254a 小的叫做李春荣,就是老爷本县子民,自幼读书习文,指望上进。(啸/狭/二)

1254b 小的叫做李春荣,就是老爷本县的百姓,从小读书,指望上进。(琉/狭/二)

1332a 原来李春荣自见了傅氏少年美貌,虽口里不敢妄言,却也有几分动心。(啸/狭/三)

1332b 原来李春荣,自从见了那傅氏少年生得好,口里虽不敢乱讲,心里头到有些爱他。(琉/狭/三)

"由"啸本中出现2例,在琉本中消失,也被"从"所取代。如:

41a 由此,司马玄求才女之心就灰冷了。(啸/风/一)

41b 从此,司马玄求有才的女人心就冷了。(琉/风/一)

"自"、"从"、"自从"、"由"从古代汉语阶段发展到近代汉语阶段，长期共存竞争，在啸本中还是"自"、"由"占优势，在琉本中已经被"从"、"自从"集体替换，替换后的用法已与现代汉语的情况基本相同。

（三）引进受事的介词

介词"将/把"啸本分别出现 163/6 例，琉本分别出现 23/170 例。以下分别说明。

"将/把"在啸本和琉本的主要语法意义都是引进受事，表示处置。如：

54a 吕柯就<u>将</u>华老祝寿、留饮书房、看见金扇之事细细说了一遍。（啸/风/一）

54b 吕柯就<u>把</u>去华老师家拜寿、留他在书房吃酒、看见金扇的事情，细细说了一遍……（琉/风/一）

1198a 心下想道："……若硁硁然执了小信小义，回去交还他，无过只称得我一声好人，难道肯<u>将</u>这银子分些与我不成？那时若开口要他十两、半斤便繁难了，还是行些权便为妙。"（啸/狭/二）

1198b 心下想说："……若回去交还他，不过讲我一声好人，难道肯<u>把</u>这银子分些给我不成？若是开口要他十两、八两，就繁难了，还是拿他的去罢。"（琉/狭/二）

827a 一日行到山东地方，忽然黄河水涨，<u>将</u>大路淹了。（啸/自/二）

827b 一天走到山东地方，陡然黄河里面，水涨起来，<u>把</u>大路都淹了。（琉/自/二）

466a 遂自来见父亲，<u>将</u>前事细细说了一遍。（啸/风/三）

466b 自家来见老子，<u>把</u>前头的事，细细说了一遍。（琉/风/三）

250a <u>将</u>诗看了又看，十分爱慕。（啸/风/二）

250b <u>把</u>诗看了又看，十分称赞。（琉/风/二）

494a 吕柯道："那有此事！莫非尹家别有缘故，<u>将</u>女儿藏过，故说此话？"（啸/风/三）

494b 吕柯说："那有这个事！恐怕尹家别有缘故，<u>把</u>女儿藏过，纔说这个话么？"（琉/风/三）

这种一一对应的例子共出现 133 例，都约占啸本的"将"、琉本的"把"的 80%。可以看出，"将/把"的前面都能出现副词（例 54）、助动词（例 1198），"将/把"后面的动词一般带附加成分，如"了"（例 827）和各种补语（例 466、例 250、例 494）。不同的是，啸本的处置句用"将",琉本的处置句用"把",琉本的处置句完成了引进受事的介词形式的替换后,已经和现代汉语没有什么区别。

此外,啸本尚有 21 例引进受事表示处置的"将",在琉本中没有替换成"把",而是保持原貌,仍作"将"。如:

34a 到了三月殿试,吕柯亏座师华岳是礼部侍郎,甚有力量,<u>将</u>他殿试在二甲,又考庶吉士,选入翰林。(啸/风/一)

34b 到了三月,在皇帝殿前,当面考试,吕柯亏座师华岳,是礼部侍郎,甚有力量,<u>将</u>他殿试在二甲进士,又考庶吉士,选入翰林。(琉/风/一)

60a 待小弟几时借个因由,请他与兄一会,酒席间,<u>将</u>兄大才逞露与他一看,他属意与兄,那时为兄作伐方有机会。(啸/风/一)

60b 等小弟几时借个缘故,请他替你一会。酒席上,<u>将</u>你的大才讲出来,给他听听。他若有意,那时替你谋干,缠有机会。(琉/风/一)

其中,琉本表示处置的"将"出现在描写语言(非人物语言)的有 16 例(如 34b),这与现代汉语两种处置标志"将/把"的语体分工("将"一般出现在书面语中,"把"一般出现在口语中)是一致的。出现在人物语言的有 5 例,如 60b,其余 4 例为:

551a 我待说明就理,择了吉日,<u>将</u>你二人同嫁与他,完了一桩美事。(啸/风/四)

551b 我不如说明,拣个好日子,<u>将</u>你两个人,一起嫁给他,也完了一件好事。(琉/风/四)

618a 故万不得已而行权,<u>将</u>小女改扮男妆,假充探花娶之以归,岂非芬烟是小女娶了?(啸/风/四)

618b 没奈何<u>将</u>我女儿改扮男妆,假做探花,娶他回来。这不是尹芬烟是我女儿娶了?(琉/风/四)

655a 今不得已,只得<u>将</u>田契托舍亲押得酒资少许,乞老师笑纳,勿以凉薄为罪!(啸/自/一)

655b 没奈何<u>将</u>田契托亲戚朋友当这一点银子,求收下,不要见怪!(琉/自/一)

221a 等我顺路去卖,倘或他不肯找,我好<u>将</u>这张多少卖些,也不空了。(啸/风/二)

221b 等我顺路去卖卖,他若是不肯找,我好<u>将</u>这张多少卖些,也不空走了。(琉/风/二)

仔细观察这几个句子，例 60 的说话人为吕柯（进士），听话人为司马玄（解元）；例 551、例 618 的说话人为华岳（礼部侍郎）、听话人依次为华峰莲（才女）、司马玄和吕柯；例 655 的说话人为汪费（童生），听话人为黄舆（秀才），对话双方的文化程度都较高，琉本的修改者意识到了这种对话风格并保持了原意，没有将啸本的"将"修改为"把"，是合乎原文意旨的。唯一例外的是例 221，说话人张老头子的文化程度不高，但是琉本仍然用"将"，可以理解成因为听话人是尹荇烟（才女），张老头子为了拉近与其之距离而使用了一种较为文雅的说话风格。

其他的引进受事的介词"将"在琉本中改为受事主语句 4 例、改用其他说法 2 例、缺页 3 例，例不赘。

另外，啸本中也出现了引进受事的"把"，共 6 例。如：

224a 到次早，又挑了一担花进城，便不到市上去卖，一直挑到吕衙来，把担歇在所傍阶下，竟自走到书房里。（啸/风/二）

224b 到了第二天早起，又挑了一担花进城去。他不到街上去卖，一直挑到吕柯衙门前来，把担子歇在厅傍阶下，自家走到书房里。（琉/风/二）

如前所述，"把"也是啸本中已经出现的现代汉语用法之一，但数量比"将"（163 例）少得多，还不是当时的主流用法。

啸本的"把"和"将"除了数量上的悬殊外，用法上并没有太大的区别。啸本的这类引进受事的"把"，琉本中继续沿用。

从啸琉两本引进受事的介词的主要形式，可以看出，从 17 世纪中叶到 18 世纪中叶之间，介词"将"逐渐被"把"整体替换。这种替换基本结束了从唐代以来"将/把"同时存在、混用的局面，"将"只出现在高语体中，与现代汉语的用法已经基本相似。

## 二、助词的演变

啸本的助词在琉本中的演变主要体现为动态助词"将"的濒临消失和语气助词"呢"的大量出现。

（一）动态助词

啸本的动态助词在琉本中发生明显变化的是"将"的式微。

啸本中的动态助词"将"可以出现在动词和补语之间，有以下几种结构类型：

A 式："动 + 将 + 来"，共出现 7 例，其中的 3 例有表示动作的趋向性的意味，出现在"将"前的动词有"跑"、"赶"、"找寻"。如：

1086a 后面船家看见，也<u>跑将来</u>，七手八脚，连篷带人拖上船来。（啸/狭/一）

1225a 李春荣正再三解劝，忽岸上两三个青衣家人，灯笼火把<u>赶将来</u>。（啸/狭/二）

1414a 正说不了，只见李贵雇了两三只小船沿江<u>找寻将来</u>。（啸/狭/三）

以下的例子则只表示动作的持续和结果，出现在"将"前的动词有"敲"、"哭"、"骗"、"寻"。如：

869a 汪费骡轿才出村口，只听得当、当、当铺兵锣远远<u>敲将来</u>。（啸/自/二）

1214a 忽听得岸上有人哭泣，呜呜咽咽的<u>哭将来</u>。（啸/狭/二）

1842a 元晏道："花家亲事，是自家妻子，迟早只在那里。庄小姐是别人妻子，<u>骗将来</u>落得受用，怎是一样？"（啸/终/三）

1900a 家人去寻张媒婆，<u>直寻到傍晚，纔寻将来</u>。（啸/终/三）

琉本相应的句子为：

1086b 后头船家看见，也<u>跑过来</u>，七手八脚，连篷连人，拖上船来。（琉/狭/一）

1225b 李春荣再三劝解。陡然岸上两三个家人，灯笼火把<u>赶来</u>。（琉/狭/二）

1414b 正说没有完，见李贵雇了两三只小船，沿江<u>寻来</u>。（琉/狭/三）

869b 汪费骡轿纔出村口，听得铺兵打（把？）锣打得当当<u>响来</u>。（琉/自/二）

1214b 听见岸上有人<u>哭来</u>。（琉/狭/二）

1842b 元晏说："花家亲事，是自家的老婆，迟早总在那里。庄小姐是别人的老婆，<u>骗来</u>落得受用，怎么是一样呢？"（琉/终/三）

1900b 家人去寻张媒婆，<u>直寻到晚纔来</u>。（琉/终/三）

啸本"V将来"在琉本中的相应位置为"敲将来—打得当当响来"、"跑将来—跑过来"、"哭将来—哭来"、"赶将来—赶来"、"寻将来—寻来"、"骗将来—骗来"、"直寻到傍晚，才寻将来—寻到晚纔来"。该式在琉本中已经完全消失，变成了"V+来"或"V过来"。

B式："V将+复合趋向补语"，共出现 8 例，其中复合趋向补语

53

为"起来"的有 6 例，为"下来"的有 1 例，为"进去"的有 1 例。出现在"将"前的动词有"笑"3 例、"哭"2 例、"扒"1 例、"摇"1 例、"走"1 例。

"V＋将＋起来/进去"主要表示动作的开始，如：

1473a 连李春荣也<u>笑将起来</u>，说道："岳父此论，方使小婿忠孝得能两尽！"（啸/狭/三）

2029a 县官听了，到<u>笑将起来</u>，道："将计就计，将错就错，奸婆伎俩，真令人不能测度！这也罢了，只是你为何又拐骗元公子许多金珠首饰？"（啸/终/四）

2374a 众人看见，都<u>笑将起来</u>。（啸/寒/三）

957a 船家被打，只不肯放他，急得<u>哭将起来</u>。（啸/自/二）

1925a 张媒婆见他说得咬钉嚼铁，不肯与他，急得<u>哭将起来</u>，道："元相公，怎这等忍心！"（啸/终/三）

2244a 商春荫道："你既不省人事，为何又能<u>扒将起来</u>？"（啸/寒/二）

2233a 只见庄门半开，并无一人，商春荫只得挨身<u>走将进去</u>。（啸/寒/二）

"V＋将＋下来"主要表示动作的持续：

1365a 一日，江上平风浪静，船家乘着顺流<u>摇将下来</u>，到晚湾船泊岸，恰恰又泊在乌江项王庙前。（啸/狭/三）

琉本中相应的句子为：

1473b 连李春荣也<u>笑起来</u>说："丈人这样议论，我女婿忠孝纔会两尽！"（琉/狭/三）

2029b 县官听了，到<u>笑起来</u>说："将计就计，将错就错，奸媒伎俩，叫人料想不出！这也罢了，你怎么又拐骗元公子那多金珠首饰？"（琉/终/四）

2374b 众人看见，都<u>笑起来</u>。（琉/寒/三）

957b 船家被打，总不肯放他，急得他<u>哭起来</u>。（琉/自/二）

1925b 张媒婆见他说得铁般硬，不肯给他，急得他<u>哭起来</u>说："元相公怎么这样狠心！"（琉/终/三）

2244b 商春荫说："你既不省人事，怎么又会<u>扒起来</u>？"（琉/寒/二）

2233b 寡见庄门半开，并没有一个人，商春荫挨身<u>走进去</u>。（琉/寒/二）

1365b 这一天，江上平风静浪。船家乘著顺流，<u>摇将下来</u>，到黑了

纔湾，恰恰又湾在那乌江项王庙前。（琉/狭/三）

琉本中与啸本"V+将+复合趋向补语"相应的位置为："笑将起来—笑起来"、"哭将起来—哭起来"、"扒将起来—扒起来"、"摇将下来—摇下来"、"走将进去—走进去"。B 式在琉本中基本消失，只有 1365 这一例还存有"摇将下来"的说法。

C 式："动+将+宾+去"，共出现 1 例，表示动作的结果：

1915a 有人吹风到庄老爷耳朵里，庄老爷大怒，昨日叫两三个家人寻将我去，要摆布我。（啸/终/三）

琉本相应的句子为：

1915b 有人吹风到庄老爷耳朵里头，庄老爷大怒，昨日叫两三个家人寻我去，要摆布我。（琉/终/三）

琉本中与啸本"动+将+宾+去"相应的位置为："寻将我去—寻我去"，C 式在琉本中也已经消失。

动态助词"将"为近代汉语用法，在现代汉语中已经不再使用。啸本中仍有十多例助词"将"，在琉本中已接近消失，与现代汉语的用法基本相似。

（二）结构助词

啸本的结构助词主要用"之"，共出现 485 例。如：

2254a 且说那老家人自奉商尚书之命，叫他看管三相公，故每日或早或晚，必到书房中来看视一遍。（啸/寒/二）

127a 我只怕访尽天下没有个奇才女子，便虚我一生之想！（啸/风/一）

1381a 大王最有人心，何独于我李天造这等惨刻？况当日匆忙开船，皆我李天造之罪，与幼子李春荣何干。（啸/狭/三）

74a 司马玄写完，叫人用针悬挂于厅壁之上，请华岳观看。（啸/风/一）

啸本中也出现了"的"，共 403 例。如：

58a 华老爷家这位小姐才一十六岁，生得如花似玉，兼且知书识字，做的诗文，华老爷也不能比他。（啸/风/一）

啸本的"之"和"的"在琉本中都主要替换为"的"。如：

2254b 再说，那老家人，自从奉了商尚书的吩咐，叫他看管三相公，每日早晚，必要到书房里头，看过一遍。（琉/寒/二）

127b 我怕访尽天下，没有个高才的女人，就虚我一生的思（想）念！（琉/风/一）

1381b 大王你是有仁心的，怎么把我李天造这样惨凄呢？就是当日不看风信就开船，这是我李天造的罪，替我儿子李春荣何干？（琉/狭/三）

58b 华老爷家那位小姐，纔一十六岁，生得十分标致。又晓得诗词歌赋，做的诗词（文），老爷也不能比他。（琉/风/一）

也有少数替换为零形式的（共7例）：

74b 司马玄写完，叫人挂在厅堂上，请华岳来看。（琉/风/一）

这主要是"之"后为方位词的情况，除了"上"（如74b）3例外，还有"下"3例，"后"1例。如：

627a 今日在老太师门楣之下，为此金屋二娇比美，美不如；较才，才不及，短尽我司马玄之气，低尽我司马玄之眉矣！（啸/风/四）

627b 今日在老太师门下，为这两个人的才美，人家都不如他，真真中我意！（琉/风/四）

2487a 孟小姐若虑兄弟幼小，满月之后，听凭回家料理可也。（啸/寒/三）

2487b 孟小姐恐怕兄弟小，等满月后，凭他回家去料理就是了。（琉/寒/三）

除了删减啸本的"之"外，琉本还用其他方式替换"之"，比如同是"之+方位词"的结构，琉本的"之上"变成了"上头"（1例）、"之下"变成了"底下"（2例）、"之后"变成了"以后"（6例）。如：

1401a 李天造与李春荣虽然落水，却喜得都打在浅滩之上。（啸/狭/三）

1401b 李天造替李春荣吊下水，喜得都打在那浅滩上头。（琉/狭/三）

1536a 小楼之下，亦有数种，请二兄进去一看，不识有当于虎丘之万一否？（啸/终/一）

1536b 小楼底下，还有几样的东西，请二位进去看看，不晓得有虎丘的样没有。（琉/终/一）

2200a 自此之后，凡遇做文，便不来叫他。（啸/寒/二）

2200b 从此以后，凡做文章日子，就不来叫他。（琉/寒/二）

这样的改动是句子受到汉语韵律的制约，啸本"之+方位词"的位置需要双音节的稳定结构（词或短语）来替换，另一方面，琉本的词已经整体双音节化，因此，"上"才会被替换为"上头"、"下"才会被替换为"底下"、"后"才会替换为"以后"。但归根到底，就是啸本的"之"到了琉本的改编年代已经不太合时宜了，因此琉本才需要做出这样的改动。

啸本虽然出现为数不少的"的"，但是"之"的数量较多，这其中虽然也有对话双方的文化程度较高（如例127，司马玄与吕柯）、对话场合较为正式（如例1381，李天造项王庙祈愿）的情况，但是没有语体限制的情况仍占主流。到了琉本中，"之"大量消失，只有32例，而且这些例子都有语体的限制，大多出现在文化程度较高的人的对话中。如：

26b 你不平之气，有了这个，可平你的气了。兄不要挂意，小弟去了，后来再会。（琉/风/一）

69b 吕柯听了，欢喜道："门生（敬）祝寿之心，不能做得（没有可伸）。子苍兄的大才，正好应老师之命，亦可为小弟借光。"（琉/风/一）

琉本中与"之"的消失形成鲜明对比的是"的"的大量兴起，琉本的"的"共出现1404例，后面可以带名词等构成体词性结构，也可以带动词构成谓词性结构。如：

72b 司马玄原要把他的才试出来，又虚谦一两句，遂提起笔来，便大着胆，依他女儿韵脚，竟和了一首道……（琉/风/一）

76b 问他说："前日进贡院的文章，我都没有看见？"（琉/风/一）

140b 老头子笑嘻嘻的说："桃花也有，杏花也有，只没有栀子。"（琉/风/二）

167b 司马玄叫家人将这些花，送进吕老爷里头，自家带了老头子，到书房里面，叫他坐下，细细的盘问。（琉/风/二）

此外，还出现了用于句末的"的"，共出现了42例。如：

483b 相公原来不老实！这段姻缘，虽说是吕老爷做媒，还是我说起的。（琉/风/三）

485b 我不是来讨酒吃，我是尹老头子央我来看看姑娘的。（琉/风/三）

"的"的这种用法不是构成名词性结构或形容词、副词性结构，而是在句尾表达一种强调、肯定的语气。啸本这两例原作：

483a 相公原来不老实，这段姻缘虽说是吕老爷为媒，还是我花老儿说起的。（啸/风/三）

485a 我不是来讨酒吃，我是尹老官央我来看看姑娘。（啸/风/三）

虽然啸本也已经出现了这一用法的"的"，但是数量较少（20例），如例485a中与485b相应的位置就没有出现"的"。

可见，琉本的"的"的用法比啸本更为成熟，与现代汉语用法已基本相同。

（三）语气助词

语气助词方面，发生较大变化的是"呢"和"么"。

琉本中共出现了161例"呢"，琉本的"呢"可以表示疑问，共出现154次。如：

594b 华岳说："既聘了他，为何不娶他呢？"（琉/风/四）

806b 贡生住在长安，盘缠都没有了。若是再等三年，我就是干鱼了，还想什么跳龙门呢？（琉/自/一）

812b 你不替他相知，他怎么知道你呢，又怎么肯讲呢？（琉/自/一）

也可以表示肯定，如：

522b 若写榜文，外头招谣不便。传给华太师知道，反要怪你呢。不好出，不好出！（琉/风/四）

628b 你不要怪我说，你明日两个美人做一堆，只怕你还要享尽你的福呢！（琉/风/四）

795b 会做得知县，做不得知县，凭老爷裁夺。若是做不得知县，讲做得，明日做错了公事，不独失了我的体面，未免还伤了老爷的名声呢！（琉/自/一）

啸本"呢"才出现了1例，表示疑问，即：

448a 方才定了心，改容说道："小妹乡野裙钗，不知姐姐为何诱我到此呢？"（啸/风/三）

此例琉本为：

448b 心上纔定，转过脸说道："小妹乡下的人，不晓得姐姐为什么缘故，骗小妹到这里来呢？"（琉/风/三）

可见，啸本的"呢"尚未发展出表示肯定的用法，而琉本的

"呢"可以表示疑问和肯定,已经和现代汉语的用法一致。

值得注意的是,上举的琉本中包含疑问助词"呢"的句子,啸本相应的句子为:

594a 华岳道:"既聘了,为何不娶?"(啸/凤/四)

806a 贡生久客长安,资斧罄矣,衣食已不能充。若再候三年,将索我枯鱼肆矣,尚何飞腾发达之有?(啸/自/一)

812a 若黄兄不相知,他如何得知,又如何肯讲?(啸/自/一)

可以看出,琉本的疑问句多用疑问助词表示疑问,而啸本的疑问句却少用疑问助词来表示疑问,表示疑问的功能多由句子中的疑问代词来承担。

再来看看疑问助词"么"的情况。近代汉语和现代汉语都用"么"表示疑问,但其用于疑问句中的比例却有较大的不同。据刘均杰(1986:174),在中国第一历史档案馆等选编的《清代地租剥削形态》中,有乾隆朝刑科题本档案 400 件。其中 1740—1796 年间北方诸省案件题本 21 件,这些档案的口供部分的疑问句中,无疑问助词句占总疑问句的比例为 6∶16＝0.37∶1。《儿女英雄传》1—24 回中疑问句共 1529 句,无疑问助词和有疑问助词的比例为 1197∶395＝3∶1。也即是说,年代较后的作品在疑问句中使用疑问助词的比例较高。

啸本中疑问助词"么"出现了 48 次,如:

765a 那老人道:"既是徽州,兄知道许相公近日好么?"(啸/自/一)
814a 周文选道:"黄兄想起来了么?"(啸/自/一)

琉本中疑问助词"么"出现 64 次,如:

765b 那老人家说:"既是徽州,你知道许相公近来好么?"(琉/自/一)
814b 周文选说:"你想起来了么?"(琉/自/一)

啸本共出现疑问句 726 次,其中带有疑问助词"么"/"呢"的疑问句出现 48/1 次,共 49 次,无疑问助词和有疑问助词的比例为 13.82∶1;琉本共出现疑问句 770 次,其中带有疑问助词"么"/"呢"的疑问句出现 64/154 次,共 218 次,无疑问助词和有疑问助词的比例为 2.53∶1。可见,疑问句多用疑问助词是琉本与同时代语料共同的语法特点之一,也是与现代汉语用法较为相似的特点之一。

### 三、连词的演变

啸本的连词在琉本中的演变主要体现为一批近代汉语连词的消失、

一批现代汉语连词的出现以及关联连词的搭配固定化等。

（一）取舍连词

啸本表示取舍关系的连词"莫若"出现24例，在琉本中替换为"不如"20例。如：

1146a 李天造道："这事糊涂，也难怪一个。依我说，<u>莫若</u>两人各认晦气，大家认赔一半罢！"（啸/狭/一）

1146b 李天造说："这事糊涂，也难怪一个人。依我说，<u>不如</u>两人认个晦气，大家认赔一半罢！"（琉/狭/一）

在琉本中替换为零形式4例，如：

30a 司马玄道："兄宝眷又在任所，府上料也无人，<u>莫若</u>等兄发后，宝眷回时，到府相扰未迟。"（啸/风/一）

30b 司马玄说："你老婆又在任上，府内（里？）料想也没有人。等你中了，老婆讨来时候，再到府上打扰也不迟。"（琉/风/一）

啸本中也出现了"不如"，共7例，在琉本中都仍为"不如"：

1930a 你到<u>不如</u>快快家去，收拾了细软东西，躲在我家，有谁敢来寻你不成？（啸/终/三）

1930b 你到<u>不如</u>快快回去，收拾了细软的东西，躲在我家，谁敢来寻你不成？（琉/终/三）

可见，啸本中已经发展出现代汉语用法的"不如"，但仍然有大量的近代汉语用法的"莫若"。琉本中"莫若"已经消失，啸本的"不如"和"莫若"，在琉本中都替换为"不如"，已经和现代汉语的用法完全一致。

（二）因果连词

中古以前"因"和"为"分别为两个连词，都有表示原因的意思，降至唐五代，由于同义复合，这两个词作为语素组合成一个词。"因"和"为"两个语素的顺序一直很自由，"为因"和"因为"并用的现象在元代还可以见到。后来语素的顺序逐渐固定下来，只用"因为"（周刚，2002：188-189）。

在啸本中没有"因为"，"为因"出现了2例。如：

1057a 老道士道："贫道就是隔壁项王庙中，<u>为因</u>庙宇倾颓，募缘修整，今幸老居士过此，百年难遇，要求老居士乐助，发心凑成胜事。"（啸/狭/一）

1328a 傅星道："我学生衰朽，不幸有子早亡，止存一女，<u>为因</u>贫困陷身宦室，前日情急投水，幸遇令郎援救，感德无涯……"（啸/狭/三）

这两例的文言色彩较浓，不一定反映啸本所处年代的实际语言，但是啸本没有出现"因为"，这属于近代汉语的语法特点。琉本中没有出现"为因"，出现了5例"因为"，与现代汉语的用法基本相同：

1486a 话说苏州府长洲县，有一个少年秀才，姓唐，<u>因</u>慕唐寅为人，便起名叫做唐辰。（啸/终/一）

1486b 话说，苏州府长洲县，有一个少年的秀才，姓唐。<u>因为</u>想那唐寅做人，就起名叫做唐辰。（琉/终/一）

（三）选择连词

"不是……就是"表示两者必居其一。这种选择句结构由来已久，在古汉语里，通常用"非……即……"的格式来表达。随着系词"是"的普遍使用，唐宋时期出现了"不是……即是……"的句式。稍后，由于副词"便"在相同用法上代替了副词"即"，于是出现了"不是……便是……"的句式。这种句式使用了很长一段时间，直到明清时期，"就"在副词用法上替代了"便"后，才出现了"不是……就是……"的格式（周刚，2002：185）。

啸本中已经出现了"不是……就是……"3例，这三例在琉本中仍为"不是……就是……"。如：

1666a 我闻得他不学好，整日在外面<u>不是嫖，就是缠人家妇女</u>，你提他怎么？（啸/终/二）

1666b 我听见他不学好，整日在外头，<u>不是嫖，就是缠人家的女人</u>，你提他做什么？（琉/终/二）

1702a 连日晦气，怎寻着的<u>不是节妇，就是义夫</u>？这也好笑，若是个个如此，我们做马泊六的，只好喝风罢了！（啸/终/二）

1702b 连日晦气！寻着的<u>不是节妇，就是义夫</u>，这也好笑。若是个个都是这样的，我们做媒人的，只好喝风罢了！（琉/终/二）

1923a 我如今若取不得绣鸳鸯回去，他乡宦人家，将我送到官，<u>不是拶，就是打</u>，叫我老人家当得起么？（啸/终/三）

1923b 我如今若拿不得绣鸳鸯回去，他乡宦人家，把我送到官，<u>不是拶，就是打</u>，叫我老人家当得起么？（琉/终/三）

此外，啸本中还有古汉语用法的"非……即……"格式1例和近代汉语用法的"不是……便是……"格式1例,这两例在琉本中都被"不是……就是……"格式所替代,已经和现代汉语的用法一致。

940a 今日侥幸,我与你俱已做了朝廷臣子,则此身功罪自在朝廷,若受人一分一文,非赃即私,异日朝廷考察得知,恐此身不保,如何敢受?(啸/自/二)

940b 今日侥幸,我替你都做了朝廷的臣子,朝廷知道,到也不便。若受了人一分一文,不是赃,就是私。明日朝廷考察,恐怕这身子也难保了,怎么敢受你呢?(琉/自/二)

97a 父亲许多寿诗不拿与我,今独拿这首诗与我看,必有深意。不是为我择婿,便是怪我恃才,以此销我矜心,叫我怎生回对?(啸/风/一)

97b 老子那闷多的寿诗,不拿给我看,独独拿这首诗给我看,不是替我拣女婿,就是怪我了。这样的叫我怎么好呢?(琉/风/一)

(四)让步连词

"就"作为表让步的连词,用例不晚于魏晋。"就是"是由"就"加后缀"是"粘合而成,用例见于元明。现代汉语中,"就是"常和"也"搭配使用(周刚,2002:206)。

啸本中已经出现了10例现代汉语用法的"就是……也……"格式。如:

205a 苻烟笑道:"张伯伯,不要取笑!就是大热,也只消一把足矣。为何就要三、五把?"(啸/风/二)

但是也存在以下近代汉语用法,如"便是……也……"两例:

1924a 若要绣鸳鸯,你便是死,我也不能从命!(啸/终/三)

235a 因说道:"五十两银子不为多,只是这把扇子旧了我不要,原退与你。有别的诗文拿来,便是五十两也罢。"(啸/风/二)

"就是……亦……"1例:

942a 黄舆道:"此事不独学生不敢,就是天隐亦当谨守,倘一失足,悔之晚矣!"(啸/自/二)

"便……亦……"1例:

1880a 唐辰道:"既是真,便美如西子,毛嫱,亦不消提起矣!但只是庄老一片好情,退亲之事,怎生出口?"(啸/终/三)

"即……亦……"1例：

2506a 孟小姐道："自妾以瞥目相传，君子知而不弃，这段高义，当在古人之上，不独使妾甘心巾帼，即先学士九泉亦含笑矣！"（啸/寒/三）

琉本中这些近代汉语用法的格式已经消失，统一为现代汉语用法的"就（是）……也……"的格式。如：

205b 尹荇烟笑的说："张伯伯不要来取笑。就是大热，也只消一把就勾了，为何就要三五把？"（琉/风/二）

1924b 若要绣鸳鸯，你就死，我也不还他！（琉/终/三）

235b 说道："五十两银子不为多。这把扇子旧了，我不要，退回还你。有别的诗文拿来，就是五十两也罢。"（琉/风/二）

942b 黄奥说："这个事，不独我不敢，就是你也要谨守。若不谨守，后来悔也迟了！"（琉/自/二）

1880b 唐辰说："既是真，他就生得好如西子、毛嫱一般，也不消提起了！只是庄老爷一片好情，退亲的事，怎么开得口？"（琉/终/三）

2506b 孟小姐说："我把瞎眼传出去，你晓得不弃我。这样好心，不独我甘心奉伺你，就是我老子在阴间，也感念你了！"（琉/寒/三）

琉本的"就是……也……"共出现29例，数量大大超过了啸本，也代替了近代汉语其他表示让步的关联格式，与现代汉语的用法已经基本相同。

## 第三节 《人中画》两种版本的语法历时比较（下）

啸本和琉本之间发生的语言历时变化还包括"A不A"格式的出现、"VP怎么"的消失和词汇的双音节化等。

### 一、"A不A"句式的出现

用"A不A"表示选择疑问是现代汉语用法，A可以是动词也可以是形容词。这样的用法琉本共出现了26例，动词的例子如：

2124b 商尚书听说，想想一会说："我到有个处法，不晓得你肯不肯？"（琉/寒/一）

2334b 孟学士说："若论娶亲，告诉父母，我自然替你老子说，不消你挂虑。你愿不愿，不妨直说！"（琉/寒/二）

2293b 曹先生笑说："我替你说了这个人狂，是不是呢？"（琉/寒

/二)

形容词的例子如：

988b 那人说："我据看相，也不晓得准不准，老何必着急？"（琉/自/二）

2136b 我今取你一个名字，叫做春荫，你说好不好？（琉/寒/一）

啸本对应的句子为"A+否"、"A与不A"、"如何/何如"或改变说法：

2124a 商尚书听说，沉吟半晌道："我学生到有一处，不识兄肯从否？"（啸/寒/一）

2334a 孟学士道："若论娶而必告父母之理，我学生自当致之尊翁，不消商兄虑得。但商兄愿与不愿，不妨一言，便生死一决矣！"（啸/寒/二）

2293a 曹先生因笑说道："我就对老年翁说，此子狂士也，不足与语，何如？"（啸/寒/二）

988a 那人道："我据相看，也未知准否，老何必着急？"（啸/自/二）
2136a 我今取汝叫做春荫，你道如何？（啸/寒/一）

啸本中"A不A"格式只出现1例，即：

954a 家人道："江西德安县知县汪老爷考满回任，雇他的船，与他三两银子船钱，他还嫌少不肯去，你道该打不该打？"（啸/自/二）

琉本相应的例子为：

954b 家人说："江西德安县汪老爷，考满回任。雇他的船，给他三两银子做船钱，他还嫌少不肯去。你讲该打不该打？"（琉/自/二）

可见，啸本的"A不A"格式刚刚开始出现，其主流用法为用"A+否"、"A与不A"表示选择疑问，仍为近代汉语用法。琉本的"A不A"格式的出现频率大大超过啸本，已经与现代汉语的用法基本相同。

## 二、"VP怎么"的消失

"VP怎么"格式，在宋代已经出现（吕叔湘，1985：314）。如：

(18) 某甲怎么道未有过，打怎么？（《灯录》卷二十四）

这种"VP"句式既可以表示真性疑问，也可以表示反问。

元代这一特殊反问句式在明初偶有遗存，明代中叶后应趋于消亡，到了清代乾隆期间就完全不见了（李泰洙，2003：103）。

啸本中还存在 2 例 "VP 怎么"，如：

857a 汪费道："你问他怎么？"（啸/自/二）

1666a 素英道："这头亲事，爹爹原替我配错了！我闻得他不学好，整日在外面不是嫖，就是缠人家妇女，你提他怎么？"（啸/终/二）

琉本中这种用法已经消失，以上两例均被替换成 "VP 做甚么/什么"。如：

857b 汪费说："你问我做甚么？"（琉/自/二）

1666b 素英说："这头亲事，爹爹原替我做错了！我听见他不学好，整日在外头，不是嫖，就是缠人家的女人，你提他做什么？"（琉/终/二）

啸本中虽然也出现了 "VP 做甚么" 的疑问句式，但仅有 3 例。如：

1593a 元晏道："他若不向我笑，我想他做甚么？你既在他家走动，这件事要赖在你身上了。"（啸/终/一）

1839a 如今唐相公聘已行了，只在早晚就要做亲，他放着现现成成事不做，又担惊受怕做甚么？（啸/终/三）

1841a 张媒婆道："叫我也没法，现今花太太催做亲甚急，莫若拣个好日子，做了亲，岂不是一样受用？又劳心费力去寻庄小姐做甚么？"（啸/终/三）

这三例在琉本中也仍作 "VP 做什么"，如：

1593b 元晏说："他不替我笑，我想他做什么？你既在他家走动，这件事，要赖在你身上，替我做成。"（琉/终/一）

1839b 如今唐相公过礼了，只在早晚就要娶亲。他放着现现成成的事情不做，又去担惊受怕做什么？（琉/终/三）

1841b 张媒婆说："叫我也没法。现今花太太催娶亲甚急，不如拣个好日子娶了亲，也不是一样的受用？何消劳心费力，去寻庄小姐做什么？"（琉/终/三）

像这样的 "VP 做什么" 句式琉本中共出现了 21 例。此外，琉本中还出现了 "不 VP 么" 的反问句式 7 例，如：

2207b 那婊子做出好多的妖精、八怪，笑说："我听见古时生得好的女人，人都动心，你都<u>不动心么</u>？还是你嫌我丑陋，纔有这个话？我虽然生得丑陋，情最长（好？），你不要弃嫌！"（琉/寒/二）

啸本没有这样的用法。

李泰洙（2003：103）对五代到清代的反问句式的发展轨迹描写为：

VP 那，作摩？（五代）
↓
VP 怎么？（宋、元、明）
↓
不 VP 那，怎么（甚么）？（元、明）
↓
VP 做什么？/不 VP 么？（清）

清初的啸本中没有出现"不 VP 么"的反问句式，18 世纪中叶的琉本中才同时出现"VP 做什么"和"不 VP 么"两种反问句式，这两种反问句式的结构已经和现代汉语基本一致（前一式"做什么"今日北方常作"干什么"）。

### 三、词的双音节化

从啸本到琉本之间最明显的变化无疑是一批单音节词双音节化，包括代词、名词、动词、形容词、副词、连词、介词共计 7 个词类 209 例，具体如下：

表 3-1

| 词类 | | 改写个数 | 实例 |
|---|---|---|---|
| 实词 | 名词 | 99 | A→A 子（担子、扇子、银子、袖子、轿子、日子、帖子、身子、势子、袍子、儿子、房子、对子、性子、窗子、鼻子、呆子、绳子）<br>父→老子/老爷、女→女儿、女→女人、女→女子、女→女孩、婿→女婿、翁→丈人、子→儿子、师→老师、生→学生、亲→亲戚、戚→亲戚、友→朋友、媒→媒人、美→美人、兄→兄弟、弟→兄弟、中→里头、中→中间、（心）下→（心）里头、内→里头、里→里头、外→外头、前→前头、前→面前、后→后头、上→上头、傍→旁边、时→时候、今→如今、今→今日、 |

续表

| 词类 | | 改写个数 | 实例 |
|---|---|---|---|
| 实词 | 名词 | 99 | 昨→昨日、期→日子、意→意思、事→事情、情→事情、理→道理、道→道理、名→名字、衣→衣裳、服→衣服、题→题目、文→文章、处→地方、泪→眼泪、目→眼睛、眼→眼睛、睛→眼睛、颜→脸面、眉→眉毛、耳→耳朵、项→脖子、涕→眼泪、头→头发、日→日头、价→价钱、别→别处、力→力量、名→名声、年→年纪、物→东西、后→后来、考→考试、声→声音、望→指望、助→帮助、机→机会、心→心事、德→恩德、地→地方、惠→恩惠、礼→礼物、变→改变、规→规矩、灾→灾难、才→才学、荣→荣华、刑→刑罚、姻→姻缘、夜→夜晚、月→月亮 |
| | 代词 | 6 | 此→这样/这里、甚→什么、何→什么、怎→怎么（样）、自→自家、自→自己 |
| | 动词 | 50 | 明→明白、知→知道、识→晓得/知道、无→没有、没→没有、见→看见、听→听见、恐→恐怕、怕→恐怕、答→答应、应→答应、告→告诉/告讼、出→出来、出→出去、回→回去、回→回来、归→回去、归→回来、去→回去、起→起来、负→辜负、料→料想、冤→冤枉、思→思量、道→说道、祝→祝贺、报→告讼、央→央托、论→议论、议→商议、感→感激、忘→忘记、访→查（察）访、失→失掉、候→等候、会→相会、复→回覆、葬→埋葬、防→防备、玩→玩耍、尊→尊敬、愧→惭愧、修→修理、缺→缺少、想→想念、诬→诬害、诱→引诱、收→收拾、过→经过、喜→欢喜 |
| | 形容词 | 19 | 奇→奇怪、快→快活、难→艰难、贵→富贵、易→容易、悲→悲伤、洁→洁净、盛→茂盛、华→华丽、忧→忧愁、欢→欢喜<br>A→AA（细细、忙忙、暗暗、低低、早早、饱饱、呆呆、悄悄） |
| | 副词 | 30 | A→AA（真真、独独、单单、常常、略略、明明、时时、白白、渐渐、实实、特特）、不→没有、莫→不要、否→没有、勿→不要、忽→忽然、若→若是、果→果然、初→头里/起头/起初、同→一起/一齐、从→从来、岂→难道、自→自然、速→快快、另→另外、正→正在、必→必定、必→定然、故→故意、未→没有 |
| 虚词 | 连词 | 4 | 既→既然、虽→虽然、因→因为、因→因此 |
| | 介词 | 1 | 自→自从 |
| 合计 | | | 209 |

第二章第三节已经举出不少啸本为单音节词、琉本相应位置为双音节词的例子，此外，本章在进行啸琉两本的语言历时比较时，也举出了很多啸本为单音节词、而琉本相应位置为双音节词的例子。为避免烦琐，下面对各种词类的双音节化只简单举例说明：

名词：

291a 看见吕柯，慌忙跳下<u>轿</u>来道："吕老师，大清晨往何处去？"（啸/风/二）

291b 看见吕柯，慌忙跳下<u>轿子</u>来说："吕老师，大清早往那里去呢？"（琉/风/二）

436a 尹荇烟听见称呼"姐姐、妹妹"，惊讶不知何意，不住偷<u>睛</u>将华小姐细看。（啸/风/三）

436b 尹荇烟听见称呼"姐姐、妹妹"，心里头一想，不晓得是什么意思，<u>眼睛</u>不住的把华小姐细看。（琉/风/三）

代词：

2402a 家人禀道："大相公再三劝他去考，他只是不肯，不知为<u>甚</u>？"（啸/寒/三）

2402b 家人禀说："大相公再三劝他去考，他总是不肯，不知道为<u>什么</u>。"（琉/寒/三）

动词：

1950a 人都<u>争</u>看新人，不知却是两个旧相知。（啸/终/四）

1950b 人人都<u>来</u>看新人，不知道还是两个旧相知。（琉/终/四）

形容词：

1789a 元晏道："相会甚<u>难</u>，时光有限，故尔唐突。"（啸/终/二）

1789b 元晏说："相会<u>艰难</u>，再玩玩一回！"（琉/终/二）

副词：

2382a 那悬笔<u>忽</u>又写出数行道：萧萧风，飒飒雨，诸子请我问科举。一对尚然不能对，功名之事可知矣！（啸/寒/三）

2382b 那悬笔<u>忽然</u>又写出几行说：萧萧风，飒飒雨，诸子请我问科举。一对尚然不能对，功名之事可知矣！（琉/寒/三）

连词：

332a 因对父亲说道："父亲<u>既</u>允了他，可将礼物搬了进来。吕翰林

远来，须留一饭。"（啸/风/二）

332b 就替老子说："老子既然许了他，把这些礼物收了进来。吕翰林远来，留他吃一顿饭去。"（琉/风/二）

介词：

706a 到得坐席，皆尊汪费居首，汪费初时心下还觉有些不安，自坐过一次，见黄舆不开口，便以为礼之当然，竟自坐了，宏议阔论，全不象有黄舆在坐。（啸/自/一）

706b 到得坐位，都尊敬汪费坐头位。汪费起初时候，心里还有些不安。自从坐过一回，见黄舆不开口，道是礼之当然，竟自己坐了，都不像有黄舆在那里坐。（琉/自/一）

从两种版本的双音词替换方式来看，琉本对啸本单音节词汇的双音节化改写分为两类：一类是啸本单音节词在琉本中成为词素，再另加一词素构成双音节词，此类共出现180个（如：知→知道）；另一类是啸本单音节词在琉本中被同义双音节词所替换（即二者没有同形词素），此类共出现29个（如：此→这样）。与啸本单音节词相对应的琉本双音节词的构词状况可分为三类：（一）词根连接词缀（如：里→里头）；（二）词根相互融合（如：德→恩德）；（三）重叠式（如：细→细细）。这与现代汉语的情形完全一致。

## 第四节　近代汉语下限与现代汉语的上限

为了更清楚地显示啸本与琉本的语法现象的不同，我们略去具体数据，将啸本与琉本体现出较大历时差异的主要语言点列出如下：

表 3-2

| 词类 | | 啸本 | 琉本 |
| --- | --- | --- | --- |
| 代词 | 疑问代词 | 甚、甚么 | 什么 |
| | | 如何、何如 | 怎么（样）、好不好、是不是 |
| 动词 | 给予动词、使役动词 | 与 | 给 |
| | 能愿动词 | 须、须要 | 要 |

续表

| 词类 | | 啸本 | 琉本 |
|---|---|---|---|
| 副词 | 总括副词 | 俱、皆、尽、尽皆、都 | 都 |
| | 类同副词 | 亦、也 | 也 |
| | 限定副词 | 惟、只、止 | 只 |
| | 程度副词 | 愈、愈加 | 越、越发、越加 |
| | | 甚、最、极、无限、尽（儘） | 狠 |
| | 时间副词 | 遂、便、就 | 就 |
| | | 方、方才（纔）、才（纔） | 纔 |
| | 否定副词 | 不曾、未曾 | 没有 |
| 介词 | 引进空间的介词 | 于、在 | 在 |
| | 引进时间的介词 | 自、从 | 从、自从 |
| | 引进受事的介词 | 将、把 | 把 |
| 助词 | 动态助词 | 将 | "将"基本消失 |
| | 语气助词 | 呢（仅有1例，表疑问） | 呢（大量出现，可表示疑问和肯定） |
| 连词 | 取舍连词 | 莫若、不如 | 不如 |
| | 因果连词 | 为因 | 因为 |
| | 选择连词 | 非……即……、不是……便是……、不是……就是…… | 不是……就是…… |
| | 让步连词 | 就是……亦……、便是……也……、就是……也…… | 就是……也 |
| A 不 A | | A＋否、A 与不 A、A 不 A | A 不 A |
| 反问句式 | | VP 怎么？VP 做什么？ | VP 做什么？不 VP 么？ |
| 词汇音节 | | 尚未完全双音节化 | 双音节化 |

　　需要注意的是，上表并未囊括所有啸本和琉本的语言特点，我们所列出的，不过是啸本与琉本中体现出较大历时差异的语言特点，而啸本与琉本相同的语言特点，因为与本章的主旨关系不是特别密切，为了论述的集中，并未涉及。比如，胡明扬（1991：251）提到的确定近代汉语上下限的标准："语法上的'的了呢吗'的出现和全面替代'之乎者也'；'这、那'的出现和替代'彼此'；'将'字句的出现、

发展和消失;'把'字句的出现和发展;'动+将+趋'的出现、发展和消失。语汇中'我你他'还有'们'的出现和全面替代'吾汝其'等古代汉语人称代词。"其中"的了呢吗",我们只讨论了"的呢吗",因为啸本的"了"和琉本的"了"用法较为相似,体现不出历时性的差异,因此没有专门讨论。而关于"吾汝其"的问题,我们将啸琉两本中出现的人称代词列举如下:

表 3-3

| | 第一人称 | | | | 第二人称 | | | | 第三人称 | |
|---|---|---|---|---|---|---|---|---|---|---|
| | 我 | 吾 | 奴家 | 我们 | 你 | 汝 | 尔 | 你们 | 他 | 他们 |
| 啸本 | 781 | 16 | 8 | 28 | 430 | 7 | 1 | 16 | 838 | 3 |
| 琉本 | 1275 | 0 | 0 | 33 | 829 | 0 | 0 | 19 | 1237 | 9 |

虽然啸本中也有少数"吾汝其",但主要用在高语体的会话中,有语体的限制。"我你他"和"们"在啸本中的使用已经非常普遍,与琉本没有实质性的差别,所以我们也没有将其列入讨论的范围。以下简单举出两本的"了"与"我你他"、"们"的例子:

157a 司马玄就在家人银包内取了一锭,递与老儿道:"我与你,你肯卖么?"(啸/风/二)

157b 司马玄就在家人银包里头,拿了一锭,递给他说:"我给你,你肯卖么?"(琉/风/二)

158a 老儿看见一锭纹银有二、三两重,连忙送还司马玄道:"相公请收好了,不要取笑!"(啸/风/二)

158b 老头子看见一锭好银子,有二三两重,连忙送还司马玄说:"相公请收好了,不要来骗我!"(琉/风/二)

1787a 二人欢喜道:"这是天生一对,今日之会,不是无因,但异日这肉鸳鸯配成夫妻,我二人便死无恨矣!"(啸/终/二)

1787b 两个人欢喜说:"这是天生一对!今日相会,不是无因。明日这肉鸳鸯,配成夫妻,我两个人,就死也没有恨了!"(琉/终/二)

141a 司马玄道:"我问你扇头。"(啸/风/二)

141b 司马玄说:"我问你扇里头呵!"(琉/风/二)

143a 司马玄见他耳聋,只得用手指着扇子大声说道:"这字是谁人写的?"(啸/风/二)

143b 司马玄见他耳朵聋,用手指着扇子,大声说道:"这字是谁人

写的?"(琉/凤/二)

2156a 只是四个兄弟见父亲信中说他许多好处,又再三吩咐不许欺负他,他四兄弟心下暗暗不伏,道:"他一个流来之子,得与<u>我们</u>认做兄弟,孰轻孰重,凭你论情论理,也该奉承<u>我们</u>三分,怎倒先戒<u>我们</u>欺负他?终不成到让他来欺负<u>我们</u>!再看他在<u>我们</u>面上何如,倘有不逊之处,便须慢慢弄他。"(啸/寒/一)

2156b 那四个兄弟,见老子信里说他好多好处,又再三吩咐不许欺负他。他四个兄弟,心里暗暗不服说:"他一个流来的人,替<u>我们</u>认做兄弟,谁轻谁重?凭你论情论理,也该奉承<u>我们</u>三分,怎么还先吩咐<u>我们</u>不要欺负他?难道还让他来欺负<u>我们</u>不成?如今且看他在<u>我们</u>面上,是怎么样的,若是他做人骄傲,就慢慢作弄他!"(琉/寒/一)

啸本语言在琉本中的演变特点可以分类概括如下:

(1) 啸本中共存着的不同时间层次的近代汉语近义代词、动词、副词、介词、连词等,在琉本中主要替换为其中某一个词,其他近义词消失。替换后的情况与现代汉语的用法已经基本相同。现代汉语语法系统(包括语法形式和语法功能)在琉本中已经基本成形。如总括副词"俱"、"皆"、"尽"、"尽皆"、"都"产生于不同的历史时期,但都共存于啸本中,意义相近、功能交叉重合,在琉本中被"都"所统一替换,替换后与现代汉语的用法已经基本相同。又如啸本的"甚"和"什么"在琉本中统一为现代汉语用法的"什么",近代汉语用法的"甚"消失。啸本的能愿动词"须、须要、要"在琉本中被现代汉语用法的"要"所整体替换,近代汉语用法的"须、须要"在琉本中已经基本消失等。

(2) 啸本中的近代汉语语法形式和格式在琉本中式微和消失,现代汉语语法形式和格式在琉本中出现和兴起。如啸本中还没有出现的现代汉语动词"给"和现代汉语程度副词"狠"在琉本中大量出现,啸本处于萌芽状态的现代汉语否定副词"没有"和现代汉语语气助词"呢"在琉本中发展兴起。啸本的近代汉语"动将补"格式、近代汉语"VP怎么"格式在琉本中消失,啸本中处于萌芽状态的现代汉语"A不A"格式、"VP做什么"格式在琉本中大量兴起。

(3) 啸本的语法现象在琉本中的演变不仅仅体现为词汇的替换,还体现为整个语法系统的变化和发展。如啸本引进空间的"于"在琉本中替换为"在","在"可以出现于动词前,就带来语序的改变,现代汉语介词前置的体系基本形成。①

（4）啸本的语法结构仍处于一种不稳定的状态，琉本的语法结构稳定下来并确立为现代汉语用法。如啸本连词的搭配结构尚未固定，表示让步关系的"即……亦……"、"便……亦……"、"便是……也……"、"就是……亦……"和"就是……也……"同时并存，在琉本中终于固定为现代汉语用法的"就是……也……"。

（5）啸本中许多词尚未双音化，琉本中的词整体呈现双音化的面貌。

可以看出，啸本中虽然已经出现了一些现代汉语用法，但仍存在大量的近代汉语用法，啸本的语言处于一种不均衡的过渡状态。而琉本中的现代汉语用法已经呈现出一种整体较为均衡的稳定状态。啸本与琉本之间存在着一系列的不同，这种不同整体体现为近代汉语用法和现代汉语用法的不同。因此，我们认为，在啸本所处的年代——17世纪中叶——清初仍然属于近代汉语阶段，而在琉本所处的年代——18世纪中叶——清中叶则已经属于早期现代汉语的阶段了。这是本章的结论之一。

那么，编写于18世纪中叶的琉本出现了大量的现代汉语用法，这是琉本的个别现象还是同时期的语言材料所呈现出来的共同现象？接下来我们来看看同样编写于18世纪中叶的《红楼梦》前八十回的情况。

瑞典汉学家高本汉（B. Karlgren）（1952）曾对明清五部白话小说的语法、词汇进行了比较研究，其中列举了32种语言现象，统计它们在《水浒》A（前七十回）、《水浒》B（后五十回）、《西游记》、《儒林外史》、《红楼梦》A（前八十回）、《红楼梦》B（后四十回）、《镜花缘》中的使用频率，用0（不出现或偶尔出现）、1（使用不多）、2（经常使用）来表示。这里简单介绍编写于18世纪中叶的《红楼梦》（简称《红》）及之前的《水浒》（简称《水》）、《西游记》（简称《西》）的有关的情况。

（1）"新成分"的递增

① 最典型的是"很"，《水》0次，《西》5次，《红》极多。《红》的表现与琉本一致。

---

① 从啸琉两本的材料来看，近代汉语介词后置的体系演变为现代汉语介词前置的体系的过程中，"于"演变为"在"是时间较晚的。其他介词，比如"自"在啸本中仅余1例，也已前置于动词前。现代汉语也使用的"来自……"的"自"似乎是"自"后置的一个例外，但此处的"来自"似乎已经凝结为一个词，而"自"出现在其他动词后面时无疑都非常书面化。

②"给",《水》、《西》均为0,《红》为2。《红》的表现与琉本一致。

③"呢",《水》、《西》均为0,《红》为2。又据蒋绍愚(2005:270),"在明清的白话小说中,已不见语气词'那';在《西游记》、《金瓶梅》中,表肯定多用'哩',表疑问'哩'、'呢'并用;在《红楼梦》中,则无论疑问或肯定一律用'呢'。这就和现代汉语的情况一样了。"可见《红》的表现与琉本一致。

④"没有+名词",《水》中为0,《西》、《红》为2。"没有+动词",《水》、《西》皆为0,《红》为2。可见,"没有"做副词的功能在《红》中已出现,而在《红》之前的作品中未曾出现,这也与琉本一致。

⑤"要",《水》、《西》皆为0,《红》为2。《红》的表现与琉本一致。

⑥"V不V"(也即本文的A不A),《水》、《西》皆为0,《红》为2。《红》的表现与琉本一致。

(2)"老成分"的递减

⑦"V将来(去)",《水》为2,《西》为1,《红》为0。《红》的表现与琉本一致。①

⑧"为因",《水》A中有,其余作品中均无。《红》的表现与琉本一致。

⑨"甚",《水》《西》中有,《红》无。《红》的表现与琉本一致。

可见,以上九项《红》的表现都与琉本一致。我们再来看看《红》是否具有琉本的其他特征。

因《红》的叙述语言和人物对话具有不同的语体风格,前者较书面化,后者较口语化,后者更能代表其所处年代的语言面貌,因此我们选取《红》庚辰本(编写于1761年)的对话部分进行考察。

⑩"VP怎么"已经消失,"不VP么"出现。如:

(19)是我,还<u>不开么</u>?(《红》第二十六回)

(20)大哥哥今日<u>不在家么</u>?(《红》第七回)

---

① 曹广顺(1995:59)根据《老乞大》、《老乞大新译》(注:原文如此,应为《老乞大新释》之误)、《重刊老乞大》的材料提出清代的北方话中,可能已以不用"动+将"结构为常了。李泰洙(2003:102)对四种版本《老乞大》的研究也再次证明,随着动态助词"了"的兴起和普遍使用,助词"将"从宋代开始就逐渐走向衰微,到了元明时代进一步衰落,编写于18世纪中叶的《老乞大新释》和编写于18世纪末的《重刊老乞大》中助词"将"都未见一例,说明它在清代北方话中已经消亡。

《红》的表现也与琉本一致。

"因为"的大量出现。如：

（21）我因为见他寔在好的狠，怎么也得他在咱们家就好了。（《红》第十九回）

《红》的表现也与琉本一致。

副词"愈"消失，"越"和"越发"兴起。如：

（22）我们姑娘越发小气了。那一年不放几个子，今忽然又心疼了。姑娘不放，等我放。（《红》第七十回）

（23）这还不大好，须得拣那曲谱越慢的吹来越好。（《红》第七十六回）

《红》的表现也与琉本一致。

连词"莫若"的出现频率极低，在1—30回中仅有10例，而且这10例都有语体限制，详见表3-4。

表 3-4

| 对话内容 | 说话人 | 听话人 | 在场人 | 场所 | 回目 |
| --- | --- | --- | --- | --- | --- |
| 我送妹妹一妙字，莫若"颦颦"二字极妙。 | 贾宝玉 | 林黛玉 | | 荣国府正房 | 三回 |
| 莫若依我定见，趁今日富贵，将祖茔附近多置田庄房舍地亩，以备祭祀供给之费皆出自此处，将家塾亦设于此。 | 秦可卿 | 王熙凤 | | 王熙凤梦中 | 十三回 |
| 尝闻古人有云："编新不如述旧，刻古终胜雕今。"况此处并非主山正景，原无可题之处，不过是探景一进步耳。莫若直书"曲径通幽处"这句旧诗在上，倒还大方气派。 | 贾宝玉 | 贾政 | 众清客贾珍 | 大观园 | 十七回 |
| 有用"泻玉"二字，则莫若"沁芳"二字，岂不新雅？ | 贾宝玉 | 贾政 | 众清客贾珍 | 大观园 | 十七回 |
| 这太板腐了。莫若"有凤来仪"四字。 | 贾宝玉 | 贾政 | 众清客贾珍 | 大观园 | 十七回 |
| 方纔世兄有云，"编新不如述旧"，此处古人已道尽矣，莫若直书"杏花村"妙极。 | 众清客 | 贾政 | 贾珍贾琏贾宝玉 | 大观园 | 十七回 |

续表

| 对话内容 | 说话人 | 听话人 | 在场人 | 场所 | 回目 |
|---|---|---|---|---|---|
| 旧诗有云"红杏梢头挂酒旗"。如今莫若"杏帘在望"四字。 | 贾宝玉 | 贾政 | 贾珍 贾琏 众清客 | 大观园 | 十七回 |
| 这越发过露了。"秦人旧舍"说避乱之意,如何使得?莫若"蓼汀花溆"四字。 | 贾宝玉 | 众清客 | 贾政 贾珍 贾琏 | 大观园 | 十七回 |
| 再莫若"兰风蕙露"贴切了。 | 众清客 | 贾政 | 贾珍 贾琏 贾宝玉 | 大观园 | 十七回 |
| 如此说,匾上则莫若"蘅芷清芬"四字。对联则是:吟成豆蔻才犹艳,睡足酴醾梦也香。 | 贾宝玉 | 贾政 | 众清客 贾珍 贾琏 | 大观园 | 十七回 |

其中有8例出现在第十七回,对话双方为贾宝玉和贾政、众清客、贾珍、贾琏。这种情况正如太田辰夫(1991:217)所说的"(《红楼梦》)对话中知识阶级的男子的语言靠近文语,特别是对地位高的人用文语",因此并不代表当时口语的一般情况。第十三回的例子是秦可卿死后对王熙凤托梦,讲的是贾府的日后大计,故而也是比较正式的文语。第三回的例子是贾宝玉给林黛玉起"字",用文语带有诙谐的意味。

而"不如"出现频率极高,共出现158次。如:

(24)你的意思我却知道,守著舅舅姨爹住著,未免拘紧了你,<u>不如</u>你各自住著,好任意施为。(《红》第四回)

(25)你立意要撑他也好,我们也都愿意出去,<u>不如</u>趁势连我们一齐撑了,我们也好,你也不愁再有好的来伏侍你。(《红》第八回)

此外,总括副词"都"、"俱"和"皆",类同副词"也"和"亦",限定副词"只"和"惟",时间副词"就"和"遂"、"便"、"才"(纔)和"方",空间介词"在"和"于"、"从"和"自"、"到"和"至",时间介词"从/自从"和"自",受事介词"把"和"将"的使用情况,也如"不如"和"莫若",往往前者的使用通常比较自由,而后者的使用多有语体的限制。这种情况太田辰夫(1991:217)也提到过:"(《红楼梦》)一般地说,叙述部分的语言受文语或传统的白话小说所用的古白话的影响大些,对话部分接近北京话。譬如

'便'='就','却'='倒','将'='把','与'='和、给'等,具有'前者为古白话,后者在北京口语中使用的倾向'。"

正如蒋绍愚(2004:5)所说:"从反映口语的文学作品使用的语言来看,清代乾隆年间写成的《儒林外史》、《红楼梦》的语言已基本上和现代汉语一样了。瑞典汉学家高本汉曾对明清五部小说作过统计,结论是'为因''甚''兀'等明代白话小说中使用的词语在《红楼梦》中都已消失。正因为《红楼梦》的语法和现代汉语语法大体一致,所以王力才能用《红楼梦》为主要语言材料来写成《中国现代语法》。"

本章开头我们总结了学界对近代汉语下限也即现代汉语的上限的意见有三种:(1)17世纪中叶(明末—清初);(2)18世纪中叶(清中叶);(3)19世纪中叶(清末)。从啸本和琉本的语言差异来看,17世纪中叶仍具有较为典型的近代汉语特点,许多近代汉语的语法现象尚未消失,近代汉语与现代汉语的分界若定于17世纪中叶不免过早;18世纪中叶已呈现出与现代汉语基本相同的语法特点,许多近代汉语的语法现象已经消失,近代汉语与现代汉语的分界若定于19世纪中叶则不免过晚。又因为同编写于18世纪中叶的《红楼梦》也与琉本一样,呈现出现代汉语的语法特点。本章的研究结果显示,将18世纪中叶前后定为近代汉语与现代汉语的分界线的观点,是较为近情而妥当的。这为近代汉语与现代汉语的分界问题提供了一种实证的思路。这是本章的结论之二。

琉本的语法特点,还可以进一步总结如下:

表 3-5

| 词类 | | 语法特点 |
| --- | --- | --- |
| 代词 | 疑问代词 | ①"甚"的消失 |
| 动词 | 给予动词、使役动词 | ②"给"的出现和兴起 |
| | 能愿动词 | ③"要"取代"须" |
| 副词 | 总括副词 | ④"都"取代"俱"、"皆" |
| | 类同副词 | ⑤"也"取代"亦" |
| | 限定副词 | ⑥"只"取代"惟" |
| | 程度副词 | ⑦"越"取代"愈" |
| | | ⑧"狠"的大量出现 |

续表

| 词类 | | 语法特点 |
|---|---|---|
| 副词 | 时间副词 | ⑨"就"取代"遂"、"便" |
| | | ⑩"才"（纔）取代"方" |
| | 否定副词 | ⑪"没有"+VP 的出现和兴起 |
| 介词 | 引进空间的介词 | ⑫"在"取代"于" |
| | 引进时间的介词 | ⑬"从/自从"取代"自"、"由" |
| | 引进受事的介词 | ⑭"把"取代"将" |
| 助词 | 动态助词 | ⑮"动+将+补"的基本消失 |
| | 语气助词 | ⑯"呢"表示疑问和肯定 |
| 连词 | 取舍连词 | ⑰"不如"取代"莫若" |
| | 因果连词 | ⑱"因为"取代"为因" |
| | 选择连词 | ⑲"不是…就是…"搭配的固定 |
| | 让步连词 | ⑳"就是……也"搭配的固定 |
| A 不 A | | ㉑"A 不 A"的出现和兴起 |
| 反问句式 | | ㉒"VP 怎么"的消失 |
| | | ㉓"不 VP 么"的出现 |

如果一种语言材料具备以上 23 种语法特征，我们认为这种语言材料应当编写于 18 世纪中叶之后①。也即是说，可以提出这 23 条语法特征作为作品断代的标准。其中操作性较高的判断标准是：动词"给"出现并基本取代"与"；"没有+VP"出现；"为因"消失；"动+将+补"基本消失；"呢"表示疑问和肯定；"不是…就是…"搭配固定；"就是……也"搭配固定；"A 不 A"出现和兴起；"VP 怎么"消失；"不 VP 么"出现。只要具备这十条特征，也可以基本判定为 18 世纪中叶之后的作品。这是本章的结论之三。

---

① 值得注意的是，18 世纪中叶之后的作品，并不都完全具备这 23 条特征，因为中国长期以来的崇古趋雅的文化心理，许多白话程度较高的小说等文学作品，都难免存在一些比其编写时代更为古老的语言成分。特别是许多时代层次不同的副词、介词和连词（如出现于不同年代的"皆/都"、"自/从"等），因为意义和用法基本相同，旧形式替代起新形式来毫不费力，因此旧形式和新形式往往共现于同一部作品中，区别可能只是说话人的身份、场合和语体的风格。

# 第四章 《人中画》琉球写本的地理坐标

## ——琉球官话的"官话"性质

前一章我们对啸本和琉本进行了历时的语言比较，认为琉本和同时期的北京官话作品《红》同样具备了早期现代汉语的特点。但琉本的语言性质与《红》是否完全相同？为此，我们先从一个小问题入手，来初步考察琉本的语言性质。

## 第一节 《人中画》琉球写本的"自家"

琉本与北京官话作品《红》庚辰本的年代相近。虽然如此，二者的语言特点还是有较大的区别。仅举二者的反身代词形式为例：琉本的反身代词主要形式为"自家"，出现84例；"自己"仅出现13例。《红》的反身代词主要形式为"自己"，出现478例；"自家"仅出现3例，这3例为：

(26) 那宝玉是个丈八的灯台——照见人家，照不见<u>自家</u>[1]的。(《红》第十九回)

(27) 如今连他正紧婆婆大太太都嫌了他，说他"雀儿拣着旺处飞，黑母鸡一窝儿，<u>自家</u>的事不管，倒替人家去瞎张罗"。(《红》第六十五回)

(28) 虽然还有敷馀的，但他们既辛苦闹一年，也要叫他们剩些，粘补粘补<u>自家</u>。(《红》第五十六回)

其中例(26)、(27)的"自家"出现在熟语中，不一定代表当时的实际语言现象；例(28)"自家"有两解，一为反身代词、一为"自己家"，从其所在句子的整体意义来看，似乎更接近于后者。即使

---

[1] 吕叔湘(1985：90)记此例为"自己"，其所据版本为亚东图书馆程乙本。《红楼梦》八十回本现存5种，其中甲戌本(1754年)十九、五十六、六十五回俱缺；己卯本(1759年)与庚辰本(1760年)同，此3例皆为"自家"；甲辰本(1784年)十九回为"自己"，后两回皆为"自家"；戚序本十九回为"自家"，后两回皆为"自己"。年代越后的版本，"自家"改为"自己"的比例越高。

为前者,《红》中的反身代词"自家"与"自己"相比,数量也极少。这与琉本的情况正好相反,琉本"自家"大大超过"自己",是反身代词的主要形式。

第二章我们的研究已经表明,现存《人中画》各版本中,琉本与编写于清初顺治年间(1644—1661年)的啸本关系最为密切。为了研究琉本反身代词主要形式为何与《红》截然不同,先来看看啸本的情况。

### 一、啸本反身代词形式在琉本中的演变

啸本的反身代词有"自"、"自家"、"自己"三种形式,其在琉本中的替换模式可用表格表示如下①:

表 4-1

| | | 琉本 | | | | |
|---|---|---|---|---|---|---|
| | | 自 | 自家② | 自己③ | 零形式 | 总计 |
| 啸本 | 自 | 4 | 40 | 4 | 17 | 65 |
| | 自家 | / | 28 | 2 | / | 30 |
| | 自己 | / | 2 | 1 | 1 | 4 |
| | 零形式 | / | 14 | 4 | / | 18 |
| 总　计 | | 4 | 84 | 11 | 18 | 117 |

下面分别说明。

(一)啸本"自"共出现 65 例,在琉本仍为"自"4 例、改为"自家"40 例、改为"自己"4 例、零形式 17 例。如:

397a 要相公<u>自</u>来也是小事,但路远日子短……(啸/风/三)
397b 要相公<u>自</u>来,也是小事。总是路远,日子又短……(琉/风/三)
1953a 花小姐<u>自</u>心有病,恐怕新郎看出。(啸/终/四)
1953b 花小姐<u>自家</u>心上有毛病,恐怕新郎看出来。(琉/终/四)
2161a 不期过了许多时,商春荫只是<u>自</u>读,并不提起。(啸/寒/一)

---

① 啸本的"自"能做状语、定语;"自家"能做主语、定语、状语,与人称代词/指人名词联合做主语、状语;"自己"能做状语、定语。琉本的"自家"可以做主语、定语、状语,与人称代词联合做主语、定语、状语;"自己"可以做主语、宾语、定语、状语,与人称代词联合做定语。琉本的"自家"和"自己"的功能并无太明显的分工。
② 包括"指人名词/人称代词+自家"的情况在内,琉本共出现 10 例。
③ 包括"人称代词+自己"的情况在内,琉本共出现 2 例。

2161b 不想过了好久,商春荫总是自己读书,并不提起拜。(琉/寒/一)

(二)啸本"自家"共出现30例,在琉本仍为"自家"23例、改为"人称代词+自家"5例、改为"自己"1例、改为"人称代词+自己"1例。如:

1347a 傅老因渡江路远,日午就打发女儿上轿,自家也坐一乘轿子亲自送来。(啸/狭/三)

1347b 傅老人家,因渡江路远,上午时候,就打发女儿上轿,自家也坐一乘轿子,亲自送来。(琉/狭/三)

770a 见问道自家身世,不觉感动于内,蹙了双眉道……(啸/自/一)

770b 后来见问到他自家身上,就眉毛愁起来说……(琉/自/一)

2071a 柳春荫认得是自家人,便大哭起来。(啸/寒/一)①

2071b 柳春荫认得是自己家人,就大哭起来。(琉/寒/一)

1163a 李天造听见说儿子死了,打动自家心事,不觉掉下泪来。(啸/狭/一)

1163b 李天造听见说儿子死了,打动他自己的心事,吊下眼泪来。(琉/狭/一)

(三)啸本"自己"共出现4例:琉本仍为"自己"1例、改为"自家"2例、零形式1例。如:

635a 舍自己之功名,成就吕柯之夫妇。(啸/风/四)

635b 舍吊自己的功名,成就吕柯的夫妻。(琉/风/四)

1223a 又叫船家点起灯来,方才自己换去湿衣。(啸/狭/二)

1223b 又叫船家点起灯来,纔把自家衣裳换了。(琉/狭/二)

(四)啸本原无反身代词,琉本补出"自家"13例、补出"人称代词+自家"1例、补出"自己"4例,不赘。

(五)可见,啸本的反身代词形式主要为"自",其次为"自家",再次为"自己";琉本的反身代词形式主要为"自家",其次为"自己","自"已经濒临消失。啸本的三种反身代词形式,在琉本中总是优先替换为"自家",尤其值得注意的是有2例"自己"替换成"自家"。从近代汉语发展的历史看,"自家"在宋代就开始淡出反身代词领域,"自己"成为主要的反身代词形式(吴福祥,1994:36),也即

---

① 但两句之意略有不同,啸本之"自家人"意为"自己人",后者意为"自己的家人"。

是说,年代越后,"自家"在反身代词领域的比例应该越小。琉本的成立年代约比啸本迟一百年,琉本对啸本反身代词的替换似乎是违反近代汉语发展的规律的。

## 二、"自家/自己"在南北文献中的分布差异

吴福祥(1994:36)对唐宋文献中的"自家"、"自己"进行了功能分类,从其提供的数据,唐宋文献中的"自家"、"自己"还没有显示出明显的地域分布差异,本文对宋后期及以后的文献进行了调查,调查的结果恰能以作者的籍贯分为两类,详见表二。

北人作品从《元刊杂剧三十种》开始,反身代词"自家"的数量就被"自己"超过,到了17世纪中叶的《醒世姻缘传》中,"自己"已数倍于"自家";南人作品直至17世纪前半期的《二刻拍案惊奇》,反身代词"自家"的数量还多于"自己"。如果将《红》与琉本的资料续入该表,可以发现其各自延续的正是北方与南方文献中反身代词"自家/自己"的分布格局:《红》的"自家"比《醒世姻缘传》更少,而琉本的"自家"还是大大超过"自己"。

表 4-2

| | 年代 | 文献 | 作者 | 籍贯 | 自家 | 自己 |
|---|---|---|---|---|---|---|
| 北人作品 | 12世纪后期—13世纪初 | 明嘉靖本董解元西厢记 | 董解元① | | 8 | 1 |
| | 13世纪末—14世纪中叶 | 元刊杂剧30种之24种 | 关汉卿等16位北方籍作者② | 大都等地 | 3 | 6 |
| | 15世纪初 | 元代汉语本老乞大 | | | 1 | 5 |
| | 17世纪中叶 | 同德堂本醒世姻缘传③ | 西周生 | | 156 | 946 |

---

① 本表文献的年代、作者及籍贯主要据刘一之(1988),需说明的如下:董解元的生平事迹不可考,学界的主流意见认为其为12世纪后期至13世纪初人。《董解元西厢记》中有许多西北方言,所以确定它是属于北方话系统的,大概没有问题(刘一之,1988:105)。

② 《元刊杂剧三十种》的北人作者及籍贯如下:关汉卿(大都)、高文秀(山东)、郑廷玉(河南彰德)、马致远(大都)、武汉臣(济南)、尚仲贤(河北)、纪君祥(大都)、石君宝(山西平阳)、张国宾(大都)、孟汉卿(安徽)、王伯成(涿州)、岳伯川(济南)、狄君厚(平阳)、孔文卿(平阳)、宫天挺(河北大名)、郑光祖(平阳)(刘一之,1988:102)。

③ 《醒世姻缘传》作者西周生的生平事迹亦不可考,但该书是用山东方言写成的,也是没有争议的(罗福腾,1996:229)。

续表

| | 年代 | 文献 | 作者 | 籍贯 | 自家 | 自己 |
|---|---|---|---|---|---|---|
| 南人作品 | 14世纪中叶 | 新刊元本蔡伯喈琵琶记 | 高明 | 浙江温州 | 2 | 1① |
| | 16世纪初—17世纪初 | 盛明杂剧之11种② | 徐渭等6位南方籍作者 | 浙江、江苏等地 | 17 | 4 |
| | 17世纪前半期 | 尚友堂本二刻拍案惊奇 | 凌蒙初 | 浙江吴兴 | 136 | 99 |

### 三、"自家"在北京官话中的消失和在南方方言中的保存

（一）在《红》之后的北京官话作品中，"自家"逐渐减少，"自己"逐渐成为反身代词的唯一形式，表4-3是本文调查的数据：

表4-3

| 编写时代 | 作品 | 自家 | 自己 |
|---|---|---|---|
| 19世纪中期 | 儿女英雄传 | 8 | 588 |
| 19世纪后半期 | 语言自迩集 | 2 | 43 |
| 19世纪末 | 官话指南 | 0 | 29 |

（二）南方文献中"自己"的比例也随着时代发展逐渐增加，并取代"自家"成为反身代词的主要形式。但是"自家"并没有消失，直至20世纪初广东佛山人、长期在上海生活的吴趼人的《二十年目睹之怪现状》中还存在26例"自家"（"自己"479例）。

（三）现代南方方言中吴语和客语的反身代词形式也为"自家"，这与清代方言材料的表现是一致的：

---

① 此例为：黄允休了自己媳妇，去取那袁氏。（卷下）但"自己"之"己"被涂掉，改作"的"字。如果原作非"自己"，乃抄者笔误所致，后改正，可能《元本琵琶记》原作中"自己"尚未滥觞；如果原作为"自己"，后被改掉，可能用"自己"不符合当时一般的表达习惯。无论是哪一种可能，都说明当时南人作品中，"自己"还不是常见用法。

② 《盛明杂剧》中的南人作者及籍贯如下：徐渭（浙江山阴）、陈与郊（浙江海宁）、叶宪祖（浙江余姚）、孟称舜（浙江山阴）、王衡（江苏太仓）、竹痴居士（浙江余姚）（刘一之，1988：96）。

吴语：

(29) 大家勿许代，我自家吃。(《海上花列传》第四回)
译文：大家不许代，我自己喝。

客语：

(30) 自从唔曾听过智慧个人怨自家读得书多。(《启蒙浅学》第一百八十八课)
译文：从来不曾听过有智慧的人怪自己读的书多。

(四) 闽语的情况比较复杂，各个次方言保存了汉语不同历史时期的反身代词形式。现代闽北方言说"自"，这是汉语较早的反身代词形式。现代闽东方言说"自家"，这与清代材料的表现是一致的：

福州话：

(31) 祭司长就扯破自家衣裳说，何必用别人证见呢。(《马可福音·福州土白》第十四章)
译文：祭司长就扯破自己的衣服说，何必别人作证呢？

现代闽南方言区各地的说法如下（李如龙，1999：266）：

| | 泉州 | 漳州 | 厦门 | 汕头 | 海康 | 海口 |
|---|---|---|---|---|---|---|
| 家自 | $kai^4ki^6$ | $ka^3ti^6$ | $ka^4ki^6$ | $ka^1ki^0$ | $ka^1ki^1$ | $ka^1ki^6$ |

李如龙认为闽南各地说法"首音节应是'家'……，末音节可能是从'自'变来的，声调都是阳去本调（末音节不变调），声母是类化而成的"①。也即为"家自"，是"自家"的一个语音/词序变体。

(五) 现代粤语的反身代词为"自己"，这与《广东土语字汇》、Cantonese Made Easy、《马可福音·广东话》等几种清代粤语材料的表现是一致的。但在木鱼书《新批绣像第九才子二荷》中，我们发现了6例"自家"。如：

(32) 重有嗰种想折花枝难入手，好过佢自家长抱恨绵绵。(《新批绣像第九才子二荷》第三卷)
译文：还有想折花枝却又难入手的那种，比他自己长抱恨好。

---

① 施其生（1993：186）记汕头方言的"自己"为"家己"，李如龙（1999：266）认为声调不合，漳州声母也不合。钱奠香（1999：339）也提到，海南屯昌方言相同于共同语"自己"的代词应为"家自"，而非"家己"，因为在屯昌方言中声调不合，"己"不能读阴平调。"家自"的"自"念k-，是由于"家"字声母同化的结果。

而该书中的"自己"只出现了4例,"自家"仍比"自己"多。①

(六)可见,琉本等琉球官话课本的反身代词形式与南方方言的情况较为相似,保存着早期的反身代词形式。本章1.3中提到啸本有2例"自己"在琉本中被替换成"自家",这表面上似乎违背近代汉语发展的主流规律,但在琉本所处的年代,南方多种方言都以"自家"为反身代词的主要形式,替换成"自家"是合乎当时的语言事实的。啸本的反身代词形式在琉本中的演变反映的正是近代汉语内部发展的一种路线,近代汉语在南北双方的发展进度和演变模式并不完全相同。

## 四、南北双方反身代词形式反展差异之成因

行文至此,需要解决的另一个问题是,究竟何种因素导致了元以后反身代词形式在汉语南北双方的发展差异。从语言事实看来,我们试图作出一种假设:南北双方的反身代词形式是等速发展的,但北方第一人称复数排除式和包括式(简称"排除式"和"包括式")对立的出现和发展大大推进了北方反身代词主要形式从"自家"演变为"自己"的进程。

(一)在排除式和包括式出现之前,据吴福祥(1994:33),晚唐五代以前"自家"仅见零星用例,而"自己"则未见一例,晚唐五代以后两者才渐多起来。此时"自家"多做反身代词,但是也有少数称代第一人称(单数)。到了宋代,"自家"作第一人称的用法更加成熟,还能够表示第一人称复数。而"自己"则一直都只做反身代词。

(二)据刘一之(1988:110),排除式和包括式的对立始出现于12世纪初《三朝北盟会编》中的《燕云奉使录》和《茅斋自序》。但《燕云奉使录》和《茅斋自序》都用"某等"表示排除式;前者用"自家、自家懑、自家们"②、后者用"吾曹"表示包括式。"自家"在《三朝北盟会编》中还可以作第一人称单数(吴福祥,1994:35;刁晏斌,2003:9)。

12世纪至13世纪初的《刘知远诸宫调》中出现了"咱",表示包括式(刘一之,1988:106,如例33),但"咱"还可做反身代词

---

① 木鱼书因为其说唱文学的体裁,可能夹杂着书面语或有着仿古趋雅的成分,因此不能据此说明当时粤语反身代词的主要形式为"自家"。要确定粤语早期的反身代词形式,必须等待时代更早、口语性质更纯粹的粤语材料的发现。但《新批绣像第九才子二荷》的事实至少提醒我们,粤语的反身代词形式可能也由"自家"转化为"自己",只不过相比于其他南方方言,更早地完成了这个转化过程。

② 刁晏斌(2003:9)认为《三朝北盟会编》中的"'自家'多表复数,义同'我们'",与刘一之(1988)、吴福祥(1994)的观点不同。我们认为《三朝北盟会编》表示复数之"自家"应表示包括式,义同后世之"咱们"。

（如例 34）。

（33）独自一身尚漂蓬，向<u>咱</u>家中拈力受雇。(《刘知远诸宫调》第六页)

（34）您<u>咱</u>两口儿夫妻侣水如鱼，这壁四口儿心生很歹。(《刘知远诸宫调》第十页)

稍后的《董解元西厢记》（简称《董》），"咱"除作包括式（例35）外，还能做反身代词（例 36）、第一人称单数（例 37）；同时"自家"也能做反身代词（例 38）、第一人称单数（例 39）；此外"自己"也能做反身代词（例 40）。

（35）自心思忖，怕<u>咱</u>做夫妻后不好。(《董解元西厢记》卷四)
（36）恁时节是俺<u>咱</u>可怜见你那里。(《董解元西厢记》卷五)
（37）<u>咱</u>不曾胡来，俏倬是生涯。(《董解元西厢记》卷一)
（38）夫人休出口，怕旁人知道，到头赢得<u>自家</u>羞。(《董解元西厢记》卷六)
（39）相国夫人怕伊不信<u>自家</u>说，请宽尊抱。(《董解元西厢记》卷三)
（40）对景伤怀恨<u>自己</u>，病里逢春，四海无家一身客寄。(《董解元西厢记》卷一)

也即是说，从北方出现包括式和排除式的对立的初期，能作包括式的有"自家"和"咱"，能作第一人称单数的有"自家"和"咱"，能做反身代词的有"自家"、"咱"和"自己"[①]。词汇系统有着经济性的特点，要求最大限度地避免重复（Zipf，1949：19），"自家"、"咱"、

---

[①] 实际上，共同构成这种混乱局面的还有"咱家"。吕叔湘（1985：97）认为"咱"似为"自家"的切音，从"自家"转化而来。也即"咱"="自家"。"咱"受当时"人称代词+家"的类化还出现了一个"咱家"（=自家+家）的形式。"咱家"也能作第一人称单数和包括式，如：

不是<u>咱家</u>口大，略使权术，立退干戈。(《董解元西厢记》卷二)
谁指望是他歹相的心肠先改，想<u>咱家</u>不枉了为他害。(《董解元西厢记》卷五)

"咱家"受"你家"、"我家"等形式的产生而类化产生，"咱"附上"家"之后并没有产生新意，可视为"咱"的一个变体。后又同"你家"、"我家"形式在官话中的消失而类化消失，所以虽然其与"自家"、"咱"在第一人称单数和包括式这两种功能上重合，但不直接参与"自家"、"咱"、"自己"的竞争。其作第一人称单数/包括式的次数为：《董》4/1，《元刊杂剧三十种》之北人作品 1/1，在《老乞大》中已不见。《盛明杂剧》中《郁轮袍》有 1 例"咱家"：诸王来与咱家庆寿（8·b·5）。作第一人称单数，当为仿元杂剧的用法。

"自己"的功能的交叉重合，是与这种特点相悖的。从语法化的角度来看，能表达同一语法功能的多种并存形式经过筛选和淘汰，最终会缩减到一两种（Hopper，1991），因此"自家"、"咱"、"自己"的功能必将进行整合。

（三）从表4-2可知，《董》到《元刊杂剧三十种》的北人作品（简称《元》）之间，是北方反身代词主要形式从"自家"演变为"自己"的关键时期。我们的调查发现，在《董》至《元》之间，也是"自家"、"咱"、"自己"进行功能整合的关键时期，详见表4-4。

表4-4

|   | 包括式 | 第一人称单数 | | 反身代词 | | |
|---|---|---|---|---|---|---|
|   | 咱 | 自家 | 咱 | 自家 | 咱 | 自己 |
| 董 | 13 | 21 | 6 | 8 | 13 | 1 |
| 元 | 49 | 12 | 66 | 3 | 3 | 6 |

语言演变有变化和竞争两种方式（徐通锵，1991：348）。"咱"具有"自家"的所有意义（早期的包括式、后来的第一人称单数和反身代词），又在语音上符合时代的主流（当时"你们"、"我们"的合音形式"您"、"俺"也流行开来），在与"自家"的竞争中全面处于优势。

1. 在汉语出现的新意义"包括式"方面，"咱"在字形上符合充当表示新语法意义的汉字标记的优胜原则[1]，既不是常用字[2]，又不是难写字，因此迅速战胜了"自家"。《董》以后，"自家"很少再表示包括式，"咱"成为表示包括式的主要形式，就是这种竞争结果的体现。

2. 在第一人称单数领域，"咱"也侵占了"自家"原来的地盘。表第一人称单数，《董》"自家"21例，"咱"仅6例；《元》"自家"12例，"咱"66例，显示了"咱"在此领域也击败了"自家"[3]。

---

[1] 江蓝生（1995：189）提出："由于语法成分的汉字标记一般只记音，因而在早期往往因人因地因时而异，很不固定。随着时间的推移，经过筛选淘汰，逐渐趋于统一。淘汰的原则是：1. 避免常用字，如采用常用字，往往增加偏旁以示区别；2. 避免难写字。如果既常用，笔画又繁多（如'懑'），十之八九会被淘汰。"

[2] "不是常用字"此条相对于"咱"有两义：1. 在《刘知远诸宫调》之前"咱"字少见；2. 不是原来常用的汉字标记"自家"。

[3] "自家"表第一人称单数的用法在《老乞大》中已经消失，但"登场报名之自家尤为后世道白所袭用"（吕叔湘，1984：23），故在戏剧中尚能见到。但用"自家"登场报名只限于生、末、丑等，且用"奴家"（《元本琵琶记》《盛明杂剧》）、"妾身"（《盛明杂剧》）等。

3. 在反身代词领域，《董》中"咱"的数量（13例）也超过"自家"（8例）。第一人称单数和反身代词都是汉语原有的旧意义，"咱"在这两个领域的胜利意味着"自家"已成为一个过时的旧形式，开始走向式微。

但是"咱"在反身代词领域的竞争对手还有"自己"。与"自己"相较，做反身代词的"咱"只能跟在人称代词后面，独立性弱①，在《元》中数量回落。"自己"超过了"自家"成为反身代词的主要形式。

因此，北方的反身代词主要形式从"自家"演变为"自己"，除了反身代词内部自身的演变外，还因为排除式与包括式对立的出现大大推动了"自家"走向式微的过程。

（四）南方方言中闽语有排除式和包括式的对立，据梅祖麟（1988：143）：

|  | 厦门 | 潮州 | 福州 |
|---|---|---|---|
| 排除式 | ᶜgun, ᶜguan | ᶜuŋ, ᶜo | ŋuai kɔʔnøyŋ |
| 包括式 | ᶜlan | ᶜnaŋ | naŋ ŋa kaʔ nøyŋ |

闽语表示包括式的词汇形式与"咱"的音韵差别很大，来源与北方明显不同，属于底层的语法现象②。包括式也没有像"咱"一样发展出反身代词、第一人称代词等意义，因此也没有对"自家"形成冲击。因此，"自家"及其语音/词序变体"家自"在闽语中保存了下来。

（五）赵元任（1928，1956：95）、刘一之（1988：109）、梅祖麟（1988：144）都认为吴语中的温州话也有排除式和包括式的对立。刘丹青（1999：106）、曹志耘（1999：131）、万波（1999：145）分别报告，江苏吴江、浙江严州、江西安义方言也都有包括式，现将各地报告整理如下：

|  | 温州 | 吴江 | | 严州 | | 安义 |
|---|---|---|---|---|---|---|
|  |  | 同里/松陵 | 黎里/芦墟 | 淳安 | 遂安 | 建德 |
| 包括式 | 卬你 | 吾它 | 吾咖 | 歪搭 | □滴 | 尔夏 | 俺 |
|  | ŋu²nʲi⁴⁻⁵ | ŋtʰɔ | ŋtʰɔ | ua²²⁴³³taʔ⁵ | ka³³tiʔ²⁴³³ | n̩²¹³ho⁵⁵ | ŋon²¹³ |

---

① "迄乎我咱、你咱已成熟语，'自家'之本义遂减杀至于不复可辨"（吕叔湘，1984：22），其意义也逐渐消亡，在《老乞大》中这种用法已经消失。

② 据梅祖麟（1988：143），古代闽粤一带的非汉语可能有三种，台语、南岛语、奥亚语，它们都有包括式和排除式的区别。

郑张尚芳（2003：356）认为温州话"第一人称复数还有包括式'卬你'，相当官话的'咱们'，不过那其实是'我伉你'的合音"。实际上，温州等地的包括式来源都是"第一人称单数+连词+第二人称单数（我和你）"的合音或减省说法（刘丹青，1999：121；曹志耘，1999：134；万波，1999：154），与"自家"在意义上并无交涉，也从未有过竞争。因此"自家"在这些方言中也都保存了下来。

（六）其他南方方言本身缺乏排除式和包括式的对立，没有来自外部的压力、反身代词内部的演变速度缓慢，投射到南方方言区的人所讲的南方官话里，"自己"取代"自家"成为反身代词主要形式的时间也就较北方迟缓。

### 五、小结及余论

北方包括式的来源与闽语、温州话等都不同，是汉语与阿尔泰民族的语言接触引发的①。表达新意义包括式的新形式"咱"出现后，触发了一系列后续性演变，最后导致"自家"成为一个逐渐式微的旧形式。现在，可以回过头来回答文章开头提出的问题：琉本与《红》的反身代词主要形式的差异，是由南北双方反身代词的发展进程不同造成的，而从更深层的原因来看，这种差异是由语言接触引发的②。

本节对琉本"自家"的考察到此为止，但由"自家"引发的思考尚未结束。据刘一之（1988：109），《元本琵琶记校注》中有排除式和包括式的区别，刘一之认为作者是温州人，温州话中也有排除式和包括式的对立，"虽然从语音上看和'咱每'没有关系，但是语义是相同的，高明可能因此一下子就掌握了'咱每'的用法"。如果这个说法成

---

① 吕叔湘（1984：32）最早提出"包容排除二式之分……颇疑缘于北方外族语言之影响"。后梅祖麟（1988：142）根据刘一之（1988）所做的工作，认为在12世纪"阿尔泰诸民族中和汉族接触最密切的是契丹和女真，因此我们认为北方系官话是受了女真或契丹语的影响而引进包括式和排除式的对立"。吴福祥（2007：5）提及由语言接触引发的演变的具体现象时提到"宋金时期汉语在阿尔泰语影响下获得第一人称复数包括式和排除式的区别"。李作南等（1993：59）认为："通过两种语言的互相翻译，大大促进了蒙汉两种语言的互相影响。汉语中第一人称代词复数包括式和排除式的区别，就是从蒙汉语的翻译中形成和发展起来。"考虑排除式和包括式的对立出现的时间，梅祖麟的意见是比较具体而恰当的。

② 很多语言学家主张，语言演变有"内部因素促动的演变"（internally motivated change）和"接触引发的演变"（contact-induced change）两种类别，接触引发的演变也包括语言接触的各种间接后果（吴福祥，2007：4）。

立的话，琉本和其他琉球官话课本都没有排除式和包括式的对立，但福州话却有着严格的排除式和包括式的对立，琉本及其他琉球官话课本反映的"官话"是否为福州的官话，尚需进一步讨论。

## 第二节 《人中画》琉球写本与"下江官话"

从琉本的反身代词"自家"可知，虽然同为18世纪中叶的语言材料，琉本的语言性质与《红》之间的语言差异不可谓不小。那么琉本的语言性质究竟为何？

之前学界对琉本的研究较少，专题研究只见佐藤晴彦（1978，1980）。余者多为在研究其他琉球官话课本时提到琉本的语言情况，如濑户口律子（1994b）、木津祐子（2002）等。琉本属于琉球官话课本五种之一，关于琉球官话课本的官话性质，目前则有四说：

（1）"北京官话"为基础的"北方官话"说。伊地知善继（1942：7-9）、宫良当壮（1981：637-639）、村上嘉英（1971：10）、矢放昭文（1982：30）、小川英子（1996）都认为琉球官话的"官话"是北京官话。

（2）"南京官话（下江官话）"说。佐藤晴彦（1979：98）认为琉球官话的语言与下江官话的特征最为接近。濑户口律子（1992b：51）认为，《学官话》是以北方方言中的南京话为基础的，濑户口律子（1994b：54，73）分析《学官话》与《白姓官话》的语音时，也提到："拿语音特点与《汉语方言声调表》相对照，可知道它和南京话是一致的。"但其又在后文援引麦耘（1991）观点，强调"'通语'（共同语）……应该分为南支和北支，……也可以理解'南支'受到南京方音的影响，但不能说是以南京话为共同语南支的代表语言。"意见前后不一。详见下文。但张卫东（1998：75）仅引濑户口律子对《学官话》与《白姓官话》的语音特点的分析作为证据，来论证近代汉语史上一种以江淮官话为基础方言，以南京话为标准音的南方官话的客观存在，即认为琉球官话课本的官话是一种以南京话为代表的南方官话。

（3）"南方（地区）官话"说。濑户口律子（1994b：86）强调"我们之所以认为这三种官话有反映'南方地区官话'的可能，主要是从所使用的词语和一些语法特点着眼。而且，这三种课本所加的声调符号，表明其有入声的存在，这就使我们更加倾向于认为它们所表现的官话，可能是流行于广大南方地区的官话"。① 李炜（2002b：62-66）举《白姓官话》、《学官话》为南方官话作品，后（2004a：37）又对《白姓官话》、《学官话》的"给"进行研究，认为其使用情况表明两书具有南方官话性质。

（4）"福州官话"说。陈泽平（2004：53）认为："体现在'琉球课本'附注上的音系从整体上说，既不是南京音，也不是北京音，更不是'通行全国的汉民族共同语的标准音'，它仅仅属于'福州的官话'。"木津祐子（2004c：2，9）认为琉球人学习的是一种地方化（localize）的官话，《官话问答便语》、《白姓官话》、《学官话》都有与现代闽方言相似的特点，是清代福建的官话。

以上四说都承认琉球官话课本的语言为"官话"，但为何种"官话"则有不同意见：有人认为是北京官话为基础的北方官话，有人认为是南方地区通行的官话（南方官话）、还有人认为是更狭义的南京官话或福州官话。

值得注意的是，由于之前琉本的年代尚未确定，这些对琉球官话课本语言性质的讨论往往是绕开琉本而进行的。

就语法特点而言，琉本的"官话"性质如果如第一种说法，则其与北方官话（以北京话为代表）的语法特点不存在差异或差异很小；如果如第二种说法，则其仅对应于南京方言（又称下江官话/南京官话/江淮官话）的语法特点；如果如第四种说法，则其仅对应于福州方言的语法特点；如果如第三种说法，则其与北方官话语料的语法特点存在一系列的差异，而应与南方方言的整体语法特点有着一系列的对应。

对琉本的语法特点的研究，是从佐藤晴彦（1978，1980）开始的，因此我们先讨论第二种意见。

佐藤晴彦在讨论琉本的语言属性的时候，作为与琉本比较的材料，引入了香坂顺一（1962）《下江官话の性格（一）》和太田辰夫（1965）《北京话の文法特点》等文。香坂顺一（1962：60）用来调查

---

① 濑户口律子认为《官》、《白》、《学》反映的是流行于广大南方地区的官话，一来没有对"南方地区"的范围进行界定，仅谓"广大"；二来"南方官话"的界定模糊，既认为南京官话属于北方方言的一种次方言，又认为江淮官话中的扬州话、泰州话属于南方方言；三来缺乏琉球官话课本与南方方言系统的比较，而仅在枚举（也没有具体说明这些语汇形式是存在于具体哪一种或几种南方方言中的）了"吃（喝、抽）"、"晓得（知道）"、"欢喜（高兴）"、"寻（找）"、"形+得紧（表示程度强）"、"好+形（表示程度深）"、"形+不过（表示非常）"等几个语汇形式后就得出这三种琉球官话课本的语言为"南方官话"，论证不足。

下江官话的语法、词汇特点的五种作品《六月霜》、《负曝闲谈》、《邻女语》、《苦社会》、《官场维新记》，它们的初刊年代依次是 1911、1903、1903—1904、1905、1906。太田辰夫（1965：39）用来比较北京官话和其他官话、方言的早期材料为"Hemeling, *The Nanking Kuan Hua*，上海，1902 年"、"Kuhnert, *Syllabar des Nanking-Dialectes*, Wien, 1898 年"、"官话指南，九江书会著，1893 年，九江印书局活字印"、"*A Course of Mandarin Lessons, based on idiom*（官话类篇），by Rev. C. W. Matteer，1892 年初版，1898 年改定版"。两者所用的材料都是 19 世纪末 20 世纪初的清末材料，我们认为，下江官话也和其他官话、方言一样处于流动的变化之中，今日的下江官话，不一定完全等同于 19 世纪末 20 世纪初的下江官话；19 世纪末 20 世纪初的下江官话，也不一定完全等同于 18 世纪中叶的下江官话。因此，我们认为，在考察琉本的语言属性的时候，应当参考香坂顺一（1962）、太田辰夫（1965）和佐藤晴彦（1978，1980）的观点，但也应当虑及时代的因素。

香坂顺一（1962）中提出的下江官话的特点包括：

（1）接尾辞用"子"而不用"儿"[①]；

（2）某些构词法和北方语相反，如：喜欢→欢喜（动词），热闹→闹热，应该→该应，整齐→齐整，要紧→紧要；

（3）量词用"椿"（事业、案子、买卖、新政）、"乘"（车子、轿）、"张"（椅子）等、"量词+把"表示概数；

（4）疑问代词用"那个"、反身代词用"自家"、表示"何等"的意味用"多少"而不用"多么"；

（5）范围副词用"统（通）"，时间副词用"登时"，总括副词用"横竖"；

（6）动词后带"～得很"、"～得慌"、"～得紧"；

（7）"拿"做介词，用如"把"；"把"做动词，用如"拿"；"把"用如给予动词、被动介词；

（8）介词"同"、"和"、"跟"混用。

以下我们以香坂顺一概括的这八项标准为主，并参考太田辰夫和佐藤晴彦的意见，分项讨论琉本的"下江官话"的相关表现及其来源。

---

① 日语中的"接尾辞"表示接独立词后起增添词意和改变语法性质的作用词，不可独立使用，如"山田さん"中构成名词的"さん"，"春めく"中构成动词的"めく"，"さし出がましい"中构成形容词的"がましい"，该词英文译作 suffix，指后缀。但实际上日语的"接尾辞"既有类似后缀的功能，也有类似词尾的功能。在这里特指汉语的后缀。

第四章 《人中画》琉球写本的地理坐标

## 一、名词后缀

香坂顺一（1962：66）提到下江官话的接尾辞用"～儿"比较贫乏，用"子"的情况比起北方来较有优势。太田辰夫（1965：40）也提到南京官话名词的接尾辞用"子"，北方话一般不用。他举出的"北方→南方"的例子有"轿→轿子"、"窗户→窗子"、"妹妹→妹子"、"影儿→影子"等。佐藤晴彦（1978：72）讨论了"窗子"、"妹子"、"轿子"、"影子"这四个带有"子"的词，认为这四个词琉本都有，而啸本都不使用。我们对啸本的重新调查发现，这四个词啸本并不是都没有，"妹子"就出现了1例。

457a 华小姐道："姐姐不必虚谦，妹子是真心服善！"（啸/风/三）

而"轿子"共出现5例，在琉本中继续沿用为"轿子"：

290a 才出城，行不上半里路，忽撞见常在他门下走动的一个门生，姓刘名言，是个名色秀才，也抬着一乘轿子对面而来。（啸/风/二）

290b 纔出城外，走不上半里路，忽然撞见常常在他门下走动的一个门生，姓刘，名言，是个有名色的秀才，也抬着一顶小轿子。（琉/风/二）

401a 华岳听了笑道："这也妙，索性游戏一场，到也是千古韵事。你快改换，我打点轿子伺候。"（啸/风/三）

401b 华岳听了，笑说："这也妙！你快改换，我打点轿子伺候。"（琉/风/三）

404a 急急赶到红蒐村，日已平西。村中人问知新郎来了，都围着轿子争看，看见新郎年少清俊，便乱纷纷传说新郎标致，就如美人一般，与尹家姑娘真是天生一对。（啸/风/三）

404b 急急赶到红蒐村，日头落西了。村里的人，听见新郎来了，都围着轿子，在那里看。看见新郎年少生得好，就乱纷纷的说："新郎标致，就像美人一样。替尹家姑娘，真真是天生一对的夫妻。"（琉/风/三）

1347a 傅老因渡江路远，日午就打发女儿上轿，自家也坐一乘轿子亲自送来。（啸/狭/三）

1347b 傅老人家，因渡江路远，上午时候，就打发女儿上轿，自家也坐一乘轿子，亲自送来。（琉/狭/三）

1749a 花小姐道："今日枫桥舅母四十岁，母亲同来拜寿，原打帐过夜，轿子都打发去了。不期我一时头痛不耐烦，故叫这小船先送我回衙。"（啸/终/二）

1749b 花小姐说："今日枫桥舅母四十岁，替我妈同来拜寿，原要过夜，<u>轿子</u>都打发回去了。不想我一时头疼不耐烦，叫这小船，先送我回家。"（琉/终/二）

值得注意的是例1347，句子前面和单音节动词"上"搭配时用"轿"，后面和数量词"一乘"搭配时用"轿子"，都构成一个双音节或四音节的稳定结构，可以看到用"轿"还是用"轿子"与汉语的韵律规则相关。同样的情况在琉本中也有体现：

943b 汪费见黄舆不受，只得罢了。各人<u>上轿</u>去了。（琉/自/二）
1346b 李春荣到了公馆，就<u>打发轿子</u>，到傅家来亲迎。（琉/狭/三）

其在啸本对应的例子为：

943a 汪费见黄舆不受，只得罢了，各自<u>上轿</u>而去。（啸/自/二）
1346a 李春荣到了寓所，就<u>发轿</u>到傅家来亲迎。（啸/狭/三）

例943琉本与啸本一样用"上轿"，1346将动词"发"替换成双音节的"打发"，所以紧跟其后的"轿"也改成双音节"轿子"。

这也从另一方面给了我们启发，啸本多用"轿"（24例）而少用"轿子"（5例），是当时的名词尚未完全双音节化，处于近代汉语向现代汉语的过渡阶段中。

再来看看佐藤晴彦举出的琉本使用的"～子"的例子：

963b 汪费坐在舱里闷得狠，推开<u>窗子</u>，在那里闲看。（琉/自/二）

该例在啸本中原为：

963a 一日，汪费坐在舱中无聊，因推<u>窗</u>闲看。（啸/自/二）

我们认为例963a的"窗"也是当时尚未完全双音节化的表现（这个问题我们在第三章第三节已经讨论过）。根据"妹子"、"轿子"的例子，可知啸本在名词上的表现跟南京官话较为相似，琉本继承并发展了啸本的这一语法特点。

## 二、词序[①]

（一）喜欢—欢喜

琉本中出现了3例做动词的"欢喜"，如：

---

[①] 此处按香坂顺一原文，"词序"不是指词和词的语序方面，而是指词的构词词素的排列次序。

910b 周文选欢喜黄舆不负平生所望，黄舆感激周文选劝他成名，两个人竟成个知己。（琉/自/二）

1820b 张媒婆拿出绫子来说道："城里一个乡宦人家小姐，今年纔十二三岁，最欢喜我。……"（琉/终/三）

2037b 县官说："既是这样，元公子就该欢喜你，怎么也来告你？"（琉/终/四）

这3例在啸本中分别为"喜"、"喜欢"、"欢喜"（形容词）：

910a 周文选喜黄舆不负所期，黄舆感周文选力劝成名，二人相知日深，竟成道义之交。（啸/自/二）

1820a 张媒婆因取出绫子来，说道："城中一个乡宦家小姐，今年才十三岁，极喜欢老身，……"（啸/终/三）

2037a 县官道："既是这等，元公子就该欢喜了，为何也来告你？"（啸/终/四）

啸本中出现了82次"欢喜"，但都为形容词，这些"欢喜"在琉本中继续沿用。如：

28a 吕柯展开来一看，果然篇篇锦绣，满心欢喜，便先誊了七真，然后再誊七草，誊完再看，殊觉得意。（啸/风/一）

28b 吕柯拿来放开一看，果然篇篇都好，满心欢喜，就写好了。后来再写七篇草稿，再看一过，十分得意，出场去了。（琉/风/一）

1439a 一路父子细细诉说前后之事，大家欢喜不尽。（啸/狭/三）

1439b 一路父子在船里头，细细诉说前后事情，大家欢喜不尽。（琉/狭/三）

啸本的"欢喜"不能做动词，做动词用的是"喜欢"，出现了两例，在琉本中仍为动词"喜欢"或替换为动词"欢喜"。如：

2195a 商春茂原不喜欢商春荫，今又见他将文字批坏，又见说此大话，愈加不悦。（啸/寒/一）

2195b 商春茂原不喜欢商春荫，如今又见他把文章批坏，又见他说这些大话，越发不欢喜。（琉/寒/一）

1820a 张媒婆因取出绫子来，说道："城中一个乡宦家小姐，今年才十三岁，极喜欢老身。"（啸/终/三）

1820b 张媒婆拿出绫子来说道："城里一个乡宦人家小姐，今年纔十二三岁，最欢喜我。……"（琉/终/三）

(二) 热闹—闹热

琉本中出现了4例"闹热",1例"闹闹热热"。如:

1046b 就带了李春荣,走上岸来。走不上一箭多路,就到了庙前,仔细一看:这庙的规模到大,因年深月久,没有人修整,也都倒塌了,香火也不闹热。(琉/狭/一)

2109b 到得船上,看见好多家人摆着,船里头屏风、案桌,蜡烛点着,摆着东西,甚是闹热。(琉/寒/一)

632b 到了那一天,一边是探花娶亲,一边是宰相嫁女,又是翰林院做媒,来来往往,搬送嫁妆。讲不尽那笙箫锣鼓,十分闹热。(琉/风/四)

415b 一路锣鼓喧天,好不闹热。(琉/风/三)

389b 尹家老头子老夫妇,看见闹闹热热,满心欢喜,只等黄昏,就要打发女儿上轿。(琉/风/三)

啸本相应的句子为:

1046a 因带了李春荣步上岸来,走不上一箭多路,便到了庙前,仔细一看,这庙规模虽然宏壮,却因年深月久无人修整,也都倒塌了,香火也甚寥寥。(啸/狭/一)

2109a 到得船上,只见许多家人林立,船中锦屏玉案,银烛辉煌,摆设得甚是富丽。(啸/寒/一)

632a 到了正日,一边是探花娶亲,一边是宰相嫁女,又是翰林为媒,来往其间,莫非是百两盈门,说不尽那笙箫鼓乐之盛。(啸/风/四)

415a 一路鼓乐喧天,好不闹热。(啸/风/三)

389a 尹老官老夫妇看见闹闹热热,满心欢喜,只待黄昏,就要打发女儿上轿。(啸/风/三)

啸本中相应的位置原为"寥寥"、"富丽"、"盛"、"闹热"、"闹闹热热",前三例为书面语,最后两例为口语。啸本也有"闹热"和"闹闹热热",可见琉本的"闹热"是沿用啸本的用法,并将啸本中原为书面语的部分也替换成口语的"闹热"。另一方面,啸本中出现了3例"热闹",如:

697a 不多时,同乡亲友在京中居住的俱来贺喜,热闹做一堆。(啸/自/一)

2252a 故这家来请,那家来请,商春荫到象一个行时的郎中,好不热闹。(啸/寒/二)

2358a 到送学这日，两弟兄披红挂彩，鼓乐迎送来家，亲戚朋友都来称贺，十分<u>热闹</u>。（啸/寒/三）

这三例在琉本中也仍沿用为"热闹"：

697b 没有多久，同乡的亲戚朋友，在京里头住的，都来贺喜，<u>热闹</u>做一堆。（琉/自/一）

2252b 这家来请，那家来请，商春荫到像一个行时的郎中，好不<u>热闹</u>。（琉/寒/二）

2358b 到簪挂那一天，两个弟兄披红挂彩，鼓手吹打，迎了回来。亲戚朋友，都来贺喜，十分<u>热闹</u>。（琉/寒/三）

琉本与啸本"闹热"和"热闹"的用例的严格对应，从另一方面也说明了琉本的"闹热"是继承自啸本。

（三）整齐—齐整

琉本中出现了8例"齐整"，2例"齐齐整整"。如：

136b 那老头子，看见司马玄衣帽<u>齐整</u>，家人跟着，晓得他是个富贵人，不敢违拗，将扇子递（了）给他。（琉/风/二）

388b 若说是小人家假充乡宦人家，就局局促促，露出马脚来（了？）。一个宰相家行事，比翰林更冠冕<u>齐整</u>，故此没有一个人疑心是假。（琉/风/三）

1059b 老道士说："说起项王当日的威灵，真个怕人。祭祀他的，平安无事。不祭祀他的，登时会翻他的船，声叫声应。往来客商，杀猪宰羊，亲来祭祀，庙貌十分<u>齐整</u>。"（琉/狭/一）

2099b 这夜正烹茶伺候，刘恩听见敲门声响，连忙开门，看见是两个<u>齐整</u>的家人，问说："你们有什么事故？"（琉/寒/一）

2271b 曹先生得了这封信，就回书约了日期。又暗暗透个风，给商家这些子侄知道，凡是没有娶亲的，都叫他打扮<u>齐整</u>，等孟学士来选。（琉/寒/二）

2490b 到了那一天，先一天，孟家迎嫁装来，十分<u>齐整</u>，就像是几年前办好的，端端正正，一件也不少。（琉/寒/三）

2491b 亲戚朋友看见，都大惊说："孟学士死后，两家说亲，没有多久。说成后，并不见他家制办嫁装，怎么这样<u>齐整</u>？这个瞎女儿，到也有些手段！"（琉/寒/三）

2495b 拜堂完了，伴房揭起盖头罗一看，不要讲他装扮<u>齐整</u>，只见：芙蓉娇面柳双蛾，翼翼乌云盘一窝。更有夺人魂魄处，目涵秋水

欲横波。（琉/寒/三）

2274b 这些学生们，听见这个事，都打扮得<u>齐齐整整</u>，假风流的，假卖俏的，假作斯文的，假富贵的。（琉/寒/二）

313b 说没有完，外头嚷闹起来，摆了好多礼物，鼓手吹吹打打。吕翰林员领纱帽，<u>齐齐整整</u>，站在草堂中间，打动了一村的男男女女，都挤来看。（琉/风/二）

在啸本中相应的句子为：

136a 那老者看见司马玄衣冠<u>齐整</u>，跟着家人，知道他是个贵人，不敢违拗，只得将扇子递了与他。（啸/风/二）

388a 若说是小人家假充乡宦，便局局促促要露出马脚，一个宰相家行事，比翰林更冠冕<u>齐整</u>，无一人疑心是假。（啸/风/三）

1059a 老道士道："若说起项王昔日威灵，真个怕人，祭祀他的，安然无事；不祭祀他的，登时覆没，声叫声应。往来客商杀猪宰羊，亲来祭献，故此庙貌十分<u>齐整</u>。"（啸/狭/一）

2099a 这夜正点茶伺候，刘恩忽听见敲门声响，连忙开门，看见是两个<u>齐整</u>家人，因问道："你们有甚事故？"（啸/寒/一）

2271a 曹先生得了信，便回书约了日期，又暗暗透风与商家这些子侄知道，凡是没有娶亲的，都叫他打点<u>齐整</u>，以待孟学士来选。（啸/寒/二）

2490a 到了吉期先一日，孟衙发过嫁装来，十分<u>齐整</u>，却象是几年前打点的，端端正正，一件也不缺少。（啸/寒/三）

2491a 众亲友见了，都大惊道："孟学士死后，两下说亲不久，说成后，并不见他家置办嫁装，为何这等<u>齐整</u>？这个瞎女儿到也有些手段！"（啸/寒/三）

2495a 拜堂已毕，伴娘揭起方巾一看，且莫说他翠翘金凤，<u>装束之盛</u>，只见：芙蓉娇面柳双娥，鬓鬓乌云结一窝。更有夺人魂魄处，目涵秋水欲横波。（啸/寒/三）

2274a 这学生们闻知此事，俱华巾美服、修眉画眼，打扮得<u>齐齐整整</u>，或逞弄风流，或卖弄波俏，或装文人面目，或作富贵行藏。（啸/寒/二）

313a 说不了，外面已闹嚷嚷摆了许多礼物，乐人吹吹打打，吕翰林已是圆领纱帽，<u>齐齐整整</u>立在草堂之中。此时惊动了合村男女，都拥了来看。（啸/风/二）

琉本的"齐整"在啸本中除了用书面语的例 2495 外，都整齐地对应为"齐整"。可见琉本的"齐整"也是继承自啸本。

（四）要紧—紧要

琉本中没有出现"紧要"，只出现了4例"要紧"：

1856b 元晏说："虎丘路上走的人，料想也没有什么<u>要紧</u>的事。"（琉/终/三）

1933b 张媒婆没法，只得回家，把<u>要紧</u>东西，都搬到他家，一把锁把门锁了。（琉/终/三）

2290b 商春荫听了，一发大怒说："他官大，关我什么事？我看书<u>要紧</u>，那个耐烦去见他！"（琉/寒/二）

279b 司马玄也笑说："如今再也没有了。若是再有，也不值钱了。你要替我留心<u>要紧</u>。"（琉/风/二）

啸本中对应的句子为：

1856a 元晏道："虎丘路上走的人，料也无甚<u>要紧</u>。"（啸/终/三）

1933a 张媒婆没法，只得回家，将<u>要紧</u>物件都搬到元衙，一把锁将门锁了。（啸/终/三）

2290a 商春荫听了一发大怒道："他官尊关我甚事？我看书<u>要紧</u>，谁奈烦去见他！"（啸/寒/二）

279a 司马玄也笑道："决然不能再有，若再有也不值钱了！兄须为我作伐。"（啸/风/二）

除了用书面语的例279外，琉本的"要紧"在啸本中都整齐地对应为"要紧"，可见琉本的"要紧"继承自啸本。

（五）应该—该应

琉本中没有出现"该应"，与下江官话的表现不一致。只出现了1例"应该"。如：

465b 华小姐说："我们既做姊妹，老子<u>应该</u>请见。"（琉/风/三）

啸本中对应的例子为：

465a 华小姐道："我们既为姊妹，父亲<u>应该</u>请见。"（啸/风/三）

可见琉本的用法也是继承自啸本。

### 三、量词

香坂顺一（1962：68）列出下江官话的量词，有"椿（事业、案子、买卖、新政）"、"乘（轿子）"、"张（椅子）"等，这<u>些</u>量词都在琉本中出现了，现列出如下：

（一）琉本的"椿"出现了1例，即：

1797b 真个人不知、鬼不觉，做了一<u>椿</u>偷天换日之事。（琉/终/二）

在啸本中对应的句子为：

1797a 真个人不知、鬼不觉，做了一<u>桩</u>偷天换日之事。（啸/终/二）

此外，啸本中还出现了其他4例"桩"①：

2077a 柳氏一脉想还未该绝灭，我此身幸亏你扶持出了虎穴，但父母俱遭大变，家业尽空，我若后来没个出头日子，与父母报仇，到不如随父母以死，也完了一<u>桩</u>罪案！（啸/寒/一）

551a 我待说明就理，择了吉日，将你二人同嫁与他，完了一<u>桩</u>美事。（啸/风/四）

1670a 又想道："元公子男求女，原是个难题目，自然不成；花小姐女求男，这个题目还容易做。两桩买卖做成一<u>桩</u>，趁他些银子也好。"（啸/终/二）

527a 吕柯见他中了，方才放下一<u>桩</u>心事。（啸/风/四）

这四例在琉本中替换为"件"3次、零形式1次：

2077b 柳氏一家，还想是不该灭绝。我还亏你带了出来，娘老爷都遭大变，家业尽空。我后来若没有个出头的日子，替父母报仇，到不如替父母一起死去，也完了这一<u>件</u>事情！（琉/寒/一）

551b 我不如说明，拣个好日子，将你两个人，一起嫁给他，也完了一<u>件</u>好事。（琉/风/四）

1670b 又想说："元相公男求女，原是个难题目，自然不成的。花小姐女求男，这个题目，还容易做得。这两件买卖，做成一<u>件</u>，赚他些银子也好。"（琉/终/二）

527b 吕柯见他中了，方纔放下心来。（琉/风/四）

佐藤晴彦（1978：34）认为，琉本"事情"的量词用"件"，显示出向北方语倾斜的性质。也即是说与下江官话的表现不一致。此外值得注意的还有，琉本有"下江官话"性质的量词"椿"仅有1例，也继承自啸本的"桩"。

---

① 啸本目前能够见到的版本只有路工选编的排印本，而没有影印本面世，因此此"桩"字可能是排印时字体繁简转换而成，原本可能作"椿"。

（二）琉本的"乘"出现了1例：

1347b 傅老人家，因渡江路远，上午时候，就打发女儿上轿，自家也坐一乘轿子，亲自送来。（琉/狭/三）

啸本对应的句子为：

1347a 傅老因渡江路远，日午就打发女儿上轿，自家也坐一乘轿子亲自送来。（啸/狭/三）

此外啸本还出现了其他3例"乘"：

290a 才出城，行不上半里路，忽撞见常在他门下走动的一个门生，姓刘名言，是个名色秀才，也抬着一乘轿子对面而来。（啸/风/二）

825a 守到下科，带几个家人，坐一乘骡轿，依旧兴勃勃的进京会试。（啸/自/二）

918a 到了雄县地方，忽撞见黄舆，抬着一乘小轿，后面两个家人，骑着两匹骡子跟随，寒寒酸酸，竟象一个下第儒生模样，对面冲来。（啸/自/二）

这三例在琉本中都被改成"顶"：

290b 纔出城外，走不上半里路，忽然撞见常常在他门下走动的一个门生，姓刘，名言，是个有名色的秀才，也抬着一顶小轿子。（琉/风/二）

825b 等到下科，带了几个家人，坐了一顶骡轿子，依旧高兴进京会试。（琉/自/二）

918b 到了雄县地方，碰见黄舆抬着一顶小轿子，后头两个家人，骑着两个骡子跟着，冷冷清清的，竟像一个不中的儒生模样，对面冲来。（琉/自/二）

太田辰夫（1965：45）也提到轿子的量词北方为"顶"，南京官话为"乘"。琉本有3例用法与"南京官话"不一致，仅有1例"乘"做"轿子"的量词的用法，可见也是继承自啸本的用法。

（三）琉本的"张"出现了3例：

318b 就端了一张椅子，放在上头说："老爷请坐！"（琉/风/二）

320b 就叫家人放了一张椅子在下头，说道："请坐！"（琉/风/二）

981b 叫家人拿张椅子，给他坐了，"替我细细相相！"（琉/自/二）

啸本相应的句子为：

318a 就端了一张椅子，放在上面道："老爷请坐！"（啸/风/二）
320a 因叫家人放了一张椅子在下面，说道："请坐！"（啸/风/二）
981a 叫家人取了一张椅子与他坐了细相。（啸/自/二）

可见琉本的量词"张"也是继承自啸本。

（四）太田辰夫（1965：45）补充北方语用"去一趟"，南京官话用"去一回"；北方语用"住一宿"，南京官话用"住一夜"。琉本"V一回"的格式出现了11例：

45b 众门生又吃了一回，各人起身走走玩玩。四壁上都是有名望的诗词歌赋。（琉/风/一）

979b 那人真个细细的把汪费看了一回说："我看老先生，头圆面方，眉清眼秀，到也是个科甲出身。你声宏气壮，后来前程八抬有分。"（琉/自/二）

1438b 大家吃了一回，纔辞了下船。（琉/狭/三）

2094b 听他读了一回，又放声哭起来，哭得凄凉，听见好不伤心，哭了又读，读了又哭。（琉/寒/一）

2248b 又自家伤感一回。（琉/寒/二）

2324b 想了一回说："我有道理。明日办一席酒请他来，自家替他说纔好。"（琉/寒/二）

706b 汪费起初时候，心里还有些不安。自从坐过一回，见黄舆不开口，道是礼之当然，竟自己坐了，都不像有黄舆在那里坐。（琉/自/一）

80b 吕柯又请进席，大家又吃了一回，方纔起身。（琉/风/一）

1577b 不想到了下午，楼上美人不见，又换了几个男人吃酒。就十分扫兴，没奈何自家到虎丘去，闲走了一回。（琉/终/一）

287b 你肯替我保全，要替我走一回，好好的说，这亲事纔妥。聘金厚薄，是不论的。（琉/风/二）

1789b 元晏说："相会艰难，再玩玩一回！"（琉/终/二）

在啸本中相应的句子为：

45a 众门生又饮了一回，各各起身闲玩，四壁都是名公大老的题咏。（啸/风/一）

979a 那人真个细细将汪费看了一回道："我看老先生头圆面方，眉清目秀，到也是科目出身，更兼声宏气壮，异日前程八座有分。"（啸/自/二）

1438a 大家痛饮了一回，方才作别下船。（啸/狭/三）

2094a 听他读了一回，又放声痛哭，哭的凄凄切切，令人心伤。哭了又读，读了又哭。（啸/寒/一）

2248a 又自感叹了一回。（啸/寒/二）

2324a 因想了一回道："我有道理，明日遂设一酌，邀他来，自与他说方妥。"（啸/寒/二）

706a 到得坐席，皆尊汪费居首，汪费初时心下还觉有些不安，自坐过一次，见黄舆不开口，便以为礼之当然，竟自坐了，宏议阔论，全不象有黄舆在坐。（啸/自/一）

80a 吕柯又请入席，大家复饮了半晌，方才起身。（啸/风/一）

1577a 不期到了下午，楼上美女不见，却换了几个男人吃酒，便十分扫兴，只得自到虎丘去闲步了半晌。（啸/终/一）

287a 仁兄若肯周旋小弟，须卑词屈礼，亲为一行，这亲事才妥，聘金厚薄不论。（啸/风/二）

1789a 元晏道："相会甚难，时光有限，故尔唐突。"（啸/终/二）

与琉本的"一回"相应的位置啸本为："一回"6次，"一次"1次，"半晌"2次，其他为书面语。琉本与啸本中最常用的动量词都为"回"，琉本的用法也可能继承自啸本。琉本与啸本中都没有"趟"，据陈亦文（2006：188），动量词是否用"趟"可以作为检验作品是否是北京话的一个标准，可见在这个指标上琉本与啸本较为一致，都与下江官话较为相似，而与北京官话的差别较大。

"V一夜"琉本出现了7例：

521b 话说，司马玄相思了一夜，到第二天早起，辞别了尹老头子夫妻，回去衙门，替吕柯商议，要出纸笔写榜，各处招寻。（琉/风/四）

832b 家人答应说："我们是上京会试的相公，因大路上给水淹了，我打这一条小路来，赶不到歇店，要借你们这里住一夜，明日早起就走。"（琉/自/二）

1203b 算计了一夜，总是想那银子。（琉/狭/二）

1915b 踌躇了一夜，挨到天亮，就去寻着元晏说……（琉/终/三）

2073b 带了柳春荫到家里，悄悄歇了一夜。（琉/寒/一）

1773b 元晏又用手把他身上乱摸说："如今事到这里，恩情如海，不要怕羞！今日千艰万难，缠得一会，会面没有话，就辜负今晚一夜了！"（琉/终/二）

1870b 元晏跳脚说:"说也伤心!这女子替我有万种的风情,百般的恩爱,只恨我三生缘法浅,纔<u>睡一夜</u>,不得替他长久,苦人不苦人?"(琉/终/三)

啸本相应的句子为:

521a 却说司马玄<u>相思了一夜</u>,到次早辞别了尹老夫妻。回衙与吕柯商议,要出纸笔各处追求。(啸/风/四)

832a 家人答道:"我们是上京会试的春元相公,因大路上水淹了,转路来,赶不到宿店,要借你们这里<u>住一夜</u>,明早就行。"(啸/自/二)

1203a <u>算计了一夜</u>,毕竟公心不能胜私。(啸/狭/二)

1915a <u>踌躇了一夜</u>,挨到天亮,就去寻见元晏,说道……(啸/终/三)

2073a 遂领了柳春荫,到家中悄悄<u>宿了一夜</u>。(啸/寒/一)

1773a 元晏又用手将他身上抚摩道:"小姐香闺中艳质,一时自尔娇羞,但事已即此,恩情如海,何必更作此态?况千难万难,才得一会,若会面无言,岂不负此良夜?"(啸/终/二)

1870a 元晏跌跌脚道:"说也伤心,这女子与我有万种风情,百分恩爱,只恨三生缘浅,只种得一宿邮亭,未系百年姻眷,真苦杀人也!"(啸/终/三)

与琉本"一夜"相应的位置啸本为"一夜"5例,最后两例为书面语,可见琉本的用法都继承自啸本。

(五)量词+把

琉本中出现了"尺把"1例:

1221b 还好河边水浅,那女子只淹得<u>尺把</u>,被李春荣扯住不放。那女子挣不脱,李春荣又扯那女子不起。(琉/狭/二)

另出现了6例"年把":

676b 过了<u>年把</u>,学道又发牌科考。(琉/自/一)

912b 黄舆在部做官<u>年把</u>,就点差到江西九江去做分司(抽分?),就收拾出京。这话不说了。(琉/自/二)

1176b 过了<u>年把</u>,苏州桐油长起价来。他六百两银子桐油,就卖了一千多的银子,又思量要到芜湖,载那一半来卖。(琉/狭/一)

1210b 读了<u>年把</u>,心里也通了。(琉/狭/二)

2266b 过了<u>年把</u>,绍兴又有一个大乡宦,姓孟,名学孔,官拜春坊

学士，因有病告老回家。（琉/寒/二）

2453b 曹先生听了，凄惨说："原来老师还不知道，孟学士死去年把了！"（琉/寒/三）

其在啸本中相应的句子为：

1221a 幸得河岸边水浅，那女子只淹得尺余，却被李春荣扯住不放，那女子苦挣不脱，李春荣又扯那女子不起。（啸/狭/二）

676a 过了年余，宗师又发牌科考。（啸/自/一）

912a 黄舆在部做官年余，就点差江西九江抽分，就收拾出京不题。（啸/自/二）

1176a 过了年余，忽然苏州桐油长了，六百两银子桐油，就卖了一千两有余，又思量到芜湖载那一半来卖。（啸/狭/一）

1210a 读了年余，胸中通透。（啸/狭/二）

2266a 过了年余，忽绍兴又有一位大乡宦，姓孟，名学孔，官拜春坊学士，因有病告致仕回家。（啸/寒/二）

2453a 曹先生听了惨然道："原来老师尚不闻知，孟年兄已作古年余矣！"（啸/寒/三）

啸本与琉本的"年把"相应的都为"年余"。此外，啸本还有另外 1 例"年余"：

39a 寻了年余，毫无影响，因想道："古来传说多才妇女，如咏雪的谢道韫，作《白头吟》的卓文君，以我今日看来，皆是以讹传讹之虚语也。若是古人有此等才美妇人，为何今日遍寻，眼中再撞不见一个？"（啸/风/一）

在琉本中相应的句子为：

39b 寻了尽年，并没有一个，想道："古来传说多才的女人，像那个谢道蕴、卓文君，都是有才的女人。我今日看来，都是胡说的话。若是古人果然有这样的女人，怎么今日遍处去寻，都没有一个呢？"（琉/风/一）

啸本的"年余"，只有例 2453 出现在人物语言中，其他都出现在叙述语言中。

据黎锦熙（1957：85），使用"数词＋把"的上限是《儒林外史》，使用"量词＋把"的上限是《醒世姻缘传》，之后的《官场现形记》、《老残游记》、《海上花》等下江官话系的作品也出现了该用法。

在我们查找到的材料中，16世纪末的《三宝太监西洋记通俗演义》较早出现"年把"的用法，但仅见1例：

(41) 弟子在这里受他的气，也有年把了。(《三宝太监西洋记通俗演义》第六回)

之后的例子包括《初刻拍案惊奇》2例，《西游记》2例，《醒世恒言》1例，《九尾龟》1例，《儒林外史》3例。如：

(42) 便早死了年把，也不见得女儿如此！(《初刻拍案惊奇》第十二卷)

(43) 就在这路上搭个蓬庵，好道也住得年把，你忙怎的！(《西游记》第六十七回)

(44) 他纔开荒田，读得年把书，就要想中举人、进士？(《醒世恒言》第二十卷)

(45) 倪妹子生意格年把总算呒啥，格一节做着仔个姓潘格客人，搭倪妹子蛮要好。(《九尾龟》第一百六十二回)

(46) 你老人家因打这年把官司，常言道得好，"三年被毒蛇咬了，如今梦见一条绳子也是害怕。"(《儒林外史》第十一回)

而"年余"出现较早，在我们查找的例子中，较早的出自六朝：

(47) 十余年，太后崩，哀思哭泣，一年余而死。(《三国志裴注》卷十四 魏书)

(48) 年余后但一两番，桓自叹才思转退。(《世说新语》六五)

(49) 春但求三、二升水，如此一年余，春颜色更鲜悦，气力如故。(《抱朴子》卷十五 杂应)

但这些句子都为文言。六朝之后的"年余"也一直出现在较为书面化的句子当中。《儒林外史》和《醒世恒言》都没有出现"年余"，《初刻拍案惊奇》中出现两例：

(50) 又是年余，其夫觉得有些风声，防闲严切，不能往来。(《初刻拍案惊奇》第六卷)

(51) 如此年余，竟无消耗。(《初刻拍案惊奇》第十九卷)

与"年把"相比，"年余"所在的句子都较为书面化。可见啸本出现"年余"而没有出现"年把"，一是"年把"出现的时代较后，可能在17世纪中叶的下江官话中还未得到充分的发展；二是"年余"多出现在叙述语言中，可能作者出于语体风格的需要而选择了"年余"

而不用"年把"。从"年余"的例子来看,"年余"没有地域的区别。而琉本的"年把"和啸本的"年余"的整齐对应,显示琉本的"年把"与啸本的"年余"关系密切。

## 四、代词

香坂顺一(1962:72)指出,下江官话用"那个"替代"谁",太田辰夫(1965:42)也指出南京官话不用"谁",询问姓氏用"哪个"、"哪一个",询问职业用"甚么人"。我们对琉本的调查发现,琉本的"那个"出现了14次,如:

144b 老头子纔听见说:"相公问这字是<u>那个</u>(写)的么?"(琉/风/二)

307b 他老子说:"你到说得容易!他一个大官府,<u>那个</u>去见他呢?"(琉/风/二)

487b 张老头子笑说:"灯笼、火把、锣鼓喧天,村里头闹了一天,<u>那个</u>不知道?相公亲自抬轿来娶,还来问我真不真。"(琉/风/三)

974b 家人说:"<u>那个</u>轻慢你?快去,快去!"(琉/自/二)

1233b 众家人说:"我们万乡宦衙里,<u>那个</u>不晓得?"(琉/狭/二)

1240b 那女子上了岸大哭,拼着性命,又要去投水。那些家人,<u>那一个</u>肯容他?(琉/狭/二)

1588b 张媒婆说:"若是实心,你定了花小姐,<u>那个</u>不知道?他难道肯给你做小不成?"(琉/终/一)

1814b 张媒婆说:"唐相公果然好个人品,文才又高,这个女婿捡着了!我前日也略略知道些影子,要来说,又因有事误了。是<u>那个</u>做媒这样快呢?"(琉/终/三)

1904b 张媒婆说:"在城里乡宦人家小姐那里,又给<u>那个</u>?"(琉/终/三)

1830b 张媒婆说:"若是小姐不落个款,他知道是<u>那个</u>绣的?"(琉/终/三)

2218b 到了第十天,并没有一个影子。商春芳就来他妈妈面前说:"前日是<u>那个</u>的主意,叫商春荫去要取这宗银子?"(琉/寒/二)

610b 华岳笑说:"既是这等,探花替近思两个人,试猜一猜,你说尹荇烟是<u>那个</u>人娶了?"(琉/风/四)

2290b 商春荫听了,一发大怒说:"他官大,关我什么事?我看书要紧,<u>那个</u>耐烦去见他!"(琉/寒/二)

107b 司马玄说:"这首诗的妙处,讲不尽的好处。不晓得是<u>那个</u>人

做的，用我前日的韵脚？"（琉/风/一）

啸本相应的句子为：

144a 老儿方听见，道："相公问这字是那个写的么？"（啸/风/二）

307a 尹老官道："你到说得容易，他一个大官府，那个去见他？"（啸/风/二）

487a 张老儿笑道："灯笼、火把、鼓乐、人夫在村中闹了一日，那个不知道？相公亲自抬轿来娶的，反问我真也不真？"（啸/风/三）

974a 家人道："那个轻慢你？快去，快去！"（啸/自/二）

1233a 众家人道："我们万乡宦衙里，那个不晓得？"（啸/狭/二）

1240a 那女子上了岸大哭着，拼命又要投水，众家人那个容他？（啸/狭/二）

1588a 张媒婆道："若是实意，你聘下花小姐，那个不知？他难道肯与你做小？"（啸/终/一）

1814a 张媒婆道："唐相公果然好个人品，文才又高，这个女婿捡着了！我前日也略知些影儿，要来说，却因有事误了。是谁人为媒？这等成得快！"（啸/终/三）

1904a 张媒婆道："在城里乡宦人家小姐处，又与那个？"（啸/终/三）

1830a 张媒婆道："小姐若不落个款，他知是谁人绣的？"（啸/终/三）

2218a 到了第十日，没些影响，商春芳便来见母亲放话道："前日是那个的主意，叫商春荫去取这宗银子？"（啸/寒/二）

610a 华岳笑道："既是这等，探花与近思试猜一猜，你道尹荇烟是谁人娶了？"（啸/风/四）

2290a 商春荫听了一发大怒道："他官尊关我甚事？我看书要紧，谁奈烦去见他！"（啸/寒/二）

107a 司马玄道："此诗性情入慧，体气欲仙，妙处不可言喻。但不知何人所作？却又用晚生前日之韵。"（啸/风/一）

啸本与琉本的"那个"相应的为"那个"9例，"谁人"2例，"谁"1例，"何人"1例。琉本的"那个"在啸本相应的位置多为"那个"，因此琉本的用法可能也是继承自啸本。

啸本中既有"那个"，也有"谁"，"谁"共出现55次，其中以"谁人"的形式出现13次。如：

1830a 张媒婆道："小姐若不落个款，他知是谁人绣的？"（啸/终/三）

108

2290a 商春荫听了一发大怒道："他官尊关我甚事？我看书要紧，谁奈烦去见他！"（啸/寒/二）

1814a 张媒婆道："唐相公果然好个人品，文才又高，这个女婿捡着了！我前日也略知些影儿，要来说，却因有事误了。是谁人为媒？这等成得快！"（啸/终/三）

一方面"谁人"比"谁"较为文雅，与书面语较为接近；另外下江官话的作品《负曝闲谈》中也出现了该词（香坂顺一，1962：72），可能也是当时的下江官话常见的用法。

啸本的"那个"说话人主要为张老儿、尹老官、家人、张媒婆等文化层次较低之人。可见，啸本的"谁（谁人）"和"那个"虽然并用，但用"谁（谁人）"是一般说法，用"那个"则显得比较粗俗，因此啸本作为才子佳人小说，用"谁（谁人）"的场合比"那个"多。但无论如何，啸本既然有"那个"的用法存在，就显示出与南京官话的用法较为相似的一面。而"谁（谁人）"的运用，在文语一直较为盛行的中国古代社会，可能使用者并没有认为其具有明显的地域性（也即是无论南北都使用）。

### 五、副词

（一）香坂顺一（1962：73）提出，下江官话的"统（通）"相当于北方话的"都/全都"，但是琉本没有出现"统"或"通"做范围副词的用法，"都"出现得较多（例子详见第二章，不赘）。

（二）香坂顺一（1962：74）提出，下江官话的"横竖"相当于北方话的"反正"，但是也用"左右"、"高低"，但后两者是没有地区的使用区别的。"横竖"在清末以降的下江官话系作品中出现得较多。琉本和啸本中都没有出现"横竖"，也没有出现"反正"，但啸本中出现了"左右"。如：

1282a 傅氏见来领他，着了急，便放声大哭道："我是良家女子，怎受这般污辱？今日左右是死，决决不到万衙去受罪了！"（啸/狭/二）

琉本相应的句子为：

1282b 傅氏见来领他，着了急，就放声大哭说："我是良家女儿，怎么会受得这样污辱？今日就死，断断不去万家！"（琉/狭/二）

可见琉本和啸本的表现都不同于下江官话的用法。①

（三）时间副词"登时"

琉本的"登时"出现了5次，如：

819b 今日去考，又遇着（了?）这个大相知，文字相投，又是万分的造化。我一个贡生的前程，得这两个相知，自然<u>登时</u>会选去做官。谁想空欢喜了半天，回来依旧还是一个穷贡生，等候下年科举。（琉/自/一）

1059b 老道士说："说起项王当日的威灵，真个怕人。祭祀他的，平安无事。不祭祀他的，<u>登时</u>会翻他的船，声叫声应。往来客商，杀猪宰羊，亲来祭祀，庙貌十分齐整。"（琉/狭/一）

215b 他叫我再拿些去卖他，故此又来求姑娘。你若肯扶持我，我<u>登时</u>就是一个小财主了！（琉/凤/二）

1381b 若是我李天造前生作恶，今该绝嗣，如今大王何不再显威灵，<u>登时</u>把船翻了，把我尸首，替我儿子一起埋在鱼肚？我的魂魄，替我儿子做一堆，也强如在世上受这样孤独的苦！（琉/狭/三）

1270b 若是真拐带，这女孩既上了船，就该<u>登时</u>逃走。怎么肯住在水口，等你们来寻呢？（琉/狭/二）

啸本对应的句子为：

---

① 《儒林外史》是18世纪中叶下江官话的代表作品，书中"横竖"和"左右"都出现了，但各只出现1例。如：

老实一句，"打开板壁讲亮话"，这事，一些半些几十两银子的话，<u>横竖</u>做不来，没有三百，也要二百两银子，才有商议。（《儒林外史》第十四回）

这行主人供给我们顿顿有肉，这不是行主人的肉，就是我们自己的肉，<u>左右</u>他要算了钱去，我们不如只吃他的素饭，荤菜我们自己买了吃，岂不便宜。（《儒林外史》第五十二回）

上推到17世纪初的下江官话作品《醒世恒言》，不见"横竖"，只见"左右"，而且"左右"的例子甚多。在我们检索到的例子中，"横竖"较早的例子出自《祖堂集》，但尚无后世之义：

问有<u>横竖</u>，是你因什摩与摩道，学人不会。（《祖堂集》）

直到《全元曲》中才有做副词用的"横竖"：

<u>横竖</u>我的面皮比他大些，这功劳都是我的。（《全元曲·杂剧三》）

但仅有1例，《西游记》中有2例：

<u>横竖</u>想只在此山，我们寻寻去来。（《西游记》第二十回）

<u>横竖</u>不远，只在这座山上，我们寻去来。（《西游记》第八十六回）

可能"横竖"出现得较后，尚未完全发展起来，因此啸本中不见该用法。

819a 今日赴考，无心中又遇了这个大相知，文字相知，又可谓万分遭际，一个贡生前程，得这两个相知，自然<u>登时</u>选去，谁想空欢喜了这半日，回来依旧还是一个穷贡生，守候下年科举。（啸/自/一）

1059a 老道士道："若说起项王昔日威灵，真个怕人，祭祀他的，安然无事；不祭祀他的，<u>登时</u>覆没，声叫声应。往来客商杀猪宰羊，亲来祭献，故此庙貌十分齐整。"（啸/狭/一）

215a 他叫我再拿些去卖，因此又来求姑娘。你若肯扶持我，我<u>登时</u>就是一个小财主了！（啸/风/二）

1381a 若是我李天造前生作恶，今该绝嗣，大王何不再显威灵，<u>登时</u>覆没江中？使我骸骨得与亡儿同埋鱼腹，魂魄得与亡儿共逐波涛也！强如在人世上受此孤独之苦！（啸/狭/三）

1270a 若真正拐子，这女子既上了船，自应<u>登时</u>逃去，安肯住在水口等你们来找寻？（啸/狭/二）

可见琉本的"登时"也是继承自啸本。

## 六、补语的结构

琉本出现了"～得狠"13例，即：

1458b 傅星说："亲家海量，自然包涵。我<u>羞得狠</u>，不好相见面！"（琉/狭/三）

963b 汪费坐在舱里<u>闷得狠</u>，推开窗子，在那里闲看。看见后梢一个带方巾的，问说："是什么人？"（琉/自/二）

16b 功名得失，都是天命分定的。只可恨现成的亲事，白白给别人抢去，未免不好看相，所以叹气，惊动长兄，<u>得罪得狠</u>！（琉/风/一）

68b 诗文虽是小道，要求好的也难。前日学生生日，承众位祝贺，长篇短章<u>多得狠</u>，一半都是套语，要求一首好的都没有。（琉/风/一）

375b 这个女子，纔有十七岁。一村的人，个个都讲他<u>标致得狠</u>。这还不打紧，说他的才学聪明，随你甚么人，也敌他不过。（琉/风/三）

423b 华小姐仔细一看，见他<u>标致得狠</u>，心里头就有百分爱他。（琉/风/三）

1304b 多谢你好心捞救，感谢不尽！又带累你跪官、跪府，我心里<u>不安得狠</u>。（琉/狭/二）

1328b 傅星说："我如今老了，不幸有一个儿子，又早死了。止有一个女儿，因为家里苦楚，当在乡宦人家。前日受他的苦，跑去投水，还好碰着你儿子救他，就是他的重生父母了，<u>多感得狠</u>！……"（琉

狭/三）

1481b 后来大兴发，竟成了一个大族人家，子孙多得狠。（琉/狭/三）

1517b 唐辰答应说："我两个人，因秋色甚好，闲走到这里，又见菊花大盛，思量要吃点酒。不想惊动老，得罪得狠！我都没有请问得老的尊姓，我晚辈的人，不敢先说。"（琉/终/一）

2104b 柳春荫答应说："我是小孩子，资质愚蠢，不会潜通默会，只得声音高大。惊动高贤，得罪得狠，那敢烦劳老大人动问！"（琉/寒/一）

2420b 到了场里头，商春荫学问深了，做的文章好得狠。发榜时候，高高中了第二名经魁。（琉/寒/三）

2502b 孟小姐轻轻答应说："我眼睛原没有瞎。因老子在日，替你有约，叫我在家等你。后来强娶的人多得狠，我老子百般推辞，还费力气……"（琉/寒/三）

啸本中相应的句子为：

1458a 傅星道："亲家海量自然包荒，只是羞得慌，难于见面！"（啸/狭/三）

963a 一日，汪费坐在舱中无聊，因推窗闲看，忽看见后稍一个带方巾的，因问道："是甚么人？"（啸/自/二）

16a 功名得失，丈夫原不当介意，只可恨已成的亲事，止争此一着，便被得志小人夺去，未免为终身之玷。所以咄咄为不平之鸣，惊动长兄，殊为有罪！（啸/风/一）

68a 诗文虽曰小道，要求全美者也甚难。前日学生贱辰，承诸公见祝，长篇短章不为不多，然半属套语，半属陈言，求一首清新俊逸、赏心悦目者迥不可得。（啸/风/一）

375a 这个女子才十七岁，一村人个个都道标致无比，还不打紧，说他的才美聪明，随你甚人也敌他不过。（啸/风/三）

423a 华小姐仔细一看，见他眉似远山、眼横秋水，宛然仙子临凡，心下早有百分亲爱。（啸/风/三）

1304a 多蒙官人好心捞救，感谢不尽！又带累官人跪官跪府，心更不安。（啸/狭/二）

1328a 傅星道："我学生衰朽，不幸有子早亡，止存一女，为因贫困陷身宦室，前日情急投水，幸遇令郎援救，感德无涯。……"（啸/狭/三）

1481a 后来日发一日，竟成了一个大族，子孙绵绵不绝。（啸/狭/三）

## 第四章 《人中画》琉球写本的地理坐标

1517a 唐辰答道："我二人因秋色甚佳，闲步至此。又见菊花大盛，偶思小饮；不期惊动长者，殊为得罪！不曾请问得老尊姓，晚生焉敢先通。"（啸/终/一）

2104a 柳春荫忙躬身答道："晚生小子资质愚鲁，不能默会潜通，以致咕哔有声，惊动高贤，殊觉可愧，怎敢烦老大人垂青！"（啸/寒/一）

2420a 到了场中，商春荫学力养到，文章如万选青钱，榜发时，高高中了第一名经魁。（啸/寒/三）

2502a 孟小姐微微笑道："妾目原未尝损，只因先学士存日，与良人有盟，遂命妾静俟闺中。后以强娶者多，以先学士之力，百般拒辞，尚费支持。"（啸/寒/三）

啸本与琉本"～得狠"相应的为"～得慌"1例（1458），零形式1例（963），其他都为书面语。此外，啸本没有"～得狠"，"～得慌"出现了2例，除1458外，还有1例为：

503a 张老儿还要卖花，司马玄催得慌，就将花担儿寄在吕衙，空身跟着司马玄走。回来先到尹家报知此事，慌得两个老夫妇只是哭。（啸/风/三）

在琉本中仍为"～得慌"：

503b 张老头子还要卖花，司马玄催得慌，就把花担子寄在吕家衙门，空身跟着司马玄走回来，先到尹家，报知这个事。慌得两个老夫妻只是哭。（琉/风/三）

琉本的"～得紧"出现了1例，如：

173b 那里晓得他聪明得紧，一看过就认得，不会忘记。（琉/风/二）

啸本对应的句子为：

173a 谁知他聪明得紧，一过目就认得不忘。（啸/风/二）

可见琉本的"～得慌"和"～得紧"都继承自啸本，而"～得狠"则不源自啸本。

《儒林外史》有"得（的）很"7例，"的（得）慌"1例，"得紧"9例。如：

（52）只因他欢喜得很，痰涌上来，迷了心窍；如今只消他怕的这个人来打他一个嘴巴，说："这报录的话都是哄你，你并不曾中。"（《儒林外史》第二十一回）

(53) 浦郎自心里疑猜："老师父有甚么诗，却不肯就与我看，哄我想的慌。"(《儒林外史》第三回)

(54) 直到上灯时候，连四斗子也不见回来，抬新人的轿夫和那些戴红黑帽子的又催得紧。(《儒林外史》第六回)

《醒世恒言》有"得狠"1例，"得慌"2例，"得紧"8例。如：

(55) 薄老儿看着如此热闹，心下嗟叹道："怪道这东西欺我消受他不起，要旺处去，原来他家恁般兴头！咦，这银子却也势利得狠哩！"(《醒世恒言》第十八卷)

(56) 秀娥却也不要，只叫肚里饿得慌。(《醒世恒言》第二十八卷)

(57) 况且脚下烂泥，又滑得紧，不能举步，只得仍旧去寻那竹篮坐下，思量曳动绳索，摇响铜铃，待他们再绞上去。(《醒世恒言》第三十八卷)

可见，"得狠"在17世纪的下江官话中出现频率较低，在18世纪中叶才发展起来，啸本中仅有"～得慌"和"～得紧"，符合当时的下江官话的特点。

## 七、介词与动词

（一）"拿"做介词，用如"把"；"把"做动词，用如"拿"；"把"用在给予动词后（如"借把"）、被动介词。

"拿"在琉本中主要功能是做动词，标志是后面能够出现助词"着"、"了"，也可以带趋向补语。如：

1234b 说没有了，那个报信的家人，拿了两条麻绳来，说道："老爷吩咐：拿倒拐带贼人，都带回去，明日早起送县！"(琉/狭/二)

12b 走出号房来，看那隔壁号房里头，一个举子（人？），拿着卷子，像有万分愁苦的形状。(琉/风/一)

239b 司马玄说："你在门口等着，我就拿出来。"(琉/风/二)

其中有两例"拿"形式上较似介词"把"：

97b 老子那闷多的寿诗，不拿给我看，独独拿这首诗给我看，不是替我拣女婿，就是怪我了。(琉/风/一)

267b 司马玄写完，正要拿给老头子。忽然间，吕柯走进书房来撞见，拿他扇子一看，笑说："看你这首诗，那块地方，又有个做亲的意

思？"（琉/风/二）

但是我们认为这两例中的"拿"还是动词，原因是"拿"后面都能加上助词"了"（变成"拿了这首诗给我看"与"拿了他扇子一看"）。因此琉本中的"拿"并非介词。另外，琉本中的"把"也不能用在给予动词后或做被动介词。

（二）"同""和""跟"混用

1. 香坂顺一（1962：79）提出，"同"用如"替"、"给"，是下江官话的特征之一，五四时的文学作品仍然有此用法，现代汉语已经没有这种用法。

琉本中介词"同"出现了8例：

469b 就同女儿走进房来。（琉/风/三）

499b 张老头子说："相公你不信，就同我去。"（琉/风/三）

1066b 李天造听了，忙忙起身，算还酒钱，叫船家说："你同小相公先下船，我到庙里头一拜就来。"（琉/狭/一）

1651b 张媒婆见家人催他，就同他来。（琉/终/二）

1728b 想了一会，欢喜说："有了，有了！枫桥陆家，是我娘舅家。十月初七日，是舅母四十岁，少不得我妈同我去拜寿，舅母少不得留我过夜。到晚我寡推病，要叫船回家，就好路上挨延做事情了。"（琉/终/二）

1960b 到第二天，元主事就起身上任。元晏送老子上船，到晚纔回来，又办酒同新娘共吃。（琉/终/四）

2282b 就要同曹先生下楼一看。曹先生忙忙止住说："既要见他，不消自家去，我着人叫他来就是了。"（琉/寒/二）

2294b 孟学士在楼上，看见商春荫这样光景，笑说："不得中行而与之，必也狂狷乎？你不要这样看人，不妨同我走一会。"（琉/寒/二）

这些"同"并没有用如"替"、"给"等表受益的用法，啸本对应的句子为：

469a 因同女儿走进房来。（啸/风/三）

499a 张老儿道："相公若不信，就同我去。"（啸/风/三）

1066a 李天造听了，忙起身算还酒钱，因叫船家道："你可先同小相公上船，我到庙中一拜就来。"（啸/狭/一）

1651a 张媒婆道："既如此说，只得同你走来。"（啸/终/二）

1728a 想了半晌，忽然欢喜道："有了！有了！枫桥陆衔，是我娘舅家。十月初七，是舅母四十岁，少不得母亲同我去拜寿，舅母少不得留我过夜，到晚我只推病，要叫船回家，便好路上耽延做事了。"（啸/终/二）

1960a 到次日，元主事就起身上任，元晏直送父亲上船，到傍晚方回，又备酒同新娘共饮。（啸/终/四）

2282a 遂要同曹先生下楼一看，曹先生忙止住道："既要见他，不须自去，我着人唤他来就是了。"（啸/寒/二）

2294a 孟学士已在楼上看见商春荫这段光景，因笑说道："不得中行而与之，必也狂狷乎！年兄不必在世法着眼，不妨同我去一会。"（啸/寒/二）

啸本与琉本的"同"相应的位置都为"同"，可见琉本的介词"同"也是继承自啸本。

2. "和""跟"用如"给""替"

琉本的"和"主要指"酬和"，做动词用，没有做介词的用法。如：

72b 司马玄原要把他的才试出来，又虚谦一两句，遂提起笔来，便大着胆，依他女儿韵脚，竟和了一首道……（琉/风/一）

琉本的"跟"主要指"跟随"，做动词用。如：

136b 那老头子，看见司马玄衣帽齐整，家人跟着，晓得他是个富贵人，不敢违拗，将扇子递（了）给他。（琉/风/二）

166b 老头子欢喜，挑起花来，跟到吕老爷衙门。（琉/风/二）

有形式上接近介词的用法，共3例。如：

165b 司马玄说："这里去到吕老爷衙门不远，你可挑了跟我来。我叫吕老爷连花都替你买了。"（琉/风/二）

1239b 没奈何跟他上岸。（琉/狭/二）

1272b 到是傅氏听见叫带他回去，就哭起来说："我出来投水，原是受他凌辱不过。若依旧跟他回去，我也不消出来投水了！情愿死在老爷台下，断然不愿去万家！"（琉/狭/二）

这3例从形式来看，既可以理解为动词，也可以理解为介词，但实际上"跟"的后面可以加上"了"或"着"，而句子意义没有改变，因此应仍为动词。但即使为介词，也没有发展出与事介词中表受益的意义。

啸本与琉本上举各例相应的句子为：

72a 司马玄原要以才自荐，又虚谦一两句，遂提起笔来，便大着胆，依他女儿韵脚，竟<u>和</u>了一首道……（啸/风/一）
136a 那老者看见司马玄衣冠齐整，<u>跟</u>着家人，知道他是个贵人，不敢违拗，只得将扇子递了与他。（啸/风/二）
166a 老儿欢喜，果挑花<u>跟</u>到吕衙。（啸/风/二）
165a 司马玄道："此处到吕衙不远了，你可挑了<u>跟</u>我到吕衙来，我叫吕老爷连花都替你买了。"（啸/风/二）
1239a 只得<u>跟</u>他上岸。（啸/狭/二）
1272a 到是傅氏听见叫领他回去，便哭起来道："奴家出来投水，原为受他凌辱不过。若依旧<u>跟</u>他回去，奴家也不消出来投水了！情愿死在老爷台下，决然不愿到万衙去！"（啸/狭/二）

啸本与琉本的"和"相应的位置为"和"，与琉本的"跟"相应的位置为"跟"，可见琉本的"和"、"跟"也是继承自啸本。

## 八、小结

香坂顺一（1962）中提出的下江官话的语法特点中，琉本具有以下特点：（一）接尾辞用"子"而不用"儿"；（二）某些构词法和北方语相反，如"喜欢→欢喜（动词）"、"热闹→闹热"、"整齐→齐整"；（三）量词用"椿"（事业、案子、买卖、新政）、乘（车子、轿）、张（椅子）等，用"量词＋把"表示概数；（四）疑问代词用"那个"，反身代词用"自家"（见本章第一节）；（五）时间副词用"登时"；（六）动词、形容词后带"～得很"、"～得慌"、"～得紧"。但我们对啸本的考察发现，这些特点在啸本中也都有相应的体现，如果说琉本具有"下江官话"的性质，那么应该说是继承自啸本的语言特点。

根据历史上文学作品改写的规律，改写后的作品可能会残留原作的某些语言特征，比如佐藤晴彦（1986，1988，1990，1992）的研究。因此，我们在讨论琉本的语言性质的时候，也应该考虑到代表其母本系统的啸本的语言性质。佐藤晴彦（1978，1980）曾在对琉本的语言性质的研究中引入对啸本的讨论，也谈及啸本的某些语法特点，但因为主要的研究对象是琉本，所以并未对啸本的语言性质进行界定。根据陈辽（1996：72）对啸花轩的论述："（明末）《浓情快史》大概是啸花轩组织创作和出版的第一部艳情小说。该书题'嘉禾岁花主人编次',‘西湖鹏鷃居士评阅’。‘嘉禾岁花主人’和‘西湖鹏鷃居士’均无可考。但他俩都是浙江人，啸花轩的位址在杭州，大致可以肯定。"啸本的编写、评阅者（根据明清小说的创作规律，评阅者也有可能对作品进行修改）未定，但在确定其语言性质的时候不能忽视啸花轩书坊所在的这个地区。入清以后，啸花轩"继续组织创作和出版艳情小说，……参与创作、评论这批艳情小说的……既有南方人，也有北方人，大抵都寓居在杭州一带"。这意味着，啸本的作者可能是南方人，也可能是北方人——也即是说，啸本的语言性质可能是南方人所说的官话或者北方人所说的官话。考虑到啸本的语言特点，这里所说的"南方人所说的官话"，可能与下江官话的关系较大。

但是，（一）用"该应"不用"应该"、用"紧要"不用"要紧"；（二）表示"何等"的意义用"多少"；（三）总括副词用"横竖"；（四）"拿"做介词，用如"把"；"把"做动词，用如"拿"；"把"用如给予动词、被动介词；（五）介词"同"、"和"、"跟"混用，用如"替"、"给"。这几个特点，琉本并不具备。而介词作为最主要的功能词（function word），其功能、意义与其所属语言的性质密切相关。因此琉本的语言是否完全继承了啸本的"下江官话"特点，也尚需进一步讨论。尤其值得注意的是，琉本所具有的"下江官话"性质，也不仅仅为下江官话所具有（比如"闹热"、"欢喜"这样的构词词序）。这一点我们在本章第一节对"自家"的讨论中已经谈及，在下文的讨论中将进一步深入。

## 第三节 《人中画》琉球写本与"福州官话"

提出琉球官话课本的语言性质应为"福州官话"，陈泽平（2004：53）是从琉球课本附注上的音系进行研究的。木津祐子（2004c：2, 9）则是从词汇语法的角度提出《官话问答便语》、《白姓官话》、《学官话》三种课本中都有与现代闽方言相似的特点。我们在上一节开头提出，如果琉本的语言性质是"福州官话"，则其仅对应于福州方言的语法特点。如果琉本中出现了与福州方言的语法特点相对应的用法，还需考察这种用法是啸本中原有的，还是啸本中原无的。如果啸本中原有该用法，说明琉本的用法在很大程度上可能是继承自啸本的，可以排除属于改写时受到福州方言影响的情况。如果啸本中原无该用法，说明琉本在改写时受到其他方言（或官话）的影响，则应该详细考察具体受到何种方言（或官话）的影响。当且仅当琉本的用法与福州方言的语法特点相对应时，该用法才可视作福州方言的区别性特征①。

我们根据这样的研究方法，参考《汉语方言概要》（袁家骅等，2001：301-307，简称《概要》）中列出的以福州方言为代表的闽东话的语法特点（包括词法5项、词类12项、句法10项），对琉本进行考察。

（一）我们先将《概要》列出的福州方言的词法特点概括为表4-5：

表 4-5

|  | 语法特点 | 例子 |
|---|---|---|
| 词法 | ① 单音节重叠构成名词 | 杯杯（杯子） |
|  | ② 派生词的词头词尾用法特殊 | 时间词"旦"等不能单用 |
|  | ③ "食+时间词"表示一日三餐的名称 | 食早（早饭）、食昼（午饭） |
|  | ④ 单音词与相应副词构成新词 | 冰箸（冰棍） |
|  | ⑤ 复音词和合成词的词序 | 欢喜（喜欢）、闹热（热闹）、人客（客人） |

其中，琉本只具有特点⑤，其中"欢喜"、"闹热"的出现频率和例子在上一节中已经提出。可见，"欢喜"、"闹热"不仅见于下江官话，也见于福州方言。

"人客"出现了1例。如：

310b 尹荇烟说："人客主人，自然作揖。那有磕头之理？"（琉/风/二）

此处啸本原作：

310a 尹荇烟道："宾主自然作揖，那有磕头之理？"（啸/风/二）

可见，琉本该例不是继承自啸本。但用"人客"表示"客人"，除见于福州方言外，还见于梅县、广州、潮州、温州等客、粤、闽、吴方言。因此不能将复音词和合成词的词序视作能将福州方言与其他方言区分开来的语法区别性特征。

（二）福州方言词类方面的12个特点，琉本都不具有，不赘。

---

① 目前，方言学界通行"特征词"的概念，但是"特征词"不包括超越词汇层次的短语、语法、语用方式等，所以本文称之为区别性特征。

（三）福州方言句法方面的 10 个特点及其在琉本中的表现，详见下表（用"√"表示具有该特点，用"×"表示不具有该特点，用"○"表示与该特点部分相似，具有条件限制）：

表 4-6

| | 语法特点 | 例子 | 琉本情况 |
|---|---|---|---|
| 句法 | ① 名词为中心的词组具有两种格式："指示词＋量词＋名词"、"指示词＋名词" | 这个人；这人 | √ |
| | ② 某些名词可放在形容词前做修饰语 | 死人悬（高极了）；棺材悬（非常高） | × |
| | ③ "程度副词＋形容词＋量词"的词组可以做谓语 | tsia 卵最大粒（这个蛋个儿真大） | × |
| | ④ 动补结构用形容词重叠表示动作结果 | 衣裳熨平平了（衣服烫平了） | × |
| | ⑤ "有"、"无"谓语式表示现在完成体 | 我有看；我无看 | ○ |
| | ⑥ 表示差比的比较句有两种基本形式：比较标志在谓语后或谓语前 | 伊悬去我（他比我高）；伊比我悬一个头（他比我高一个头） | √ |
| | ⑦ "乞"相当于普通话的"给"，表主动时后面跟有双宾语，表被动时要有动补结构说明一定的动作结果 | 汝乞我一本书（你给我一本书）；瓶乞我拍破了（瓶子给我打破了） | ○ |
| | ⑧ 处置式用"将"，如果处置者是人，主语和"将"都能省略 | 风将树吹倒（风把树吹倒了）；瓶拍破着（把瓶子打破） | × |
| | ⑨ "去"可以直接跟宾语或补语表示动作的目的 | 我去北京（我到北京去）；我去食饭（我吃饭去） | √ |
| | ⑩ 疑问句要求肯定或否定的回答，往往利用动词重叠；动词后若有宾语，或者不希望只得到肯定或否定的回答，则使用"有无句式" | 汝去怀去（你去不去）；汝有读书无（你有没有读书） | ○ |

以下对上表中琉本具有的特点进行具体说明。

① 琉本以名词为中心词的词组具有两种格式："指示词＋量词＋

名词"。如：

1054b <u>这个人</u>不先进庙来拜神，到先去吃酒，定是个好嘴，不敬神佛的了。吃醉时候，一发难替他说话。（琉/狭/一）

"指示词+名词"。如：

1227b 李春荣听见，大怒说："你<u>这人</u>好不分晓！这女子不知道为什么投水，我们湾船在这里看见，一片好心救他起来，你怎么到反说我拐带呢？"（琉/狭/二）

这两例啸本的格式都与琉本相同：

1054a <u>这个人</u>不先进庙拜神，到先去吃酒，定是个好嘴不敬神佛的了。吃醉时一发难与他说话。（啸/狭/一）

1227a 李春荣听见大怒道："你<u>这人</u>好没分晓？这女子不知为甚投水，我们偶泊船在此看见，一片好心救他起来，怎么到反说个拐带？"（啸/狭/二）

可见，琉本虽然具有这两种格式，但是都继承自啸本，不是受到福州方言的影响。

⑤ 琉本中出现了用"有"谓语式表示"现在完成体"的格式（7例）。如：

507b 司马玄说："我那里<u>有</u>来？定被别人假的了！"（琉/风/三）

否定用"没有"（92例），而不是"无"。如：

393b 又有人回说道："司马相公也<u>没有</u>来。"（琉/风/三）

其在啸本相应的句子为：

507a 司马玄道："我何曾来？定被他人假了。"（啸/风/三）

393a 又有人回说道："司马相公也<u>不曾</u>来。"（啸/风/三）

可见琉本的"现在完成体"不是来源于啸本。但是"有"谓语式不仅见于福州方言，也见于粤语、客语和闽南话，因此也不能视作福州方言的区别性特征（详见本章第五节的讨论）。

⑥ 琉本表示差比的比较句有两种基本形式，形式一"甲+比较标志+乙+谓语"出现了9例。如：

1610b 庄玉燕说："果然<u>比</u>昨日的好<u>些</u>，又难为你送来。"（琉/终/一）

此例在啸本中原作:

1610a 庄玉燕道:"果然比昨日的好些,只是又劳你送来。"(啸/终/一)

调查发现,琉本属于形式一的9个例子,在啸本中相应的句子也都属于该形式,可见,琉本的该用法继承自啸本,不是受到福州方言的影响。

形式二"甲+谓语+比较标志+乙"出现了13例。如:

424b 我讲他满生得好,不过风流就是了。那里晓得他更好过我,叫我怎么样处呢?(琉/风/三)

1376b 老相公既为大相公伤心,不思量生意,在这里也没干,不如回家去。家里还有那闷多的产业,过继一个儿子,奉伺老相公晚年,强如在异乡流荡。(琉/狭/三)

其在啸本中对应的句子为:

424a 我道他才人纵美,不过英挺风流,谁知柔媚芳香转胜于我,叫我何以为颜?(啸/风/三)

1376a 老相公既为大相公伤心,不思营运,在此苏州也无干,莫若回乡去。家中尚有许多产业,或过继一个儿子,以娱老相公晚景,强似在异乡流荡。(啸/狭/三)

琉本属于形式二的有13个句子,这13个句子在啸本中相应的有10例为形式二,比如例424、例1376。另外3例啸本皆为文言,琉本改用差比句式形式二:

467b 这尹荇烟的才美,都好过孩儿,实实不可轻慢他。孩儿替他结做姊妹,老子不妨见他一见。(琉/风/三)

467a 这尹荇烟才美俱在孩儿之上,实实轻他不得。孩儿已与他结为姊妹,父亲不妨一见。(啸/风/三)

539b 华岳说:"虽是没有好过他,也未必不及于他。你明日自然晓得,我也不敢夸他。"(琉/风/四)

539a 华岳道:"虽未必过,亦未必不及。贤契异日自当知之,老夫焉能谬夸?"(啸/风/四)

2505b 柳春荫大欢喜说:"孟光称千古贤女,没有听见这样议论,夫人好过他得多!我不是梁鸿,如今娶你夫人,真真三生有幸!"(琉/寒/三)

## 第四章 《人中画》琉球写本的地理坐标

2505a 柳春荫大喜道:"孟光称千古之贤,未闻有此高论,夫人过之多矣!我非梁鸿,今得偶夫人,虽大有愧,实大幸也!"(啸/寒/三)

因此形式二的用法也是继承自啸本,而不是受到福州方言的影响。

⑦《概要》中提及福州方言"乞"的功能包括"表主动"和"表被动",琉本与"乞"相应的词为"给"。

功能一"表主动",琉本的"给"的具体情况可以参考第三章第一节"给予句"的讨论,此处不赘。啸本与琉本的"给"相应的位置主要为"与"。

功能二"表被动",琉本的"给"出现了50例。如:

196b 尹荇烟说:"扇子打吊,不值什么。只是有我写的诗句在上头,恐怕给那俗人拣去,就可惜了。"(琉/风/二)

2067b 老子是当国的大臣,忽一天给奸臣诬害,圣旨下来,全家抄斩,家业入官。(琉/寒/一)

124b 吕柯说:"老师的议论最好!恐怕讲话没有个定准,日后给别人又做去,是怎么样的呢?"(琉/风/一)

2202b 我商家四个亲儿子不中,到让他一个螟蛉子中去,有什么脸面?不如把花酒引诱他,他一个穷苦的人,自然会给我迷倒。(琉/寒/二)

啸本与琉本的"给"相应的位置为"被"的有33例。如:

196a 尹荇烟道:"扇子失落不值甚的,只是有我写的诗句在上面,恐被俗人拿去,便明珠暗投,许多不妙。"(啸/风/二)

啸本与琉本的"给"相应的位置为"为"的有5例。如:

2067a 父亲是当国大臣,忽一日,为奸臣所诬,有旨全家抄斩,家业籍没入官。(啸/寒/一)

其余的12例,啸本与琉本的"给"相应的位置没有出现被动标志,或用文言或为主动句。如:

124a 吕柯道:"老师高论最妙,但恐成言未定,或遇高才捷足,中有变更,为之奈何?"(啸/风/一)

2202a 我商家四个亲子不中,到让他一个螟蛉之子中去,何以为颜?莫若将花酒诱他,他一个穷乏之人,自然要着迷。(啸/寒/二)

啸本与琉本的"给"相应的位置主要为"被"、"为",可见,琉本的"给"的两种功能在啸本中相对应的是不同形式，而不是同一形式。因此，琉本的"给"具有表主动和表被动两种功能并不是来源于啸本。表面上看起来，这与福州方言的"乞"是类似的，但是用给予动词表示被动，除见于福州方言外，还见于粤语、客语、吴语和闽南语，因此也不能视作福州方言的区别性特征（详见本章第四节的讨论）。

⑨ 琉本中的"去"可以直接跟宾语或补语，表示动作的目的。如：

197b 说罢，老头子肚里饿了，就<u>去吃饭</u>。（琉/风/二）

1282b 傅氏见来领他，着了急，就放声大哭说："我是良家女儿，怎么会受得这样污辱？今日就死，断断不<u>去万家</u>！"（琉/狭/二）

《现代汉语八百词》的"去"字条中，"动+去"的释义是："动词表示去的目的"，也即是说，主流汉语表示该意义的语序与福州方言相反。但是，如《汉语方言概要》所说，福州方言的这种用法"和东南各汉语方言相似"（袁家骅等，2001：307），也是下江官话的常见用法。太田辰夫（1965：49）就提出包含"来"、"去"的连动句北京官话和南京（下江）官话的语序不同，如"请安去"（北京官话说法）——"去请安"（南京官话说法），"望看您去"（北京官话说法）——"去奉看您"（北京官话说法）等。因此，此说法也不是福州方言的区别性特征。

⑩ 琉本的疑问句要求肯定或否定的回答，往往利用动词重叠。如：

546b 吕柯到第二天，来见华岳说道："那司马玄，蒙老师的话退去了，听见新女婿高才，愿领教。不晓得老师<u>肯不肯</u>？"（琉/风/四）

陈泽平（2003：203）指出，福州方言中"用'怀'构成的反复疑问句，动词的肯定形式与否定形式不能拆开排列，这一点也与普通话用'不'构成的反复疑问句不同"，并举出福州方言不能说"＊看电影怀看"、"＊食茶怀食"等用法。我们在琉本中找到的反复疑问句动词后都不带有宾语，如"肯不肯"这样的简单动词重叠式与北方官话或其他方言的反复疑问句式并无区别。因此，我们也不认为琉本中的动词重叠反复疑问句式反映了福州方言的区别性特征。

琉本的疑问句的动词后若有宾语，或者不希望只得到肯定或否定的回答，不是使用"有无句式"，而是使用"有没有句式"。如：

1895b 就起身进里头，问夫人说："前日玉燕<u>有</u>替人绣一幅鸳鸯<u>没有</u>？"（琉/终/三）

这种用法形式上跟福州方言的用法非常相似，只是用"没有"替代"无"而已。但是事实上，这种用法也不仅仅对应于福州方言的语法特点，粤语、客语和闽南语也都有相似的用法，因此也不能将其视作福州方言的区别性特征。（详见本章第四节的讨论）。

在以上"福州方言"的十项句法特点中，琉本不具有②、③、④、⑧四项。虽然具有①、⑤、⑥、⑦、⑨、⑩这六项语法特点，但①、⑥继承自啸本的用法，不是受到福州方言的影响而产生的；⑤、⑦、⑨、⑩虽然不是直接继承自啸本的用法，但是这四项用法在其他南方方言或下江官话中也有相似的用法，不能视为福州方言的区别性特征。因此也不能据此判断琉本的这些用法是受到福州方言的影响而出现的。

此外，濑户口律子（1994b）对琉球官话课本中的福州方言进行研究，依次列举出《官话问答便语》、《学官话》、《白姓官话》中的"福州话"成分40项、27项、15项。其中语法方面的特点琉本具有三项：（1）用"动词+去"表示完成貌；（2）用"不看见"表示"看不见"的意思；（3）"会V得"。以下分别说明。

（1）琉本中出现了"散去"。如：

2181b 曹又替众子弟，讲论文字，纔<u>散去</u>。（琉/寒/一）
1474b 李天造听了也笑。大家欢喜，吃了半天，纔<u>散去</u>。（琉/狭/三）
43b 华岳办酒请他们，吃了一天。众客<u>散去</u>，又留几个得意的门生，到书房里头，摆起小碟子再吃。吕柯也在。（琉/风/一）

啸本相应的例子为：

2181a 曹又与众子弟论论文字，方才<u>散去</u>。（啸/寒/一）
1474a 李天造听了，也只是笑，大家欢饮半日，<u>散去</u>。（啸/狭/三）
43a 华岳设酒款待，吃了一日酒，众客<u>散去</u>，又留几个得意门生到书房中小饮，吕柯亦在其内。（啸/风/一）

可知琉本的用法继承自啸本。此外琉本的"动词+去"格式还有"死去"、"做去"、"抢去"、"拣去"、"扯去"等。如：

2453b 曹听了，凄惨说："原来老师还不知道，孟学士<u>死去</u>年把了！"（琉/寒/三）
2470b 原来孟学士大老婆，也<u>死去</u>久了。只有一个小老婆，生一个公子，纔三岁，并没有别的弟兄子侄。（琉/寒/三）
124b 吕柯说："老师的议论最好！恐怕讲话没有个定准，日后给别人又<u>做去</u>，是怎么样的呢？"（琉/风/一）

16b 功名得失，都是天命分定的。只可恨现成的亲事，白白给别人<u>抢去</u>，未免不好看相，所以叹气，惊动长兄，得罪得狠！（琉/风/一）

196b 尹荇烟说："扇子打吊，不值什么。只是有我写的诗句在上头，恐怕给那俗人<u>拣去</u>，就可惜了。"（琉/风/二）

1967b 再去解他小衣，花小姐一发推了。元晏又不知道费了多少气力，纔会<u>扯去</u>。（琉/终/四）

啸本中原为：

2453a 曹听了惨然道："原来老师尚不闻知，孟年兄已作古年余矣！"（啸/寒/三）

2470a 原来孟学士大夫人<u>死久</u>，只有一妾生得个三岁公子，并无弟兄子侄。（啸/寒/三）

124a 吕柯道："老师高论最妙，但恐成言未定，或遇高才捷足，中有变更，为之奈何？"（啸/风/一）

16a 功名得失，丈夫原不当介意，只可恨已成的亲事，止争此一着，便被得志小人<u>夺去</u>，未免为终身之玷。所以呦呦为不平之鸣，惊动长兄，殊为有罪！（啸/风/一）

196a 尹荇烟道："扇子失落不值甚的，只是有我写的诗句在上面，恐被俗人<u>拿去</u>，便明珠暗投，许多不妙。"（啸/风/二）

1967a 再去解他小衣，花小姐一发推拒，元晏又不知费了多少气力，方能<u>扯去</u>。（啸/终/四）

其中例 2453、例 2470 的"死去"、例 124 的"做去"在啸本中对应的都为文言，后三例则继承自啸本的用法。

据陈泽平（1992，又见于《闽语新探索》：108-114），福州方言中有一个完成貌助词"去"，表示状态变化的完成，形式上只能出现在动词后面，后面不能再带宾语（即只能构成"动+去"格式，不能构成"动+宾+去"格式）。这个"去"从趋向动词虚化而来，在唐宋时期就出现了。

我们认为，判断句中的"去"是否已经从趋向动词虚化成完成貌助词，一个重要的判断标准应该是"去"是否已经丧失其原本作为趋向动词的方向性。如果仍然带有方向性的实义，则不宜看作助词。

根据这样的标准，我们认为"散去"、"抢去"、"拣去"、"扯去"中的"去"仍然带有较强的趋向动词的方向性，只有"死去"、"做去"中的"去"的方向性才基本丧失。"死去"和"做去"这三例不

## 第四章 《人中画》琉球写本的地理坐标

是来源于啸本,可能琉本改写时受到了方言的影响。

但是这一用法在18世纪中叶的其他作品中,也可以看到,如:

(58) 我这床头箱内,有六两银子,我若<u>死去</u>,即烦老师父替我买具棺木。(《儒林外史》第二十回)

因此也很难说这三例"去"是受到福州方言的影响还是下江官话的影响。

(2) 琉本中出现了用"不看见"表示"看不见"的用法。如:

1393b 不想纔荡不上一里多路,一阵旋风,满天黑通通的,对面<u>不看见</u>人。(琉/狭/三)

1990b 到第二天早起,也顾不得那些东西,寡把些银子,替元晏送他的首饰,带在腰里,等人眼睛<u>不看见</u>,自家走出去了。(琉/终/四)

啸本中原为:

1393a 不期才荡不上一里,早一阵旋风、乌云陡暗,对面<u>不见</u>。(啸/狭/三)

1990a 到次早,也顾不得许多东西,只将些银子并元晏送他的首饰,带在腰里,乘人眼<u>不见</u>,竟自一道烟走出去了。(啸/终/四)

可见琉本的用法不是来源于啸本。
《儒林外史》中也有这样的用法:

(59) 范进道是哄他,只装<u>不听见</u>,低着头往前走。(《儒林外史》第三回)

(60) 那掌舵驾长害饞痨,左手把着舵,右手拈来,一片片的送进嘴里来,严贡生只装<u>不看见</u>。(《儒林外史》第六回)

《红楼梦》中也有:

(61) 挨了两日,竟<u>不听见</u>有动静,方略放下了心。(《红》第七十二回)

另外,其他方言也有类似的表达:
粤语:

(62) 你有<u>睇见</u>,常在戏台傍边企处,生得甘青靓个的戏仔咩?(《粤音指南》第三卷第十一章)

译文:你看不见,常在戏台上旁边儿站着的,长得那么标致的小戏子么?

吴语：

(63) 先起头耐勿听见。(《海上花列传》第二十六回)

译文：刚开始你听不见。

可见，这种用法也不是福州方言的区别性特征。

(3) 琉本中有"会V得"的用法，其中又能分为"会V得O"、"会V得C"、"会V得"三种格式。下面分别说明。

第一种是"会V得O"：

1076b 李天造吓得魂飞魄散，无法可施，总是抱着儿子，放声大哭说："我死也罢，那里会救得你呢？"(琉/狭/一)

1282b 傅氏见来领他，着了急，就放声大哭说："我是良家女儿，怎么会受得这样污辱？今日就死，断断不去万家！"(琉/狭/二)

1633b 一路上想说："我纔透得一句，就给他数说了好多话，若再说些不正经的话，定然会给他打骂了！这等烈性的女孩，怎么会讲得私情？我几乎给他误了！"(琉/终/一)

1704b 张媒婆急得没法，心里想说："不如催他两家快快做了亲，大家都有管头，就不想胡行了。寡是一时间，怎么会催得他就做亲？"(琉/终/二)

2184b 商春茂把这个话，替商春荫说。商春荫说："拜先生这个是好事。俗语说'一日为师，终身为父'。这个事体甚大，怎么轻易做得？曹先生叫我拜他做先生，原是好意。不知道他的学力、文章，会做得我的先生做不得？"(琉/寒/一)

618b 我女儿起头不服，意思要替他比比才学。怎么会叫得他来呢？没奈何将我女儿改扮男妆，假做探花，娶他回来。(琉/风/四)

795b 还望老爷出个题目，容我做几句，求老爷看。会做得知县，做不得知县，凭老爷裁夺。若是做不得知县，讲做得，明日做错了公事，不独失了我的体面，未免还伤了老爷的名声呢！(琉/自/一)

其在啸本中原为：

① 能愿动词+V得O

1076a 李天造惊得魂胆俱失，无法可施，只得抱着儿子放声大哭道："我死也罢！怎能够救得你？"(啸/狭/一)

1704a 张媒婆急得没法，心下想道："莫若只催他两家快快做了亲，彼此都有管头，自然便不想胡行了。只是一时间怎能催得他就做亲？"(啸/终/二)

2184a 商春茂因将此话与商春荫说知，商春荫道："拜师固好，但俗语说：'一日为师，终身为父'，这个事体甚大，安可轻易为之？曹先生叫我拜他为师，固是美意，但不知他的学力、文章<u>可以作得我之师</u>范否？"（啸/寒/一）

② V 得 O

1633a 一路上想道："我才透得一句，早被他数说了许多，若再说些不尴尬话儿，定然要打骂了！这等烈性女子，如何<u>讲得私情</u>？我几乎被他误了。"（啸/终/一）

③ VO

1282a 傅氏见来领他，着了急，便放声大哭道："我是良家女子，<u>怎受这般污辱</u>？今日左右是死，决决不到万衙去受罪了！"（啸/狭/二）

④ 文言

618a 小女初心不服，意欲与之一较，而不能致之以来，故万不得已而行权，将小女改扮男妆，假充探花娶之以归，岂非苻烟是小女娶了？（啸/风/四）

795a 还望老恩台赐题，容贡生竭驽马之才，于篇章之末，求老恩台公阅，或堪百里，或堪佐二，悉听老恩台裁酌。如过蒙额外之施，倘小才大受，异日得罪民社，不独失贡生求荣之本念，未免伤老恩台鉴别之明矣！（啸/自/一）

第二种是"会 V 得 C"：

1079b 他两个人纔下水，还抱紧不肯放。忽然给一个大浪，劈手冲来，两个人怎么<u>会抱得紧</u>？（琉/狭/一）

1412b 如今船打破了，怎么样<u>会回得去</u>？（琉/狭/三）

其在啸本中原为：

① V 得 C

1079a 他二人初入水尚抱紧不肯放，忽又被一个大浪劈手冲来，二人如何<u>抱持得定</u>？（啸/狭/一）

② 得能 + VC

1412a 只是如今船已覆没，如何<u>得能回去</u>？（啸/狭/三）

第三种是"会V得":

506b 尹老头子请了司马玄到家说道:"相公前日亲自坐在轿里头,怎么<u>会赖得</u>?"(琉/风/三)

517b 司马玄这个时候,满心愁闷,那里<u>会睡得</u>?(琉/风/三)

574b 华岳看了,称赞不歇,心里头想说:"我一时高兴,倚着尹荇烟有才,指望和一首好诗,压倒司马玄。那里晓得司马玄才高这样的,尹荇烟怎么<u>会和得</u>呢?若是和韵不好,到是自家不好看相。"(琉/风/四)

其在啸本中原为:

① V得

506a 尹老官请司马玄到家,说道:"相公前日亲自坐在轿中,怎生<u>赖得</u>?"(啸/风/三)

② 能愿动词 + V

517a 司马玄此时意乱,那<u>能就枕</u>?(啸/风/三)

574a 华岳看了,称赞不已。心下想道:"我一时高兴,倚着荇烟有才,指望和一妙诗压倒司马玄,谁知司马玄才高若此,却教荇烟如何又<u>能出奇</u>?倘和韵不佳,未免倒自取其笑。"(啸/风/四)

可见,这三种格式在啸本中最主要的来源都是"能愿动词 + V(得O/C)",琉本将"能"改写成了"会",而后面的结构则基本沿用啸本的格式(1076、1704、2184、517、574)。其次是来源于"V(得O/C)",琉本在动词之前加了"会",后面的结构也基本沿用啸本的格式(506、1079、1633)。这两种来源的"会V得(O/C)"要区别看待。"能"改成"会",是表示"可能"的助动词的替换,前者是北方的常见用法,后者是南方的常见用法,这个问题我们下一节还要详细讨论,这里不再展开。而来源于"V(得O/C)"的"会V得(O/C)",与福州方言的能性补语形式也并不完全等同。据梅祖麟(1994),闽语中表示可能式有四种形式:

穿 $e^2$ 破　　穿 $be^2$ 破
$e^2$ 穿破　　$be^2$ 穿破

按照罗杰瑞(Norman,1989:337)的说法,[$e^2$]的本字是浊母的"解"字,中古音为"ɣai",[$be^2$]是否定词[m]和"解"的合音词,然后再声母非鼻音化。俗写作"会""呣/袂"。也即是说闽语中可能式的肯定式为:"V 会 C"和"会 VC";否定式为"V 不会 C"和"不会 VC"。琉本的例子"会 V 得(O/C)"是可能式的肯定式,语序上跟"会 VC"最为接近,但是比后者多出一个助词"得",可见与后者并不相同。

我们在本小节的开头提到,对琉本的检索并未发现有"不会 V 得(O/C)"的用法,"会 V 得(O/C)"的否定式为"V 不得(O/C)"。如:

2184b 商春茂把这个话,替商春荫说。商春荫说:"拜先生这个是好事。俗语说'一日为师,终身为父'。这个事体甚大,怎么轻易做得?曹先生叫我拜他做先生,原是好意。不知道他的学力、文章,<u>会做得我的先生做不得</u>?"(琉/寒/一)

795b 还望老爷出个题目,容我做几句,求老爷看。<u>会做得知县,做不得知县,</u>凭老爷裁夺。若是做不得知县,讲做得,明日做错了公事,不独失了我的体面,未免还伤了老爷的名声呢!(琉/自/一)

按照闽语的可能式的四种形式,"会 VC"的否定形式应为"不会 VC",琉本的否定式与其差异却较大,这从另一个方面说明"会 V 得(O/C)"并不是闽语的可能式。

我们发现,琉本的可能式用"会 VC",其否定式为"不会 VC",前者出现了 54 次,后者出现了 25 次。否定式的例子如:

714b 不讲汪费在京里得志胡行。且说黄舆回去,一路上思量说:"看他好聪明,后来进士也还会中,怎么缠得中个举人,就骄傲起来,轻狂浮躁?后来定<u>不会成大事</u>,还怕有灾祸。"(琉/自/一)

2383b 下面又写一行说:"这对众人<u>不会对</u>,<u>会对</u>的人,外头来了。我神有事,要退去了。"(琉/寒/三)

716b 他家产业,原是淡薄,没有什么东西。又不肯钻凿银钱,遇着有为善好义的事情,反要费用些去,家里越发淡薄起来。科场走了三五次,又<u>不会中</u>。所望的,只想拔贡了,选个官做做,或者还有俸禄吃。(琉/自/一)

这一形式跟闽语的可能式之一"会 VC"及其否定式"不会 VC"是相同的。除了这种"会/不会"出现在动词之前的可能式外,闽语中还有一种以能性补语的形式出现的可能式。据陈泽平(2003:213),福州方言用"朆+趋向动词"构成否定式的可能补语,其相对的肯定式用"会"。即否定式为"V 朆 C",肯定式为"V 会 C"。如:

讲𣍐完（说不完）— 讲会完（说得完）
食𣍐裡（吃不下）— 食会裡（吃得下）

但我们对琉本进行的调查却不见有类似语序的可能式。而琉本中的"会VC"在下江官话和吴语、粤语的作品中也是常见的可能式。

（64）高翰林道："怎么不是两样！凡学道考得起的，是大场里再也<u>不会中</u>的；所以小弟未曾侥幸之先，只一心去揣摩大场，学道那里时常考个三等也罢了。"（《儒林外史》第四十九回）

（65）该个病阿<u>会</u>好嘎？（《海上花列传》第三十六回）
译文：这个病能好么？

（66）冇错，个的绳结，是必要打死结，唔系敢就落车之时<u>会敨开</u>。（《粤音指南》第三卷第十七章）
译文：没错，那种绳子扣儿，务必要打死结，不然下车时会散开。

可见，"会VC"也不是福州方言的区别性特征。

综合以上情况，可以看出，一些突出的福州方言的语法特点在琉本中没有出现，一些琉本中出现的语法特点又不仅对应于福州一地的方言语法特点，因此我们认为将琉本的语言称为"福州官话"是不合适的。但是我们也发现，琉本中确实存在一些福州官话的词汇特点。比如我们对濑户口律子列出的其他琉球官话课本中的福州方言成分进行了考察，发现琉本只出现了极少的一部分，其中只有"满"一项可称作清代福州方言的区别性特征。琉本的"满"出现了6例。如：

40b 又想："我是个男子汉，年年读书，三年一回科举，尚求不出几个真才来，何况闺中女子，又没有人教道，字又认不得，那里会做诗做文？古来所传，都是<u>满</u>讲的话，怎么认真去寻他做甚么？"（琉/风/一）

424b 尹荇烟把新郎偷眼<u>也</u>一看，见他的容貌脸色，真真可爱，心里头暗想说："我讲他<u>满</u>生得好，不过风流就是了。那里晓得他更好过我，叫我怎么样处呢？"（琉/风/三）

1624b 庄玉燕嘴里<u>满</u>依他，不下楼去，他就走离了楼窗口，一直走到墙外看不见的所在站着。（琉/终/一）

1628b 庄玉燕说："张妈妈<u>满</u>是闲话，若给丫头听见，传到老爷耳朵里去，大家不便！"（琉/终/一）

1863b 王鹤说："我的嘴从来是稳的，你<u>满</u>说不妨！"（琉/终/三）

2462b 孟小姐眼睛<u>满</u>瞎，心里是明白。这个什么打紧呢？你替我周

全,不要疑心,我断不做负心的人!如今就有生得十分标致的,我也不要了!(琉/寒/三)

啸本相应的句子为:

40a 又想:"我辈男子终年读书,三年一次科举,尚求不出几个真才来,况闺中女子,又无师友,孤闻寡见,那得能诗能文?古来所传,大都皆是好奇好事者为之耳,如何认真去寻求?"(啸/风/一)

424a 尹荇烟将新郎仔细一看,见他芙蓉两脸、柳叶双眉,满身光艳飞舞不定,心下暗想道:"我道他才人纵美,不过英挺风流,谁知柔媚芳香转胜于我,叫我何以为颜?"(啸/风/三)

1624a 庄玉燕虽依他不下楼,却走离了楼窗口,直走到墙外看不见的所在站着。(啸/终/一)

1628a 庄玉燕道:"张娘娘虽是闲话,倘被侍儿听见,传到老爷耳朵里,大家不便。"(啸/终/一)

1863a 王鹤道:"小弟从来口稳,兄但说不妨!"(啸/终/三)

2462a 孟小姐虽瞽于目,未瞽于心,有何害也?贤契须为我周旋勿疑,我决不做负心之辈!此时纵有宋子、齐姜,吾不愿与易也!(啸/寒/三)

可见,琉本的该用法不是来源于啸本。

陈泽平(1998:212)提到福州方言表示"不妨、姑且、随便"义的副词"罔",在福州人讲的普通话中常出现"按语音折合"而成的副词"满":

(67)没甚么好吃的,<u>满</u>吃一点。
译文:没什么好吃的,将就吃一点。

在与琉本同时代的其他方言作品中,没有查找到与"满"相同的用法,因此"满"可以视为福州方言的区别性特征。

此外,又如佐藤晴彦(1980:279)也提过的,琉本中的"一点久"的说法可能是受到福建语"一霎久仔"的影响。例如:

8b 一时身子懒起来,心中想道:"这时候还早,<u>睡一点久</u>,再写正也不迟。"(琉/风/一)

啸本原为:

8a 一时身子困倦起来,心中想道:"此时尚早,且<u>略睡片时</u>,再誊真未迟。"(啸/风/一)

可见，这种说法并不是来源于啸本，而在我们检索的其他方言材料中并未见到相似的用法，因此这一说法也可以视作福州方言的区别性特征。

**小结**

词汇系统属于语言系统中的表层，而语法系统则属于语言系统中的深层，在两种语言的接触中，一种语言特有的成分要进入另一种语言，词汇成分往往比语法成分容易得多。"满"就是属于词汇系统的迁移，而"一点久"虽然不是词，但是"一点"和"久"不能分开，因此是作为一个固定短语从福州方言移至琉本的语言中的，故而也可以看作一个词汇形式。琉本只是在某些词汇部分受到了福州方言的影响，在语法部分则不完全、也不仅仅对应于福州方言。

我们认为，琉本也和其他琉球官话课本一样受到福州方言的影响，但是并不能因此将琉本的语言归为福州的官话。这是因为，琉本当中的方言成分，能够称之为福州方言的区别性特征的极少，大部分的"福州方言"成分在其他方言（或官话）中都能找到相应的表现，如果依据材料中出现了某地的方言成分就说这种材料反映的是某地的官话，那么琉本既可能是"广州官话"，也可能是"苏州官话"。从以上语言的事实来看，将琉本的语言归为"福州官话"，仍有相当大的难度。

**附：琉本中的非福州方言区别性特征的方言成分**

《官话问答便语》、《学官话》、《白姓官话》中的"福州话成分"，在琉本中也出现的有《官话问答便语》的"礼数"（礼节）、"自家"（自己）、"面"（脸）、"拣选"（挑选）、"做节"（过节）、"到尾"（到最后）、"满"（随便）、"打门都不听见"（听不见）、"散去了"（散掉了）；《学官话》的"凭（由）你们罢"、"不好看相"；《白姓官话》的"月尾"（月底）、"做什么"（为什么、干什么）、"一堆"（一起）、"不会救得来"（救不活）、"着"（对）、"忘记去了"（忘记掉了）、"吃不去了"（吃不了）。这些琉本出现的"福州话成分"，其中又可以分为两类，第一类是啸本中原有的，第二类是啸本中原无的。

（一）啸本中原有的成分

1. "面"（脸）：琉本中表示"脸"义的"面"出现了 1 例。即：

979b 那人真个细细的把汪费看了一回说:"我看老先生,头圆面方,眉清眼秀,到也是个科甲出身。你声宏气壮,后来前程八抬有分。"(琉/自/二)

此例啸本为:

979a 那人真个细细将汪费看了一回道:"我看老先生头圆面方,眉清目秀,到也是科目出身,更兼声宏气壮,异日前程八座有分。"(啸/自/二)

因此琉本该用法继承自啸本,但"头圆面方"属于熟语一类,不一定代表琉本当时的实际语言情况。

琉本中与"面"同义的"脸"出现了18次。如:

1770b 掀开被,把身子钻进。喜得那个人也不相推,总是脸朝床里睡。(琉/终/二)

啸本相应的句子为:

1770a 忙掀开被,将身钻入,喜得那人并不推拒,只是面向里床而睡。(啸/终/二)

琉本将啸本中的"面"都改成了"脸",可见琉本该用法与啸本不同,与福州方言也不相同。

2."自家"(自己)

"自家"一词本章第一节已经详细讨论过,啸本中也出现了"自家",北京话直到19世纪末的《官话指南》中此词才消失,清代的吴、闽、客、粤等方言材料中也都有此词。因此,此词也不是福建话的区别性特征。

3."尾"(最后)

用"尾"表示"最后"的意思,琉本出现了1例:

468b 华岳把交杯的诗,细细的看。看到尾一句,大笑说:"他就疑你是个美人。这个女儿,不独他才高,这两个眼睛,真真认得东西!你替他结做姊妹也不差。"(琉/风/三)

此例在啸本中原作:

468a 华岳遂将合卺诗细看,看到尾一句,大笑道:"他就疑你是美人。此女不独才高,这双眼亦可谓俊慧矣!你与他结为姊妹不差。"(啸/风/三)

可见，琉本此例是继承自啸本的用法。

用"尾"表示最后，南方系作品《朱子语类》中出现得较多。如：

（68）撞着这事，以理断定，便小心尽力做到尾去。（《朱子语类》）

清代下江官话作品《儒林外史》中也出现了：

（69）因取过笔来，在卷子尾上点了一点，做个记认。（《儒林外史》第三回）

可见，用"尾"表示"最后"也不是福建话的区别性特征。

4. 载（装运）

琉本中出现了"载"。如：

1176b 过了年把，苏州桐油长起价来。他六百两银子桐油，就卖了一千多的银子，又思量要到芜湖，载那一半来卖。（琉/狭/一）

1177b 不想家人李贵，又生病去不得。要自家去，又怕来往劳苦，替傅星商量说："怎么得一个人去载来纔好？"（琉/狭/一）

1190b 再说，傅星别了李天造，一直到芜湖主人家，把书信付给，就说："苏州桐油价钱长了，前日载去的一半，卖了一千，如今要载去这一半。"（琉/狭/二）

1368b 再说，那李天造，当日托傅星到芜湖去载桐油，天天在行里望他。差不多一个月，并没有消息。（琉/狭/三）

在啸本中原为：

1176a 过了年余，忽然苏州桐油长了，六百两银子桐油，就卖了一千两有余，又思量到芜湖载那一半来卖。（啸/狭/一）

1177a 不期家人李贵生病去不得，欲自去，又怕往返跋涉，因与傅星商量道："怎得个人去载来方好？"（啸/狭/一）

1190a 却说傅星别了李天造，一径到芜湖主人家，将书信付与，就说知苏州桐油长了，前日载去的一半卖了一千，而今要载去这一半之意。（啸/狭/二）

1368a 却说李天造自托傅星到芜湖去载桐油，终日在行中盼望，将及一月，并无消息。（啸/狭/三）

可见琉本的"载"来源于啸本。值得注意的是下面的句子：

1039a 因得生意连年遂心，又在湖南各处买了许多桐油，到芜湖去卖，自家因顺便要到家看看，就将载货的大船，叫家人李贵押了先行，

他领儿子到家料理了一两日，也就雇了一只船沿途赶来。（啸/狭/一）

1039b 做生意连年都有利息，又在湖南各处，买了好多桐油，到芜湖去卖。自家就顺便，要到家里看看，就把装货的大船，叫家人李贵押着先走。他带儿子到家，料理了一两天，也就雇了一只船，沿路赶来。（琉/狭/一）

啸本原用"载"，而琉本改成了"装"。

事实上，用"载"表示"装运"的意思，从古已然，18世纪中叶的《儒林外史》中也有这样的用法：

(70) 叫了一只凉篷船，<u>载</u>了行李一路荡到汉西门。（《儒林外史》第三十五回）

可见"载"也不是福州话的区别性特征。

5. 挨（拖延）

琉本出现了表示"拖延"的"挨"。如：

1744b 花素英<u>挨</u>到傍晚，假说头疼，身子不耐烦，要先回去。（琉/终/二）

1606b <u>挨</u>到上午过，又寻了些奇巧的珠花、翠花，走到庄家来。庄奶奶正在那里睡，走到庄小姐房里来。原来庄临的女儿，他妈生他的时候，梦见玉燕投怀，取名叫做玉燕。（琉/终/一）

啸本原作"捱"：

1744a 花素英<u>捱</u>到傍晚，诈说头痛，身子不耐烦，要先回去。（啸/终/二）

1606a <u>捱</u>到午后，又寻了些奇巧珠翠，走到庄家来。此时庄奶奶正午睡，遂走到庄小姐房里来。原来庄临的女儿，母亲生他时，曾梦玉燕投怀，遂取名叫做玉燕。（啸/终/一）

现代汉语普通话的读音中，"挨"、"捱"相同，琉本的"挨"是否来源于啸本的"捱"？我们的调查发现，与啸本年代相近的《醒世恒言》中表示"拖延"的意思正是用"捱"：

(71) 司户原教他躲过，<u>捱</u>至夜深人静，悄地教家人引他过船，连丫鬟不容一个见面。（《醒世恒言》第二十九卷）

因此，琉本的"挨"很有可能也是来源于啸本的"捱"。即使琉本的"挨"不是继承自啸本，也不能说明这种用法受到福州方言的影响。在同时期的其他语言材料中也有相似的用法，如《儒林外史》中表示"拖延"也用"挨"。如下例：

（72）挨到黄昏时候，老太太奄奄一息，归天去了，合家忙了一夜。（《儒林外史》第四回）

《红楼梦》中也有类似的用法。如：

（73）至次日见了鸳鸯，自是脸上一红一白，百般过不去。心内怀着鬼胎，茶饭无心，起坐恍惚。挨了两日，竟不听见有动静，方略放下了心。（《红》第八回）

可见，"挨"表示"拖延"也不是福州话的区别性特征。

6. 加你（多给你）

琉本中出现了"加你"表示"多给你"的用法1例：

961b 那人说："好好装载，果然不够，我再加你几钱，也是小事。"（琉/自/二）

啸本中原为：

961a 那人道："好好装载，倘果然不足，我再加你几钱也是小事！"（啸/自/二）

可见该用法是继承自啸本的。与琉本同时期的《儒林外史》中虽然没有相关用法，但是较早的《二刻拍案惊奇》和较后的《二十年目睹之怪现状》都有这种用法：

（74）昨闻你买薛倩身价止得钱七十千，今加你价三十千，共一百道，你可领着。（《二刻拍案惊奇》）

（75）你领着走罢，加你点马钱就是了。（《二十年目睹之怪现状》）

可见，该用法也不是福州话的区别性特征。

（二）啸本中原无的成分

7. "礼数"（礼节）

"礼数"在琉本中出现了2例：

2443b 就照常行先生学生的礼数。（琉/寒/三）

399b 华岳想了一会，没奈他何，只得进里头去，替女儿商议说："事情有九分妥了，还少一个人去亲迎。这个女儿，定要行这个礼数。如今紧急，又没有一个人替得，怎生是好？"（琉/风/三）

啸本中原为：

2443a 因照常以师生礼相见。（啸/寒/三）

399a 华岳想了半晌，无计可施，只得进内与女儿商议道："事已九分妥了，只少一人亲迎。此女又坚执要行此事，急忙中又无一人可代，为之奈何？"（啸/风/三）

可见琉本该用法并不来源于啸本。

据郭芹纳（2000：244）："'礼数'一词可溯及唐代，如杜甫《严兮仲夏枉驾草堂》：'非关使者征求急，自识将军礼数宽'。此后，亦多见于北方话中。"并列出了《元曲选》、《金瓶梅》、《红楼梦》的例子。

据我们的调查，"礼数"最早当出自六朝，《三国志》裴注中有：

（76）虚国竭禄，远命上卿，宠授极位，震动南土，备尽礼数。（《三国志》裴注）

之后的例子都没有太明显的地域差异，明清的例子中，下江官话系的《西游记》、《初刻拍案惊奇》、《醒世恒言》和北京官话系的《红楼梦》、《儿女英雄传》等都有"礼数"一词。因此，此词并不是福建话的区别性特征。

8. 拣选（挑选）

琉本有"拣选"一词，出现了 1 例：

65b 原来华岳口里不说，心里却也暗暗拣选女婿。（琉/风/一）

啸本中原为：

65a 原来华岳虽绝口不向人言，然心下却也暗暗择婿。（啸/风/一）

可见琉本的该用法并不来源于啸本。

在我们所检索的作品中，"拣选"成为一个词也是在六朝：

（77）泰山郡界广远，旧多轻悍，权时之宜，可分五县为嬴郡，拣选清廉以为守将。（《三国志》裴注）

（78）传非其人，戒在天罚，先师不敢以轻行授人，须人求之至勤者，犹当拣选至精者乃教之，况乎不好不求，求之不笃者，安可炫其沽以告之哉？（《抱朴子》）

下江官话系的作品《儒林外史》等和北方官话系的《儿女英雄传》等也都出现了"拣选"，下各举一例：

（79）特本请旨，于部属内拣选一员。（《儒林外史》第八回）

(80) 接着吏、兵等部有两次奏派验看拣选的差使，也都派得有他。(《儿女英雄传》第四十回)

从方言的角度来说，"拣选"也不独为福建话所独有，清代的粤语教材《粤语全书》中，也出现了"拣选"：

(81) 呢两样都係好睇，听拣选样喇。(《粤语全书》第四十一课)
译文：这两样都好看，随便选一种了。

可见，"拣选"也不是能够将福建话与其他方言区分开来的区别性特征。

9. "做节"（过节）

琉本中没有出现"做节"一词，但出现了"做六十岁"的说法：

42b 一日，吕柯的座师华岳大生日，做六十岁。众门生大家做些锦帐、围屏、寿文来拜寿。(琉/风/一)

啸本中原为：

42a 一日，吕柯的座师华岳六十岁，众门生俱制锦屏、寿文来祝。(啸/风/一)

可见该说法不是来源于啸本。

"做六十岁"为"做六十岁大生日"的省略，"做生日"和"做节"，现代汉语普通话作"过生日"、"过节"。在我们检索到的例子中，元代的话本小说《白娘子永镇雷峰塔》中已经出现了"做生日"这一说法：

(82) 李员外原来假做生日，其心不善。(《白娘子永镇雷峰塔》)

之后在明清的下江官话系作品《初刻拍案惊奇》、《儒林外史》等和北方官话作品《醒世姻缘传》、《红楼梦》等都出现了这一用法：

(83) 那鸨儿又有做生日、打差买物事、替还债许多科分出来。(《初刻拍案惊奇》第二十二卷)

(84) 想起来，道："是那年门下父亲在日，他家接过我的戏，去与老太太做生日。(《儒林外史》第三十一回)

(85) 又说那个陈骅，初九日上城去与他丈人做生日，媳妇也同了他去。(《醒世姻缘传》第二十九回)

(86) 初二是凤丫头的生日，上两年我原早想替他做生日，偏到跟前有大事，就混过去了。(《红》第四十三回)

可见，"做生日"也不是福建话的区别性特征。

10. 早起（早上）

琉本出现了"早起"10 例。如：

832b 家人答应说："我们是上京会试的相公，因大路上给水淹了，我打这一条小路来，赶不到歇店，要借你们这里住一夜，明日<u>早起</u>就走。"（琉/自/二）

1940b 家人到第二天<u>早起</u>又去，等了半天，并没有踪影，问隔壁邻居，都说他昨日搬了些东西，想是走了。（琉/终/四）

261b 果然第二日<u>早起</u>，挑花进城去，就先走到吕柯衙门来，恰好门口撞见司马玄，说道："相公原来不老实！怎么把假的扇子来骗我？又叫我受了尹姑娘一肚的臭气。"（琉/风/二）

啸本对应的句子为：

832a 家人答道："我们是上京会试的春元相公，因大路上水淹了，转路来，赶不到宿店，要借你们这里住一夜，明<u>早</u>就行。"（啸/自/二）

1940a 家人次<u>早</u>又去，守候了半日，并无踪影，问邻舍人家，都说："昨日搬了些东西，想是走了。"（啸/终/四）

261a 果然次<u>早</u>挑花进城，就先走到吕衙来，恰好门前撞见司马玄，因说道："相公原来不老实！怎么将假扇来骗我？又叫我受了尹姑娘一肚皮气。"（啸/风/二）

可见琉本的用法不是来源于啸本。据郭芹纳（2000：243）："'早起'在元明以来的北方话（以至吴语等）中使用甚广，因而，我们在《元曲选》、《水浒传》、《金瓶梅》、《醒世姻缘传》、《三言》、《二拍》、《三遂平妖传》、《英烈传》、《红楼梦》、《三侠五义》等书以及现代作家的作品中皆可以发现许多用例。"因此"早起"也不是福州话的区别性特征。

11. 凭（由）你们罢

琉本表示"由"义的"凭"共出现了 10 次。如：

2167b 原来商府这书馆甚大，商尚书请了三个饱学的秀才做，凡是商家子侄，愿读书的，都<u>凭</u>他来读。（琉/寒/一）

2179b 你资质狠高，文才狠好。你的学力，还有不到处，少欠指点，你要细细讲究一番，后来自然会成大器。千万不可<u>凭</u>你自家的性子，不肯虚心求人，就可惜你了。（琉/寒/一）

在啸本中作"任":

2167a 原来商府这书馆甚大,商尚书曾请了三个饱学秀才做,凡是商门子侄愿读书的,都任他来读。(啸/寒/一)

2179a 你资性尽高、才情尽妙,但学力有不到处,尚欠指点,你须细细讲究一番,异日自成大器。万万不可任自家方性,而不虚心求益,便可惜自弃了。(啸/寒/一)

可见,琉本的"凭"不是直接来源于啸本,但也不能因此判定是琉本在改写时受到福州方言的影响而产生的。在与琉本同时期的《儒林外史》、《红楼梦》中,也有相似的用法:

(87) 牛浦道:"凭你向那个说去!还是坐着同老爷打躬作揖的好,还是捧茶给老爷吃,走错路,惹老爷笑的好?"(《儒林外史》第二十二回)

(88) 那贾敬闻得长孙媳死了,因自为早晚就要飞升,如何肯又回家染了红尘,将前功尽弃呢,因此并不在意,只凭贾珍料理。(《红》第十三回)

可见,"凭"表示"由"也不是福州话的区别性特征。

12. 不好看相

琉本中出现了"不好看相"2例。如:

16b 功名得失,都是天命分定的。只可恨现成的亲事,白白给别人抢去,未免不好看相,所以叹气,惊动长兄,得罪得狠!(琉/风/一)

574b 华岳看了,称赞不歇,心里头想说:"我一时高兴,倚着尹荇烟有才,指望和一首好诗,压倒司马玄。那里晓得司马玄才高这样的,尹荇烟怎么会和得呢?若是和韵不好,到是自家不好看相。"(琉/风/四)

啸本中原作:

16a 功名得失,丈夫原不当介意,只可恨已成的亲事,止争此一着,便被得志小人夺去,未免为终身之玷。所以呫呫为不平之鸣,惊动长兄,殊为有罪!(啸/风/一)

574a 华岳看了,称赞不已。心下想道:"我一时高兴,倚着荇烟有才,指望和一妙诗压倒司马玄,谁知司马玄才高若此,却教荇烟如何又能出奇?倘和韵不佳,未免倒自取其笑。"(啸/风/四)

可见这两例都不是来源于啸本。

下江官话系作品中"不好看相"的说法并不少见。如:

(89) 这早晚天愁地暗,众天将只在目下降坛,你若是输了,佛门也<u>不好看相</u>。(《三宝太监西洋记》第十三回)

(90) 相公也替你出赏,钱大王也注了一千贯,你却不肯时,大尹知道,却<u>不好看相</u>。(《喻世明言》第三十六卷)

(91) 一时便哄过了,后来知道,你我都<u>不好看相</u>。(《醒世恒言》第七卷)

(92) 虽然冲撞了老爷,若是处了他,恐娄府知道,<u>不好看相</u>。(《儒林外史》第十二回)

北方官话作品《醒世姻缘传》中也出现了不少例子:

(93) 且是许多亲戚都在城里,万一里面的是个熟人,<u>不好看相</u>。(《醒世姻缘传》第三十七回)

吴语中也有"勿好看相"这一说法:

(94) 姚奶奶到该搭来,季莼兄面浪好像<u>勿好看相</u>。(《海上花列传》第二十三回)

译文:姚奶奶到这个地方来,季莼兄面子上好像不大好看吧。

可见,"不好看相"也不是福州话的区别性特征。

13. 做什么(为什么、干什么)

琉本中"做什么"有相当多的例子:

1140b 一个大的人,替他分辨说:"你不见了银子,替我何干?骂我<u>做什么</u>?"(琉/狭/一)

1166b 傅星说:"令郎<u>做什么</u>死了?"(琉/狭/一)

1257b 知县说:"你既不是万家丫头,<u>做什么</u>在万家呢?"(琉/狭/二)

啸本中原为:

1140a 一个老成人分辨道:"你不见了银子,与我何干,却冤我做贼?"(啸/狭/一)

1166a 傅星道:"令郎<u>因何</u>身故?"(啸/狭/一)

1257a 知县道:"你既不是万衙丫鬟,<u>为何</u>却在万衙?"(啸/狭/二)

可见琉本的"做什么"不是继承自啸本。

但同时期的作品中,"做什么"表示"为什么、干什么"的例子也极多。如:

(95) 四相公,你身子又结结实实的,只管换这些人参、黄连做什

么?(《儒林外史》第九回)

(96) 你又做什么跑来!虽说太阳落下去,那地上的余气未散,走两趟又要受了暑。(《红》第三十四回)

(97) 这个老命还要他做什么!(《红》第七十四回)

吴语的"做啥"(做什么)也有"为什么、干什么"之意:

(98) 姐夫做啥搭我磕个头?(《海上花列传》第八回)

译文:姐夫为什么给我磕头啊?

(99) 巴结俚做啥?(《海上花列传》第八回)

译文:巴结他干什么?

粤语的"做乜(野)"(做什么)也有表示"为什么、干什么"之意:

(100) 做乜你做呢啲野呢?(《粤语全书》第一课)

译文:你为什么做这些东西呢?

(101) 你要水嚟做乜野呢?(《粤语全书》第四课)

译文:你要水干什么?

可见,"做什么"表示"为什么、干什么"也不是福州话的区别性特征。

14. 一堆(一起)

琉本中出现了表示"一起"的"一堆"8例,如:

697b 没有多久,同乡的亲戚朋友,在京里头住的,都来贺喜,热闹做一堆。(琉/自/一)

1381b 如今大王何不再显威灵,登时把船翻了,把我尸首,替我儿子一起埋在鱼肚?我的魂魄,替我儿子做一堆,也强如在世上受这样孤独的苦!(琉/狭/三)

1752b 两只船拢一堆,张媒婆忙忙扶了花小姐过来。两个贴身丫头,也同过去。(琉/终/二)

1107b 大家乱做一堆,看见岸上一个中年的妇人,走来洗衣服。那捞鱼的人看见,认得是季寡妇,都叫说……(琉/狭/一)

638b 在京做官几年,纔搬家眷回乡,替娘老子一堆,传做千古佳人才子的好事,风流的配合。(琉/凤/四)

628b 吕柯笑说:"你不要怪我说,你明日两个美人做一堆,只怕你还要享尽你的福呢!"(琉/凤/四)

305b 尹家老头子听见吕老爷来拜,要替司马玄解元定亲,忙做一

堆。忙忙走来，替女儿说道："这是那里说起？吕翰林老爷到我家，如今怎么样的呢？"（琉/风/二）

117b 吕柯说："妹子的好诗，就是古人也没有。司马（兄）的好诗，在于今也没有。大家收在一堆，岂不两（双？）全？"（琉/风/一）

啸本中原作：

697a 不多时，同乡亲友在京中居住的俱来贺喜，热闹做一堆。（啸/自/一）

1381a 大王何不再显威灵，登时覆没江中？使我骸骨得与亡儿同埋鱼腹，魂魄得与亡儿共逐波涛也！强如在人世上受此孤独之苦！（啸/狭/三）

1752a 两船相并，张媒婆忙扶了花小姐过来，两个贴身丫环也带了过去。（啸/终/二）

1107a 正乱做一团，忽江岸上一个中年妇人走来洗衣服，众渔人看见，认得是季寡妇，都叫道……（啸/狭/一）

638a 在京为官数年，方携二美还乡，与父母完聚。可谓千古佳人才子风流配合矣！（啸/风/四）

628a 吕柯笑道："仁兄莫怪小弟犯讳，小弟代仁兄再续一语，异日铜雀春深、二乔相并，只怕还要享尽司马玄之福！"（啸/风/四）

305a 尹老官忽听得吕老爷来拜，要替司马解元定亲，慌做一团，忙忙走来与女儿说知道："这是那里说起？吕翰林老爷到我家，却怎生区处？"（啸/风/二）

117a 吕柯道："师妹佳章，非于古名媛中相求，固不可易得；而司马玄美才迥出时流，亦自不减！老师一置掌中，一收门下，可谓双美矣！"（啸/风/一）

琉本的"一堆"虽然大都不是来源自啸本，但值得注意的是，例697啸本亦作"一堆"。此外，与啸本同时期的《醒世恒言》中表示"一起"的"一堆"也出现了多例：

（102）遂相抱做一堆，痛哭不已。（《醒世恒言》第二卷）

（103）众人见了，都慌做一堆，也不去细认，俱面面相觑，急把材盖掩好。（《醒世恒言》第十五卷）

可见，表示"一起"的"一堆"也不是福州话的区别性特征。

15. 着（对）

琉本中出现了6例表示"对"的"着"：

1005b 汪费晓得自家不着，跪在地下，不敢扒起。（琉/自/二）

2050b 我一个官家闺女，从小许嫁给你。谁知道你坏心肠，叫张媒婆换名改姓引诱我，到是天有眼，没有失身给别人。今日既娶了来，一夜夫妻百夜恩，就有些不着，也该念两番情分，为我包涵。（琉/终/四）

597b 华岳说："探花所说，聘而不娶，要先等小女完亲之后。这是探花一片的好心，这是我不着了！说那尹苻烟，探花晓得他的下落么？"（琉/风/四）

670b 黄舆教道他说："那一句不切题目，那一字不着，故此前日学道不取你。"（琉/自/一）

1275b 知县说："这个是他不着。你老子少他的银子，也没有个白白断你回去的道理。"（琉/狭/二）

2038b 他不怪自家做事不着，反怪到小妇人身上，告到老爷台下。（琉/终/四）

在啸本中原为：

1005a 汪费情知理亏，就在地下不敢扒起。（啸/自/二）

2050a 我一个官家宦女，自小儿许嫁与你，以为终身之托，谁知你坏心肠，叫张媒婆移名改姓引诱我，到是天有眼，不曾失身别人。今日既聚了，你一夜夫妻百夜恩，就有些差池，也该念两番情分，为我包涵。（啸/终/四）

597a 华岳道："探花所说聘而不娶，欲先待小女完姻，这是探花一片好心，而学生误认之罪也！学生之罪，容当再请。且说尹苻烟，探花曾知踪迹否？"（啸/风/四）

670a 黄舆因指点他道："某句不切题，某字不合法，所以前日宗师不取。"（啸/自/一）

1275a 知县道："准折他固不该，然既少他银子，也没有白白断回之理。"（啸/狭/二）

2038a 他不怪自家作事差池，转怪到小妇人身上，故激恼到老爷台下。（啸/终/四）

可见，琉本表示"对"的"着"不是来源于啸本。但是我们发现，同时期的粤语课本中也有"着"表示"对"的用法。如：

（104）佢讲呢啲说话着唔着呢？　好唔着咯。　你讲得着。

译文：他说这些话对不对呢？　很是不对呀。　你说得对。（《粤语全书》第十二课）

而今日粤语之阳江话、客语之梅县话、闽语之厦门、潮州话，表示"对"都用"着"（《汉语方言词汇》：515），可见，"着"表示"对"也很难视作福州话的区别性特征。

## 第四节 《人中画》琉球写本与"北方官话"

本章第二节开头提到，就语法特点而言，琉本的"官话"性质如果为南京官话，则其仅对应于南京官话/下江官话/江淮官话的语法特点；如果为福建官话，则其仅对应于福建方言的语法特点；如果为以北京官话为代表的北方官话，则其与北方官话语料的语法特点不存在差异或差异很小；如果为南方官话，则其与北方官话语料的语法特点存在一系列的差异，而应与南方方言的整体语法特点有着一系列的对应。而以上我们对琉本的考察发现，琉本与南京官话、福州官话的性质都不完全对应。为此我们选取琉本与同时期的北方官话作品《老乞大新释》（简称《新》）和《重刊老乞大》（简称《重》）[①]（总称"老本"）进行一系列的语法对比，同时考察相关语法项在方言中的表现情况。因为老本的字数不多，因此在必要时引入《红》庚辰本参与讨论。

### 一、代词：第一人称复数包括式与排除式

在现代汉语普通话中，第一人称复数有两个形式：我们（排除式）和咱们、咱（包括式）。但琉本中无"咱们、咱"，"我们"有两种语法意义：

（一）排除式。如：

168b 老头子说："<u>我们</u>住的那地方，叫做红菟村。出城外南边走去，有十七八里路。那里山水，都生得清秀，十分有趣。"（琉/风/二）

此句对话，双方为老头子与司马玄，"我们"指老头子等人，不包括司马玄，因此"我们"是排除式。

（二）包括式。如：

2468b 商尚书叹气说："我儿做人，真是古人行事，<u>我们</u>不如他！曹受他托来，要去孟家说纔好。"（琉/寒/三）

---

[①] 《新》和《重》两个版本的刊行年代分别为1761年和1795年（李泰洙，2003：1）。

此句对话双方为商尚书与曹先生,"我们"包括对话双方,是包括式。也即是说,在琉本中第一人称复数并无包括式与排除式的对立,两者都可用"我们"表示。而老本第一人称复数有"咱们"与"我们"两种形式,"咱们"出现158次,都是包括式,"我们"出现95次,都是排除式。例如:

(105) 咱们先拌些草,马吃一会再去饮水。(《重》)
(106) 你却是朝鲜人,怎么能说我们的官话呢?(《新》)

可见,老本中包括式与排除式之间的对立是严格的。据刘一之(1988:110),北方方言12世纪初就产生了包括式和排除式的对立,老本与北方方言的情况一致。《红》也存在这种对立①,如:

(107) 原来是他家。若论起来,寒族人丁却不少,自东汉贾复以来,支派繁盛,各省皆有,谁逐细考查得来?若论荣国一支,却是同谱。但他那等荣耀,我们不便去攀扯,至今故越发生疏难认了。(《红》第二回)(说话者:贾雨村;听话者:冷子兴)

(108) 何必如此招摇!咱们这一进京,原该先拜望亲友,或是在你舅舅家,或是你姨爹家。他两家的房舍极是便宜的,咱们先能着住下,再慢慢的着人去收拾,岂不消停些。(《红》第四回)(说话者:薛姨妈;听话者:薛蟠)

琉本没有"咱们、咱",不区分包括式和排除式,这与清代大多数南方方言吴、粤、客的一般情况是一致的。如:

---

① 总的来说,《红》的"我们"出现的次数比"咱们"多得多,在人物对话中前者出现了820次,后者只出现了394例,这是因为《红》中的一部分"我们"也用作包括式,此外还用"你我"来表示包括对话双方(共出现35次)。如与例(106)同发生在贾雨村与冷子兴之间的对话:

天也晚了,仔细关了城。我们慢慢的进城再谈,未为不可。(《红》第二回)(说话者:贾雨村;听话者:冷子兴)

可知我前言不谬。你我方纔所说的这几个人,都只怕是那正邪两赋而来一路之人,未可知也。(《红》第二回)(说话者:贾雨村;听话者:冷子兴)

但这并不代表《红》中不存在排除式和包括式的对立,正如吕叔湘(1985:65)所说的在北方系官话里,稍稍读书的人也往往认为"咱们"太俗,用"我们"来代替。用"我们"或"你我"来表示包括式,都是《红》的说话人为了因应自己的身份和说话当时的场合而使用的一种语用手段。

## 第四章 《人中画》琉球写本的地理坐标

吴语：

（109）耶稣到之屋里，门徒暗暗能问俚说："伲为啥勿能赶脱俚？"（《马可福音·苏州土白》第九章）

（110）约翰对俚说："伲看见一个勿跟伲个人，用倷个名字赶脱鬼。"（《马可福音·苏州土白》第九章）

粤语：

（111）耶稣入屋门生静静问佢话："我哋做乜唔赶得佢出呢？"（《马可福音·广东话》第九章）

（112）约翰对耶稣话："老师我哋见一个人，托你名嚟赶鬼。"（《马可福音·广东话》第九章）

客语：

（113）耶稣入去屋，门生自家子就问佢话："我等①为何不能赶得佢出？"（《马可福音·客话》第九章）

（114）约翰对耶稣话："我等看倒有人托尔名来赶鬼。"（《马可福音·客话》第九章）

这三种方言都译作：

耶稣进了屋子，门徒暗暗问他说："为什么我们不能赶它呢？"
约翰对耶稣说："我们看见一个人奉你的名赶鬼。"

第一句为包括式，义同"咱们"，第二句为排除式，义同"我们"。这三种圣经的"伲"、"我哋"、"我等"都是同一个词表达两种意义，而福州话圣经却用"我"和"我各人"来分别表示两种意义。

闽语：

（115）耶稣一入厝，门生偷得問伊："将其我伙毛担当逐者鬼呢？"（《马可福音·福州土白》第九章）

（116）约翰共耶稣讲："我各伙看见一只伙托汝其名逐鬼。"（《马可福音·福州土白》第九章）

---

① "我等"，其他同时期的客语材料又记作"吾等"、"厓等"、"偓哎"，据《客话新旧约全书》（British and Foreign Bible Society, shanghai, 1931, Hakka Bible Ed：2635）首页的《客话音表》："我音雅；吾音厓；等音兜"，可知当时的客语材料的书写系统不太统一，既有表音的"雅、厓、兜"，又有表义的"我、吾、等"。另补充客语课本《启蒙浅学》"偓哎"的材料：偓哎冇乜个罪过（译文：我们有什么罪过）。

在南方方言中，只有闽语（以及少数吴语）是区分包括式和排除式的（详见本章第一节的讨论）。我们认为，正因为琉本反映的不是"福州官话"，因此琉本中的语法特点不完全对应于福州一地方言语法的特点，而是对应于南方方言的整体语法特点。

## 二、动词—介词：给予、使役与被动标志

琉本的使役与被动的标志都用给予动词"给"来承担。如：

179b 李老爷起身回去的时候，那带不去的书籍、文章、古董、玩器，都<u>给</u>了尹姑娘。（琉/凤/二）

1299b 这女子性子烈火一样，日后倘有差池，就是你家老爷，也有不便。不如<u>给</u>他老子领去。（琉/狭/二）

196b 尹荇烟说："扇子打吊，不值什么。只是有我写的诗句在上头，恐怕<u>给</u>那俗人拣去，就可惜了。"（琉/凤/二）

而老本的"给"没有表使役和被动的用法，通表使役义和被动义老本主要用"教"和"叫"：

（117）咱们都去了么，这房子<u>教</u>谁看守着呢？且留一个看房子，着两个拉马去罢。怕甚么事！这店门都关上了，还怕有谁进来？（《新》）

（118）也罢。客人们且在车房里收拾，我<u>叫</u>孩子们做些粥来与你们吃罢。（《重》）

（119）到那里，<u>教</u>那弹弦子的谎精们捉弄着，假意叫几声"舍人公子"，便开手赏赐罢。（《新》）

（120）马粪拾在筐子里头，收进来，不要<u>教</u>别人拿了去。（《新》）

汉语南方四大方言吴、闽、粤、客都用表给予义的词兼表使役义和被动义（李炜、濑户口律子，2007：146）。比如苏州话用"拨（拨来）"，福州话用"乞"，广州话用"畀（俾）"，梅县话用"分（奔、俾）"。下面举出各方言的相关用法。

吴语：

（121）耶稣就严紧叮嘱俚笃勿要<u>拨</u>别人晓得俚。（《马可福音·苏州土白》第三章）

译文：耶稣就严肃叮嘱他，不要扬传让别人知道他。

（122）链条<u>拨</u>俚断脱，脚镣手拷也<u>拨</u>俚坏脱。（《马可福音·苏州土白》第五章）

译文：铁链被他挣断，脚镣手铐也被他折断。

闽语：

（123）耶稣迫切吩咐伊，莫扬传乞仅晓的。（《马可福音·福州土白》第三章）

译文：耶稣严肃吩咐他，不要扬传让人知道。

（124）铁链就乞伊作断，胶手靠也乞伊挒折。（《马可福音·福州土白》第五章）

译文：铁链被他挣断，脚镣手铐也被他折断。

粤语：

（125）俾我睇你嗰部书。（《粤语全书》第二课）

译文：让我看你那本书。

（126）你喺处睇住野，唔好俾人拧去呀。（《粤语全书》第七课）

译文：你在这儿看住东西，不要被别人拿走啊。

客语：

（127）俾个唥人看开，就自家放起。（《启蒙浅学》第二百二十七课）

译文：让那些人看了之后，就自己收起。

（128）系咁样就唔使求人问，也唔使俾人欺负。（《启蒙浅学》第九十六课）

译文：是这样就不用求人问，也不用被人欺负。

琉本的"给"与"拨、乞、畀、俾"等在功能分布上是一致的，对应于南方方言的整体特点。

现代汉语普通话中，"给"还有引进与事的功能，包括：A. 在给予句中引进受物者；B. 引进受益者（还包括引进受害者和表主观意志义两类）；C. 引进与动作行为相关的物件等（李炜、李丹丹，2006）。这种"给"，琉本中没有出现，老本中出现了3例，《红》中出现了213例。

（一）在给予句中引进受物者的"给"，老本出现1例，《红》出现5例。如：

（129）他不能来吃饭，怎么好？我们吃完了，给他带些去。（《新》）

（130）惟有林黛玉看见他家乡之物，反自触物伤情，想起父母双亡，又无兄弟，寄居亲戚家中，那里有人也给我带些土物？想到这里，不觉的又伤起心来了。（《红》第六十七回）

琉本没有出现这种"给"。

（二）引进受益者表服务义的"给"，老本出现2例，《红》出现108例。如：

（131）有碗给一个，就盛出一碗饭来，带与那个火伴吃。且随他们吃着。家里还有饭，吃完了再给他带去。(《新》)

（132）于是家下媳妇们捧过大迎枕来，一面给秦氏拉着袖口，露出脉来。(《红》第十回)

琉本没有出现这种"给"。

再来看看与表服务义的"给"密切相关的引进受害者和表主观意志义的"给"在琉本中的表现。

1. 引进受害者的"给"，《红》出现3例。如：

（133）我不看你刚纔还有点怕惧儿，不敢撒谎，我把你的腿不给你砸折了呢。(《红》第六十七回)

这类"给"琉本也没有出现。

2. 表主观意志义的"给"，《红》中出现2例。如：

（134）你快不给我进来。(《红》第四十回)

这类"给"琉本也没有出现。

3. 引进与动作行为相关的物件的"给"，《红》中出现39例①。如：

（135）他再略好些，还要给老祖宗磕头请安来呢。(《红》第十一回)

这类"给"琉本也没有出现。

琉本没有出现做与事介词的"给"，而老本与《红》出现的与事介词"给"占三种材料中全部"给"(《红》667例，《新》34例，《重》38例）的29%，也就是说做与事介词是老本与《红》的"给"的主要功能。

### 三、介词—连词：与事介词与连词

琉本引进与事的介词不用"给"而用"替"。

（一）在给予句中引进受物者的"替"，出现6例。如：

1654b 花太太说："素英小姐，我前日带他到虎丘看菊花，在船上，

---

① 1、2、3的"给"的用法，老本中都没有出现，这可能与老本的字数较少有关，也可能与当时东北官话"给"的这些用法尚未完全出现或发展起来，但总之，"给"充当与事介词的用法，是老本与《红》所共有的，也是老本与琉本所不同的。

不知道给帘子挂吊,又不知道(是)头梳松了,把一枝珠花不见了。如今没有一对,叫你替我寻一枝,你去房里头见他。"(琉/终/二)

(二)引进受益者表服务义的"替",出现94例。如:

56b 说完了,又拿起那首诗来仔细看,"前头六句,做得狠好,后头两句,做得更好,都是女儿爱惜娘老子的意思。不是聪明伶俐的人,也不会做出来。你要替我细细查访缠好!"(琉/风/一)

1. 引进受害者的"替",出现1例。如:

1666b 素英说:"这头亲事,爹爹原替我做错了!我听见他不学好,整日在外头,不是嫖,就是缠人家的女人,你提他做什么?"(琉/终/二)

2. 表主观意志义的"替",出现1例。如:

2013b 县官说:"要学绣是个好事,怎么不好说?若不好说,定有暧昧的情了,替我捞起来!若有半字胡说,我活活捞死你!"(琉/终/四)

(三)引进与动作行为相关的物件的"替",出现106例。如:

775b 黄舆就替老人家拱拱手,辞了出来。(琉/自/一)

上文提到,《红》与老本的这些意义是由与事介词"给"承担的。也即是说,琉本的介词"替"相当于《红》与老本的介词"给"。此外,琉本的介词"替"还具有《红》与老本的介词"给"所没有的功能。

(四)引出动作的另一施动者,出现138例。如:

96b 小姐看了一会,心里头暗暗想说:"我这一首寿诗,没有人比得。不想西蜀这个人,会做这个好诗。明明步我的韵脚,替我相争,真真可爱!"(琉/风/一)

(五)引出比较的对象,出现16例。如:

240b 老头子出去,司马玄忙忙拿了一把白纸扇,替原扇子差不多一样,就依他的原韵,题了一首诗,写在上头。(琉/风/二)

(六)表示与某物有无关系,出现16例。如:

1140b 一个大的人,替他分辨说:"你不见了银子,替我何干?骂我做什么?"(琉/狭/一)

这三种意义在北方官话中用不同的形式来承担，引出动作的另一施动者，老本用"同"、"和"①。如：

（136）你都能懂得了懂不得呢？每日<u>同</u>汉学生们一处学习来，所以略略的会得。（《新》）

（137）既这么，明日就往店里寻你去，一发<u>和</u>你亲眷们一同喝一两杯。（《重》）

引出比较的对象用"比"、"与"、"同"。如：

（138）却知道布价的高低么？布价<u>比</u>往年的价钱差不多。（《新》）

（139）似这等看起来，<u>与</u>我当年在京里时，价钱都是一样。（《重》）

（140）马的价钱<u>与</u>布的价钱<u>同</u>往常一样，人参价钱近来十分好。（《新》）

老本中可能因为字数较少，没有出现表示与某物有无关系的例子。这种意义《红》用"与"表示：

（141）我作践坏了身子，我死，<u>与</u>你何干！（《红》第二十回）

琉本的"替"还可以做连词，出现了68例。如：

516b 司马玄黄昏无事，在"浣古轩"里头<u>替</u>"无梦阁"上，细细寻他那些诗词歌赋，就是一花一草，片纸只字，没有一件不好处。（琉/风/三）

而老本做连词主要用"和、与"。如：

（142）每日几个帮闲的<u>和</u>那婊子人家，吃的、穿的都是这呆子的钱。（《重》）

---

① 老本中也出现了3例"跟"，形式上跟介词很相似。如：

兴儿，你可另盛一椀饭，罐取些汤，跟客人去，给那火伴吃。吃完了，再收拾回来。（《新》）

兴儿，你另盛一椀饭，罐儿里取些汤，跟客人去，给那火伴吃。吃完了，收拾回来。（《重》）

但是意义上还没有脱离其做动词表"跟从"的意义，因为同书中的"跟"后面多数还带"着"（10例）、"了"（1例）。如：

你跟着谁学书来着？ 我在中国人学堂里学书来着。（《新》）

你跟着谁学书来？ 我在中国人学堂里学书来。（《重》）

这个有甚么难？你着一个火伴跟了我去，到那里纳税了。（《新》）

因此，我们认为这三例"跟"还尚未虚化成介词。

（143）我贱内<u>与</u>小儿们都平安么？　都好。(《新》)

可见，琉本的与事介词和连词是用同一个形式表示的，而老本则是用不同的形式来表示的。汉语南方四大方言吴、闽、粤、客的与事介词和连词都用同一个形式。比如苏州话用"搭"，福州话用"共"，广州话用"同"，梅县话用"同"或"摸"。下面举出各方言的相关用法。

吴语：

（144）我<u>搭</u>耐做个媒人。(《海上花列传》第三十七回)
译文：我给你做个媒人。
（145）梳头家生<u>搭</u>衣裳。(《海上花列传》第三十八回)
译文：梳头工具和衣裳。

闽语：

（146）耶稣叫伊来，就用比喻其话<u>共</u>伊讲。(《马可福音·福州土白》第四章)
译文：耶稣叫他来，就用比喻的话对他说。
（147）伊是乜毛伬呢，风<u>共</u>海也服伊。(《马可福音·福州土白》第四章)
译文：他是什么样的人呀，风和海也服他。

粤语：

（148）我想你拧呢块木<u>同</u>我做张台播。(《粤语全书》第十四课)
译文：我想你拿这块木头给我做张桌子哦。
（149）重有一件好啱嘅，因为个处又近住我嘅姊妹<u>同</u>我亚叔处添。(《粤语全书》第六十六课)
译文：还有一个很适合的（原因），因为那儿又靠近我的姐妹和我叔叔那儿。

客语：

（150）因为听雕仔唱都唔使钱，佢也有时<u>摸</u>人攞一的米谷来食。(《启蒙浅学》第一百零三课)
译文：因为听小鸟唱都不用钱，他也有时向人拿一点米谷来吃。
（151）走兽个皮<u>摸</u>角又<u>摸</u>蹄甲系碎个，做物件唔得。(《启蒙浅学》第六十三课)
译文：走兽的皮和角和蹄角是碎的，做不了东西。

琉本的"替"与"搭、共、同、挨"在功能分布上是一致的，对应于南方方言的整体特点。

**四、程度副词："好"与"狠（很）"**

在程度副词方面，琉本与老本的表现亦明显不同。琉本多用"好"，程度副词"好"共出现 71 次。如：

629b 大家打起掌来笑。吃酒<u>好</u>久，大家纔告辞多谢。（琉/风/四）

714b 看他<u>好</u>聪明，后来进士也还会中，怎么纔得中个举人，就骄傲起来，轻狂浮躁？（琉/自/一）

561b 没有多久，<u>好</u>多家人、丫头，跟着一位少年的新女婿出来。司马玄替吕柯，定着眼睛一看，正是……（琉/风/四）

2b 话说，四川成都府，有个秀才，两个字的姓司马，名字叫做玄，号叫子苍。生得清秀，生得<u>好</u>白，聪明伶俐，一见都晓得。（琉/风/一）

而"狠"只出现了 10 次，如：

56b 前头六句，做得<u>狠</u>好，后头两句，做得更好，都是女儿爱惜娘老子的意思。（琉/风/一）

274b 吕柯说："看这两首诗<u>狠</u>好，你又要思量了。"（琉/风/二）

711b 这时候，汪费手里<u>狠</u>好，不要讲黄与为他（的）许多的好情，只说替他同来一番，听见他要回去，也该送些盘缠纔是。（琉/自/一）

2179b 你资质<u>狠</u>高，文才<u>狠</u>好。你的学力，还有不到处，少欠指点，你要细细讲究一番，后来自然会成大器。（琉/寒/一）

其中有 9 例"狠"修饰的形容词是"好"，只有 1 例"狠"（例 2179）修饰"高"。①

老本"好"仅出现 6 次，老本程度副词主要用"狠"，共出现 23 次。如：

（152）我师傅性格温厚，<u>狠</u>用心教我们。（《新》）

也即是说，程度副词用"好"是琉本的常见现象，用"狠"是老

---

① 琉本的程度副词"狠"多修饰"好"，而少修饰其他形容词，不能排除这样的可能性：琉本的修改者意识到，如果用程度副词"好"来修饰形容词"好"，会变成"好好"这样的重叠形式，因此将形容词"好"前面的程度副词用"狠"。

本的常见现象。

邢福义（1995：85）指出广东、海南、台湾、香港等地的人爱说"好"字句，认为"好"做程度副词是"南味儿"说法。南方方言中，南京、扬州、苏州、上海等都用"蛮"，闽语用"野、尽（侭）"等，粤语和客家话用"好"，都不用"狠（很）"。下面举出各方言的相关用法。

吴语：

（153）倪一径搭耐蛮要好。（《海上花列传》第十一回）

译文：我们一向跟你很要好。

闽语：

（154）耶稣仅落海边教训，尽价仪聚集来伊礼。（《马可福音·福州土白》第四章）

译文：耶稣在海边教训，很多人聚集在他那儿。

粤语：

（155）我见有好多西人读唐书。（《粤语全书》第二课）

译文：我看见有很多洋人读中国书。

客语：

（156）雕毛有好多样，有长个大个细个粗个幼个。（《启蒙浅学》第二十七课）

译文：鸟毛有很多样，有长的大的细的粗的小的。

可见，琉本的"好"是与南方方言的"蛮、尽、好"相对应的。

**五、能愿动词："会"与"能"**

《现代汉语八百词》提到能愿动词"能"和"会"都可以表示"有可能"，认为以下两个句子"既可以用'能'，也可以用'会'"，但"北方口语多用'能'，别的方言多用'会'"：

下这么大雨，他能（会）来吗？｜早晨有雾，今天大概能（会）放晴了。

在琉本中，表示"有可能"不用"能"，而用"会"，"会"出现了83次。如：

1455b 丈人若不是这样的，怎么会这样凑巧？虽然说是人事，实是

天意。(琉/狭/三)

1483b 傅星当是拐了银子,天南地北,再不<u>会</u>相见了,那里晓得狭路相逢,弄出一场的羞辱。(琉/狭/三)

978b 汪费说:"既会看相,你细细相我一相,看我做官<u>会</u>做到什么地位。"(琉/自/二)

而老本的"会"不表示"有可能"①,表示有可能的"能"出现20次。如:

(157)你这个月底<u>能</u>到北京么到不得呢?(《新》)

也即是说,表示"有可能"用"会"是琉本的常见用法,用"能"是老本的常见用法。在南方方言中,吴语经常说"会、会得",很少说"能够";闽语说"解"(胡买切,晓也)②,说普通话时对应为"会",不说"能";粤语也是只有"会"没有"能","能够"只用于书面语(刘晓梅、李如龙,2004:64)。客语也可以用"唅"表"有可能"。下面举出各方言的相关用法。

吴语:

(158)该个病阿<u>会</u>好嗄?(《海上花列传》第三十六回)
译文:这种病能好么?

闽语:

(159)伫所做其罪恶,所讲亵渎其话都<u>僆</u>赦得去。(《马可福音·福州土白》第三章)
译文:世人所犯的罪恶,所说的亵渎的话,都有可能得到赦免。

粤语:

(160)起先有啲人唔喜欢坐呢样车,因为怕佢<u>会</u>喺半路跌落嚟呀。(《粤语全书》第二十八课)
译文:开始有些人不喜欢坐这种车,因为怕他会在半路掉下来啊。

客语:

---

① "会"在老本中主要做动词,表示熟习、通晓,有5次;做助动词,表示懂得做某事,有21次。下各举1例:
我们不<u>会</u>中国的话,路上马的草料并下处,全仗这大哥替我料理。(《重》)
我是朝鲜人,都不<u>会</u>炒肉。(《新》)
② 俗写作"会、僆"。

(161) 一时冇清气落入就有病哙死。(《启蒙浅学》第八十一课)

译文：一时没有气进入就有病会死。

可见，琉本的"会"是与南方方言的"会得、会、哙"相对应的。

## 六、差比句

琉本出现了两种语序的差比句，甲式为："A + 比较标志 + B + 形容词"(9例)。如：

719b 不想下首一个挨贡的，原是有名的老秀才，<u>年纪比他又大有十四五岁</u>，还是他老子的朋友。(琉/自/一)

乙式为："A + 形容词 + 比较标志 + B"(13例)。如：

467b 又把交杯的诗，送给老子看说："<u>这尹荇烟的才美，都好过孩儿</u>，实实不可轻慢他。孩儿替他结做姊妹，老子不妨见他一见。"(琉/风/三)

乙式比较标志除"过"外，还出现了"如"(3例)：

1376b 老相公既为大相公伤心，不思量生意，在这里也没干，不如回家去。家里还有那闷多的产业，<u>过继一个儿子，奉伺老相公晚年，强如在异乡流荡</u>。(琉/狭/三)

老本中只出现甲式，没有出现乙式。如：

(162) 这桥梁、桥柱也比在前更牢壮。(《重》)

因老本的例句偏少，我们扩大调查的范围，看看《红》的情况。《红》中甲式出现了762例，乙式只出现了2例，且都用在趋雅仿古的语体中。如：

(163) <u>以前你我见识自为高过世人</u>，我今日纔知自误了。(《红》第十六回)

(164) 但第一件他两个终是别路，<u>若论举业一道，似高过宝玉</u>……(《红》第七十八回)

甲乙两式的出现比例琉本是0.69：1，《红》是381：1，比较可知，乙式在《红》和老本中是罕见用法，在琉本中是常见用法。李蓝(2003：219)认为本文所说的乙式主要见于广东、海南、福建、台湾、浙江等地，方言类型遍及吴、闽、粤、客①等方言。下面举出各方言的相关用法。

吴语：

(165) 耐倘然肯帮帮俚，倒也赛过做好事。(《海上花列传》第十六回)
译文：你如果肯帮帮他，倒也比做好事更好。

闽语：

(166) 务喇伫后我来，伊权能故赢过我。(《马可福音·福州土白》第一章)
译文：有人在我之后来，他的能力比我大。

粤语：

(167) 坐船去好过行路去呀。(《粤语全书》第十一课)
译文：坐船去比走路去好。

客语：

(168) 噫兜细嘅好过该兜大嘅。(*Hakka Made Easy*, Lesson X)
译文：这些小的比那些大的好。

可见，琉本的差比句式"A+形容词+比较标志+B"是与南方方言整体对应的。

## 七、有+VP

在琉本中出现了"有+VP"的用法，共7次，可以用在陈述句中(5次)，也可以用在疑问句中(2次)。如：

2270b 又听见他馆里有请个曹先生，孟学士替曹先生，又是乡科同年。写一封书给曹先生，讲他要来拣女婿的意思，约了日期，只说来拜曹先生，就暗暗的选。(琉/寒/二)

484b 司马玄说："亏是亏你，喜酒自然要请你，那里有娶来？你不要取笑！我且问你，尹姑娘近来在家好么？"(琉/风/三)

---

① 李蓝在乙式差比句中没有举出客语的例子，客家话一般有两个比较标志，即"甲+比+乙+过+形容词"(袁家骅等, 2001: 173)。但广东新丰客家话有比较句式：□只好过介只，即"这个比那个好"(周日健, 1992)；广东惠州市内、东莞清溪客家话：涯肥过佢，即"我比他胖"(詹伯慧, 1994)。我们在清代的客家话课本中亦能查找到不少只有一个比较标志的乙式比较句式。

此外，与"有+VP"关系密切的"有+VP+没有"，琉本也出现了7次。如：

100b 不晓得司马玄<u>有</u>娶亲<u>没有</u>？等我问吕柯就晓得。（琉/风/一）
1692b 张媒婆说："唐相公<u>有</u>对着那女子笑<u>没有</u>呢？"（琉/终/二）

而老本和《红》中都未见"有+VP"的用法，也没有"有+VP+没有"的用法。

琉本的"有+VP"、"有+VP+没有"与粤、客、闽"有+VP"等的功能一致①，都表示对事件现实性的肯定。

闽语：

（169）<u>有</u>载几多客来？（*A Manual of The Amoy Colloquial*，Lesson 14）
译文：载了多少客来？
（170）你<u>有</u>想爱去日本看觅下<u>没</u>？（《南支华侨会话要诀》第四编第九条）
译文：你想过去日本看看没有？

粤语：

（171）我<u>有</u>读书。（《粤语全书》第二课）
译文：我读过书。
（172）<u>有</u>打人<u>冇</u>呢，系使乜野嚟？（*Cantonese Made Easy*，Lesson V）
译文：打了人没有，是用什么来（打的）？

客语：

（173）<u>有</u>去。冇去。（*Hakka Made Easy*，Lesson IV）
译文：去了。没去。
（174）有来么？有。么。（*Introduction To Hakka*，Grammatical Notes 37）
译文：来了没有？来了。没有来。

可见，琉本的"有+VP"是与南方方言整体对应的。

## 八、小结

（一）琉本的语言性质不是某一种方言，如果是方言，则不会用"给"而用"拨、乞、畀、分"等；不会用"替"而用"搭、共、同、

---

① "有"字句吴语中苏州话没有，但温州话有：发票有开出，即：发票开出了。（郑张尚芳，1999）

摸"等。琉本的"给"和"替"都是"拨、乞、畀、分"和"搭、共、同、摸"的"官话"表达形式。因此，我们认为琉本的语言性质也与其他琉球官话课本一样是"官话"。

（二）从琉本与老本、《红》的对比来看，琉本与北方官话语料之间存在着一系列的语法差异，因此，我们认为琉本的"官话"不是以北京官话为代表的北方官话。

（三）琉本用表示给予义的词兼表使役义和被动义、与事介词与连词同形、程度副词少用"狠（很）"、能愿动词表示"有可能"用"会"，是与吴、闽、粤、客四大南方方言相对应的；不区分第一人称复数包括式与排除式是与吴、粤、客三大南方方言相对应的；"有＋VP"句是与粤、闽、客三大南方方言相对应的。

从方言的事实看，琉本的语言特点有一部分对应于南京官话，但这一部分主要继承自啸本的南京官话特点；琉本的语言特点有一部分对应于福建方言，但这一部分主要是吸收自福建方言的词汇特点而不是语法特点，因此，我们认为琉本的"官话"不能简单视作南京官话或福州官话中的一种。超越语言的形式（即用何种字样来表示何种语法功能）来审视琉本与南方四大方言的关系，就可以发现，琉本的这些语法特点是南方方言在"官话"层面的整体投射。因此，琉本的语言是一种继承了部分下江官话特点、吸收了部分福建方言特点，在语法上与南方多种方言整体高度对应的一种"官话"。因为其与南方多种方言整体高度对应，从理论上我们不妨将其称为"南方官话"。

## 第五节 其他三种琉球官话课本的"官话"

我们在第一章提到，学界一般认为，琉球官话课本各本的语言特点是相似的，也即是说"琉球官话课本"的语言可视为一个同质的整体。佐藤晴彦（1980）对琉本55个语言项目进行了研究，并考察这55个项目在《官话问答便语》、《白姓官话》、《学官话》中是否有相似的表现。结论是这55个项目中，有41个项目在《官话问答便语》、《白姓官话》、《学官话》中的表现完全一致、有11个项目在《官话问答便语》、《白姓官话》、《学官话》中的表现不完全一致、只有3个项目在《官话问答便语》、《白姓官话》、《学官话》中的表现完全迥异，因此琉本与《官话问答便语》、《白姓官话》、《学官话》语言之间的共通性极高。但是佐藤晴彦（1980）是将这三本书作为一个整体与琉本进行比较的，因此这些比较还是建立在"琉球官话课本的语言是一个同质的整体"的假设之上。

濑户口律子、李炜（2004）考证了《官话问答便语》、《白姓官话》、《学官话》等琉球官话课本的年代之后，开始将这三本书作为18世纪初、18世纪中叶、18世纪末的语言材料应用于历时语法研究，李炜、濑户口律子（2007）对"给"字的给予义、使役义、被动义在南北方的演变研究，就是将《官话问答便语》、《白姓官话》、《学官话》分离开来进行的。也即是说，承认琉球官话课本各本的语言之间存在差异，但这种差异主要体现为历时的语法差异，但是否有共时的语法差异并没有涉及。

木津祐子（2004b）从否定词着手，发现《白姓官话》的否定副词用法接近于现代汉语，"不曾"和"未曾"不见一例；《学官话》和《官话问答便语》所使用的否定副词主要是"不曾"和"未曾"，"没有"基本上用于否定实义动词"有"，"没有"尚未充分获得否定副词的功能。此外，《白姓官话》中的"替"不仅能够引出行为受益者，而且还能够表示行为的对象、甚至可以做表示平等的联合关系的连词。但《学官话》和《官话问答便语》都只有引出受益者的用法，表示行为对象的用法只有1例。木津祐子据此提出琉球官话课本至少存在两个语言系统的结论。这为琉球官话课本的研究提供了一个新的思路，但其并没有详细讨论两个语言系统是指历时的两个语言系统，还是共时的两个语言系统，只是初步提出了《白姓官话》的表现与《学官话》、《官话问答便语》存在明显的差距，《白姓官话》的语言性质是跟吴语区的现象接近、还是跟闽语区的表现接近，还未有结论。

我们认为，琉球官话课本各本的语言是否属于同一个语言系统，需要用同一批语言项目来验证琉球官话课本各本是否有相似的表现。既然我们已经在本章以上的讨论中得出了琉本的语言属性，不妨看看琉本所具有的语言特点，在其他琉球官话课本《官话问答便语》、《白姓官话》、《学官话》中的表现。

## 一、其他三种琉球官话课本的"下江官话"

本章第二节对琉本的"下江官话"成分的调查结果是琉本具有以下六个语言特点：（一）接尾辞用"子"而不用"儿"；（二）某些构词法和北方语相反，如"喜欢→欢喜（动词）、热闹→闹热、整齐→齐整"；（三）量词用"椿"（事业、案子、买卖、新政）、"乘"（车子、轿)、"张"(椅子)等,"量词+把"表示概数;(四)疑问代词用"那个"、反身代词用"自家";(五)时间副词用"登时";(六)动词、形容词后带"～得很(狠)"、"～得慌"、"～得紧"。但这六个语言特点在啸本中都有相应的体现。我们就这六个语言项调查了《官话问答便语》、《白姓官话》、《学官话》(下面简称《官》、《白》、《学》),结果如下:

(一)带有后缀"子"的名词《官》出现了"孩子、担子、身子、亭子、虱子、笼子、虫子、蚊子、帐子、银子、单子、戏子、身子、腹子、亭子、袄子、袜子、帽子、肚子、莲子、轿子、筷子、君子、臣子、弟子、狮子、女子、果子、贴子、瓜子";《白》出现了"豆子、日子、花子、蚊子、房子、帐子、席子、岛子、呈子";《学》出现了"桌子、房子、日子、蚊子、帐子、呈子、银子、婊子、老子、绸子、小孩子、果子、快子(即"筷子")、虱子、袄子、坛子"。香坂顺一(1960:66)提出的"锯子、车子、鞋子、石子、哥子、婆子、座子、脑子、头脑子、眼珠子、麦子、窗子"等下江官话所具有的带有"子"后缀的名词在这三种课本中都没有发现。佐藤晴彦(1978:72)提出的琉本中具有的"窗子"、"妹子"、"老头子"、"影子"在这三种课本中也都没有。此外,太田辰夫(1965:40)提到下江官话用的"轿子"一词在《官》中出现了。

值得注意的是,《学》中还出现了后缀为"儿"的名词共16例,包括"闷儿"、"帖儿"、"官儿"、"声儿"、"会儿"、"性儿"、"头儿"、"嘴儿"、"罪儿"、"套头话儿"、"句儿"、"兔儿"、"盘儿"和"气儿"等。如:

(175)今日主意,要去外面走走,看看景致,散散<u>闷儿</u>。(《学》)

(176)见他必定要写个<u>帖儿</u>去,不知用单帖好,还是用全帖好。(《学》)

(177)问:你们有<u>官儿</u>来么?(《学》)

(178)王爷先到庙里恭候了,求总管大爷,替通事禀<u>一声儿</u>。(《学》)

(179)说:给我留留么,再坐<u>一会儿</u>罢,实在我真真舍你不得的。(《学》)

(180)我的好兄弟,不要使<u>性儿</u>,会使性的人快老。(《学》)

(181)给我亲个<u>嘴儿</u>就罢了。(《学》)

而《官》和《白》中都没有发现用"儿"做后缀的名词。

(二)《官》、《白》、《学》都出现了"欢喜"（分别出现了5例、1例、7例），但是只有《官》中出现了可以理解为动词的"欢喜"。如：

（182）家中给妻儿欢喜，外面给亲友敬重，所以免强备办，不肯令人取笑。（《官》）

《官》、《学》中都出现了"闹热"（分别出现3例、5例）和"齐整"（各出现1例）。《白》中没有出现这两个词。如：

（183）拿著竹篙，立在船头撑来撑去，都在那里摆浪，真真闹热得紧。（《官》）

（184）那何消说呢？如今年迫了，家家都要买过年的东西，那街坊自然闹热的，这几时要到街上买东西，最要小心的。（《学》）

（185）那枪炮就响起来，打得一个时辰久。一住大家都住，齐齐整整，并无先后参差之声。（《官》）

（186）说：有人说，今晚南门外扮故事，齐整得紧，闹热得紧，今晚我们早早吃了饭，大家去到南门各处看看，到更尽时候就回来，好不好？（《学》）

大致可以看出，在构词法的语序方面，《官》、《学》的情况跟琉本较为一致，《白》的情况则较为不同。

(三) 量词方面三种课本都没有出现"张（椅子）"，《学》出现了"椿（事）"、《官》出现了"乘（轿子）"，三种课本都没有出现"量词+把"的用法，可见三种课本在这些方面的表现与琉本不太一致。相关例子如下：

（187）我有一椿事，到这附近，寻个朋友相量。（《学》）

（188）坐一乘轿子回来。（《官》）

(四) 疑问代词三种课本都用"谁"而不用"那个"，除了《白》出现了2例"那个"。相关例子如下：

（189）这个不妨，那个没有，开个名字出来，我去禀报老爷，启奏国王，做来送你。（《白》）

（190）兄们又是被风打来的，没有东西，那个不知道，知己朋友，不要拘那礼数。（《白》）

（191）你是谁？（《官》）

（192）我是没有什么给你的，你若是不愿意，你就把手巾拿回去

罢了，谁要你的。(《学》)

(193) 只因这是国王的法度，谁敢替你私下偷卖。(《白》)

(五)"登时"在《学》中出现了1例，在《官》、《白》中都没有出现。相关的例子如下：

(194) 我若没有真心想你的，我那头发尾登时就生一个斗来大的疔疮。(《学》)

(六)"得狠"、"得紧"在《官》、《白》和《学》中都出现了(前者依次出现9次、9次、19次；后者依次出现8次、7次、10次)，但"得慌"在三种课本中都没有出现。相关的例子如下：

(195) 你这人，小气得狠，菜蔬不舍得买一样吃，衣服也不舍得做一件穿。(《官》)

(196) 地下恶浊得紧，拿扫把来扫一扫。(《官》)

(197) 他令祖母病的时候，我们没有去请安，如今死了，没有去吊纸，有罪得狠。(《白》)

(198) 弟被风漂来，心里闷得紧，今蒙赐顾，又承大教，心里十分爽快，正古人所谓，同君一夜话，胜读十年书。(《白》)

(199) 我们的船湾泊这怡山院地方，恐怕夜间有贼船来，不便得狠，求老爷天恩准放我的船进去里面湾泊，没有干系。(《学》)

(200) 连日未见，久违得紧，今日是什么风吹到这里来呢？(《学》)

此外，琉本所不具有的"下江官话"特点，如：(1) 用"该应"不用"应该"，用"紧要"不用"要紧"；(2) 表示"何等"的意味用"多少"；(3) 结论副词用"横竖"；(4) "拿"做介词，用如"把"；"把"做动词，用如"拿"；"把"用如给予动词、被动介词；(5) 介词"同"、"和"、"跟"混用，用如"替"、"给"等。《官》、《白》、《学》的情况如下：

(1) 琉本没有出现的下江官话常见的"该应"和"紧要"，前者在《官》中出现了1例，《白》、《学》中没有出现。而后者则在《官》、《白》、《学》中都没有出现，表现和琉本一致。"该应"的例子如下：

(201) 该应这些叫人挑去吧。(《官》)

(2) 表示"何等"的意味用"多少"，《官》、《白》中都没有，

《学》中出现了1例：

（202）古人说，在家千日好，出路半朝难，做客的，离乡背井，受多少凄凉，历多少险阻，怎比得在家的父母妻儿聚首，<u>多少</u>快活。（《学》）

（3）结论副词用"横竖"，三种课本都没有。

（4）"拿"做介词，用如"把"；"把"用如给予动词、被动介词，这两种情况三种课本都没有发现。"把"做动词，用如"拿"，《官》中出现了1例。如：

（203）脸上<u>把</u>粉擦得白白。（《官》）

（5）介词"同"、"和"、"跟"混用，用如"替"、"给"的情况，三种课本中也都没有。

此外，《学》中出现了表示消极意味的程度副词"希"，这是一个下江官话的典型的程度副词。如：

（204）好怕人，一身<u>希</u>臭的。（《学》）

《官》、《白》和琉本一样，都没有出现该词。

《白》中出现了"可 VP"式正反问句。如：

（205）替你们做邻居，<u>可好</u>么？（《白》）

而《官》、《学》中未见该用法。俞光中、植田均（1999：119-120）提出："'可（S-P）'句明代以后较为多见，'可'有时做'阿'。……明代以后'可'（S-P）句显示出方言差异或者说是文体差异，有些作品全文没有一个例子，有些却较多，大致说来是一种广义的南系句形，作者不是南方人就是受过南方语的影响。"木津祐子（2004c：6）提出参考现代方言语法，吴语和南京话等下江官话确有如此问句句形，但客赣语、闽语也有类似的报告，因此尚未能对《白》的"可 VP 句"属于何种方言特点下结论。

我们发现，琉本也没有出现"可 VP"式问句，有意思的是，啸本原出现了20个"可 VP"式问句，琉本将其全部改写成非"可 VP"式。如：

1649a 张媒婆道："沈阿叔呀，<u>可晓得</u>花太太寻我做甚？"（啸/终/二）
1649b 张媒婆说："沈大爷，<u>你晓得</u>花太太寻我做什么？"（琉/终/二）
479a 你只作卖花，<u>可替</u>我到吕衙看看我女儿好么？（啸/风/三）

479b 你只做卖花，<u>替我到吕家衙门去，看看我女儿好么</u>？（琉/风/三）

1625a 张媒婆道："小姐原来这等真诚！小姐到未必有人看见。我且问小姐，城中一个有名的风流元公子，昨日曾打从园外楼下过，<u>不知小姐可曾看见</u>？"（啸/终/一）

1625b 张媒婆说："小姐原来这样老实！小姐到未必有人家看见。我且问小姐，城里一个有名的风流元公子，昨日打这园外楼下走过，<u>不知道小姐看见没有</u>？"（琉/终/一）

无论"可 VP"疑问句属于何种方言的用法，琉本都回避这种用法，可见琉本在这一点上与《官》、《学》更相似。

我们将以上讨论的结果整理如表 4-7。为了使表格的标示更加明显，以下用"○"表示具备某种特点，"×"表示不具备某种特点，"△"表示具有，但仅有个别例子（表示只有两个以下例子出现）。

表 4-7

|   | 子 | 欢喜 | 齐整 | 闹热 | 该应 | 紧要 | 椿 | 乘 | 张 | 量+把 | 那个 | 登时 | 得狠 | 得紧 | 得慌 | 多少 | 拿 | 希 | 可 VP |
|---|---|---|---|---|---|---|---|---|---|---|---|---|---|---|---|---|---|---|---|
| 官 | ○ | ○ | △ | ○ | ○ | ○ | × | × | △ | × | × | ○ | × | × | ○ | ○ | △ | △ | × |
| 白 | ○ | ○ | △ | × | × | × | × | × | △ | × | ○ | × | ○ | ○ | × | × | × | × | ○ |
| 学 | ○ | ○ | ○ | ○ | ○ | × | × | × | ○ | ○ | ○ | ○ | ○ | ○ | △ | ○ | △ | △ | × |
| 琉 | ○ | ○ | ○ | × | ○ | × | × | ○ | ○ | ○ | ○ | ○ | △ | ○ | × | × | × | × | × |

可见，其中《官》具有 9 个下江官话特点，《学》具有 10 个下江官话特点，而《白》只具有 6 个下江官话特点。在下江官话的语言特点方面，《官》、《学》的表现跟琉本较为接近，而《白》则有一定的差异。

## 二、其他三种琉球官话课本的"福州方言"

（一）关于《官》、《白》、《学》的"福州方言"，我们已经在本章第三节讨论过。我们研究的结果显示，濑户口律子提及的《官》、《学》、《白》中的"福州话成分"，在琉本中也出现的有《官》的"礼数"（礼节）、"自家"（自己）、"面"（脸）、"拣选"（挑选）、"做节"（过节）、"到尾"（到最后）、"满"（随便）、"打门都不听见"（听不见）、"散去了"（散掉了）；《学》的凭（由）你们罢、不好看相；《白》的"月尾"（月底）、"做什么"（为什么、干什么）、"一堆"（一起）、"不会救得来"（救不活）、"着"（对）、"忘记去了"（忘记掉了）、"吃不去了"（吃不了）。这其中只有"满"可以视作福州方言的区别性特征。《官》、

《白》中都出现了"满"表示"随便"的用法。如：

(206) 你只管满看，晓得的，不用说，不晓得的，对你讲讲，你就明白了。(《官》)

(207) 有话不妨满说，何消做这样客套？(《白》)

(208) 好说，想来你们做的，没有个不明白，就有不明白，我也不会改，满拿来给我看一看，是怎么样写的？(《白》)

(209) 只管放心，满吃不打紧。(《白》)

另外，佐藤晴彦提出的琉本的福州话成分"一点久"在《官》、《白》、《学》中都没有出现。

(二)《官》、《白》、《学》其他的"福州话成分"，濑户口律子提出《官》有"切面"（面）、"猫竹"（毛竹）、"铺匮"（柜台）、"汤池"（温泉浴室）、"汤"（热水）、"剃头司务"（理发匠）、"耳瑹"（扒耳朵用的）、"酒盏"（酒杯）、"曲蹄婆"（蛋家妇女）、"数目"（帐目）、"穿坊"（木结构房屋的横梁）、"披榭"（厢房）、"斋"（学校）、"每莳"（荸荠）、"发表"（发散）、"各人"（大家）、"倒"（躺）、"滚汤"（沸开水）、"霸"（利害）、"吃亏"（受罪、受苦）、"几件菜"（几样菜）、"看真"（看清楚）、"钱铺尽多"（钱铺很多）、"起伙食"（办伙食）、"头发梳得光光"（亮亮）、"修拾便便"（妥当）、"敢"（可能）、"鸡一大只"（一只大鸡）、"不知人身上血吃去多少"（不知从人身上吃去多少血）、"不舍得"（舍不得）等32项；《白》有"路头"（路）、"打滥"（弄湿）、"拘礼"（客气）、"讨鱼"（打鱼）、"栽"（种）、"起烟"（昌烟）、"起"（盖［房子］）、"造"（座）等8项；《学》有"满处"（到处）、"歹人"（死人）、"早起头"（清朝）、"下半晚"（下半夜）、"驳马"（扒手）、"桌布"（抹布）、"粪草"（垃圾）、"修拾"（收拾）、"发拳"（猜拳）、"相量"（商量）、"有闲"（得空）、"一条草"（一根草）、"薄"（淡）、"做几天走"（走几天）、"撮"（抓）、"狠狠的打一顿给他"（狠狠的把他打一顿）、"低低大"（一点儿大）、"怎么做得"（怎么行）、"恐怕把人的头血打出来"（恐怕把人的头打出血出来）等19项。其中有些说法在其他方言中也有，不能视作福州方言的区别性特征，以下分别说明。

1. "看真"（看清楚）

"真"表示"清楚"，除了福州话外，粤语也有，广州话和阳江话至今都用"真"表示"清楚"。此外，郭芹纳（2000：245）也提出这一用法在陕西方言中仍然使用，此外也有见于《红楼梦》、《醒世姻缘传》的用例。因此该用法不能视为福州话的区别性特征。

2. "头发梳得光光"（亮亮）

"光"表示"亮"，除见于福州话外，还见于梅县等地的客语，广州、阳江等地的粤语，厦门、潮州、建瓯等地的闽语。此外，武汉、长沙、双峰等地"光"和"亮"都能表示"光"的意思（详见《汉语方言词汇》：492）。因此，此用法也不能视为福州话的区别性特征。

（三）木津祐子（2004c）提出《官》和《白》中方言例句"有+VP"、"爱"（要、想）、"满"（随便）、"VP去"（动作完成体）、"去到+处所词"、"着"（体标志）等。我们在本章第三节、第四节已经分别证明"VP去"和"有+VP"不是福州话的区别性特征，在本章第三节证明"满"表示"随便"是福州话的区别性特征。我们再来看看"爱"（要、想）、"去到+处所词"、"着"（体标志）的用法是否是福州话的区别性特征。

1. "爱"（要、想）

"爱"表示"要、想"，除见于福州话外，还见于梅县等地的客语、阳江等地的粤语、潮州等地的闽语（训读作"欲"）等（《汉语方言词汇》：471）。今日的广州话表示"要、想"，肯定用"要"，否定有两种表示方法，一为"唔要"，一为"唔爱"。在清代粤语材料中，我们发现不少用"爱"表示"要、想"的例子：

（210）呢部书你重<u>爱</u>唔<u>爱</u>呢？（《粤语全书》第十八课）

译文：这本书你还要不要呢？

（211）呢便便嚟做花园，嗰便<u>爱</u>嚟做菜园。（《粤语全书》第十九课）

译文：这边就用来当花园，那边就想当菜园。

可见，"爱"表示"要、想"并不是福州话的区别性特征。

2. "去到+处所词"

木津祐子（2004c：8）提到，刘月华（1998）提出普通话绝对不出现"去+到"的搭配。但在清时期的北京官话、下江官话、粤语作品中都能见到不少这样的用法。如：

（212）到了次日早起，张老、程相公依然同了一众家人护了家眷北行，<u>去到</u>茌平那座悦来老店落程住下。（《儿女英雄传》第十回）

（213）既在此不远，何不<u>去到</u>他家里看看？（《儒林外史》第九回）

（214）两公子到家，清理了些家务，应酬了几天客事，顺便唤了一个办事家人晋爵，叫他<u>去到</u>县里。（《儒林外史》第九回）

(215) 有一日，我去到工艺厂处探佢，佢就好欢喜留我喺处住，十分好管待。(《粤语全书》第三十二课)

译文：有一天，我到工艺厂那儿看他，他就很高兴地留我在那儿住，把我招待得很好。

可见，这一用法并不是福州话的区别性特征。

3. 着（过）

表示经历体的"着"，在明清的下江官话作品中也有。如：

(216) 到不曾吃着这样苦楚，好生熬不得。(《二刻拍案惊奇》第十八卷)

可见，这一用法也不能判断为福州话的区别性特征。

（四）李如龙（2001）提出在闽语中普遍通行、在外区少见的特殊的方言词即闽语的一级特征词77条，其中《官》、《白》、《学》中出现了"配"和"晏"两条。

1."配"

闽地各地表示"下饭菜"用"配"，也可以做动词，这样的用法《官》中出现了1例，《白》、《学》中没有出现。如：

(217) 酱瓜，姜，豆腐乳，糟菜，腌鸭蛋，这几件配粥，是最好的。(《官》)

但李如龙（2001：288）也指出温州吴语中也有类似的用法。

2."晏"

闽地各地表示"不早"都用"晏"。这样的用法《学》中出现了1例，《官》、《白》中没有出现。如：

(218) 好的，如今就来修拾，趁早来去，若是晏了，就没趣。(《学》)

"晏"有"晚"义，这样的用法也见于赣语和吴语，但是只有闽语能单说（李如龙，2001：304），《学》中的"晏"是单说的，因此可以视作受福州话影响的成分。

除去经讨论不属于福州话的区别性特征的成分外，以上各家提出的福州话或闽语成分在《官》、《白》、《学》中都各有表现，可见，《官》、《白》、《学》中都存在不少福州话的方言成分。

## 三、其他三种琉球官话课本的"南方官话"

琉本所具有的"南方官话"特点在《官》、《白》、《学》中的表现如下：

表 4-8

| | 不区分包与排 | 给 | | | 替 | | | | | | | | 连词 | 程度副词 | | 表示可能 | | 比较句 | | 有VP |
|---|---|---|---|---|---|---|---|---|---|---|---|---|---|---|---|---|---|---|---|---|
| | | | | | 与事 | | | | | | | | | | | | | | | |
| | | 给予 | 使役 | 被动 | 受物 | 受益 | 受害 | 意志 | 动作行为 | 另一施动 | 比较 | 关系 | | 好 | 狠 | 会 | 能 | 甲式 | 乙式 | |
| 官 | ○ | 16 | 6 | × | △ | 4 | × | × | △ | × | △ | × | × | 6 | 8 | 7 | △ | △ | △ | 4 |
| 白 | ○ | 36 | 6 | 4 | × | 19 | × | × | 11 | 12 | 3 | △ | △ | 15 | 34 | 26 | × | △ | △ | 11 |
| 学 | ○ | 33 | 8 | 5 | × | 18 | × | △ | × | × | × | × | × | 24 | 9 | 5 | × | △ | × | 4 |

以下分别说明。

（一）三种课本都不区分包括式与排除式。这与琉本的情况是一致的。

（二）《白》、《学》的"给"都能通表给予、使役和被动。《官》只能表示给予与使役。据李炜、濑户口律子（2007：147），琉球官话与汉语南方方言、清代北京官话一样，都是先有使役义、后有被动义。也即是说，《官》因为年代较早，而未发展出被动义。

（三）《官》的"替"没有充当连词的例子；充当介词则有四项功能，分别表示受物、受益、动作行为和比较。如：

（219）烦你就替我买两包，试试。（《官》）

（220）我这几件衣裳，腌臜得狠，你替我拿去，洗洗干净些，用米浆浆浆。（《官》）

（221）每出戏替我说说，我方知道。（《官》）

（222）我做先生的，也替他都似一样心肠。（《官》）

《学》的"替"也没有充当连词的功能。充当介词有两项功能，分别表示受益和主观意志。如：

（223）求有闲的时候，替学生写些官话教我。（《学》）

（224）我看你说，倒好听，一肚的奸诈，做的事，鬼头鬼脑的，瞒瞒藏藏的，这样不老诚，下二遭做事，不要你做了，你替我快走开去罢。（《学》）

《白》的"替"能够充当连词，但是只有1例；充当介词有表示受益、比较、关系、动作行为以及引出另一施动的功能。如：

（225）虽是这样讲，今日蔡先生<u>替</u>郑先生两位，是纔到这里的，那有不送的理。（《白》）
（226）通事与先生，看看这张呈子，有不著处，<u>替</u>弟改一改。（《白》）
（227）贵国的龙舟也好看，<u>替</u>我敝国的龙舟，略不相同。（《白》）
（228）这里<u>替</u>马齿山相隔不远，他怎么不早来通报。（《白》）
（229）我们本不好开口，因是通事时常讲过，病人要用什么东西，都<u>替</u>你讲，我今日纔敢大胆开口。（《白》）
（230）我们有一件事情要<u>替</u>通事商量，不知道怎么样纔好。（《白》）

从表面看来，"替"的功能，三种课本中《白》跟琉本的情况较为相似。但是仔细考察，就会发现《官》的与事介词主要用"与"，可以表示受益、比较、关系、动作行为以及引出另一施动。如：

（231）世代子子孙孙，都赐他秀才，读书出仕，<u>与</u>国王办事。（《官》）
（232）今人交朋结友，大抵都是那势利上讲究，富贵的人，就<u>与</u>他亲热，贫贱的人，就与他冷淡。（《官》）
（233）设立圣庙学宫，<u>与</u>中国俱是一样。（《官》）
（234）我<u>与</u>你相好，冒言冲犯，不要见怪。（《官》）
（235）我<u>与</u>某相公叙饮。（《官》）

也可以充当连词，如：

（236）那些忠臣义士，大半都是外<u>与</u>正生做的，仗义好汉，大半都是净<u>与</u>末脚做的。（《官》）

而《白》中只有 1 例"与"，做连词，即：

（237）通事<u>与</u>先生，看看这张呈子，有不着处，替弟改一改。（《白》）

《学》中的"与"已经消失。联系《官》中没有出现表被动义的"给"的情况，我们认为这也是由于《官》的年代较早，"替"还未完全替换"与"，因此还不能像"与"一样，既可充当与事介词，又可充当连词。也即是说，《官》与《白》一样，也有与事介词和连词同形的情况。

而《白》中的与事介词"与"已经被"替"所替换，只剩下充当连词的功能。《学》中做与事介词和连词的"与"都消失了。

（四）程度副词方面，《官》用"好"和用"狠"的频率较为接近；《白》用"狠"的频率大大超过用"好"；《学》用"好"的频率大大超过用"狠"。从这一方面看来，似乎《白》的情况跟琉本差距最大。

（五）《白》和《学》表示可能都用"会"，而不用"能"，《官》表示可能用"会"的频率也大大超过用"能"，用"能"只有1例：

（238）怀刑方能免刑，逐利未必得利。（《官》）

但此例用在熟语中，不一定代表当时的语言情况。可见三种课本的情况都与琉本较为相似。

（六）比较句《官》既有甲式"A + 比较标志 + B + 形容词"（两例），又有乙式"A + 形容词 + 比较标志 + B"（1例），《白》、《学》都只有甲式（前者2例，后者1例）。如：

（239）凡人心都想胜过人，那肯愿不如人？（《官》）

（240）你说像是拾着黄金，我说比拾着黄金更胜百倍。（《官》）

（241）他出行没有定期，或出游，不出游，论不得的，但他比泰山城隍又会差些。（《官》）

（七）《官》、《白》、《学》中都出现了"有 + VP"的用法，如：

（242）有报来没有？《官》

（243）医生可有说，医得医不得呢？《白》

（244）身上有发潮热么？早起头都好，到下半晚就发潮热。《学》

综上所述，琉本的7种南方官话特点中，《官》具有5项，在"给予动词兼表使役、被动义"和程度副词两项的表现与琉本不一致；《白》具有5项，在程度副词和比较句两项的表现与琉本不一致；《学》具有5项，在"与事介词与连词同形"和比较句两项的表现与琉本不一致。可见，三种课本都具有一定的南方官话特点，但也未发展、或未出现某些南方官话特点，这与课本的年代有关，也与课本的字数较少有关。

## 四、小结

对三种琉球官话课本《官》、《白》、《学》的考察可以发现，三种课本都和琉本一样具有某些下江官话特点、某些福州方言特点，在下江官话特点方面，琉本的表现与《官》、《学》更为接近，与《白》差距较大。在福州方言特点方面，琉本的表现比其他三种都要少，《官》较多，其次为《学》、《白》。此外，琉本的七项南方官话特点，三种课本各具其五，可见三种课本也具有较强的南方官话性质。总而言之，三种课本吸收了某些下江官话、福州方言的特点，也体现出与南方方言整体对应的南方官话特点，这些表现总体与琉本是相似的，但三种课本各种方言成分的占有比例存在差异。相比其他的琉球官话课本，琉本具备较为全面的南方官话性质，是较为典型的南方官话作品。

# 第五章 "官话"与"南方官话"

综合第三章、第四章历时和共时两个角度的考察，我们可以对琉本的语言性质下一个总的定义：琉本的语言性质是呈现出早期现代汉语面貌，继承了来自其母本系统的部分下江官话特点、吸收了部分福州方言特点，与南方多种方言整体高度对应，从理论上可称之为"南方官话"的一种"官话"。与"南方官话"这个概念密切相关的问题至少有三，一是它与当时的共同语的关系；二是它与其他"官话"的不同之处；三是它辐射的范围和提出这个概念的意义。在讨论"南方官话"的特点之前，我们还需要厘清"官话"一词的概念。本章将利用明清时期的中国、朝鲜、日本、欧美、琉球的文献材料及近二十年来近代汉语官话的研究成果对这些问题进行研究。

## 一、官话的"超地域性"

据张玉来（2007：16），"官话"一词最早出现的确凿时间是1483年。《朝鲜实录·成宗实录》十四年（1483）载，明廷的使者与朝鲜官员在对话中提及"官话"，葛贵评价朝鲜人给他看的《直解小学》一书："反语甚好①，而间有古语，不合使用，且不是官话，无人认听。"也即是说，如果是官话的话，就可能被理解。可见，一开始官话就带有共同语的身份特征，生活于不同地方、操不同方言的人之间可以用其进行沟通。官话的这种性质可称之为"超地域性"②。

在明清资料中可以看到不少关于官话一词的记录，其中超地域性是其最显著的特征。比如：

（245）朝廷的发音，在欧洲被称为"Mandarine 调"——中文称之为"<u>官话</u>"，也即是政府官员们使用的语言——它区别于每个省所特有

---

① 经核此条应为"反译甚好"。
② 叶宝奎（2001：7）提出近代汉语标准音和规范的读书音紧密相联，具有"超方言"的特点。我们认为，相对于明清官话的事实——"官话"不仅在汉民族内部操不同方言的人们之间用来交流，而且在不同民族操不同语言的人们之间也用来交流（如清入关后满族人的北京官话说得极好，又琉球和朝鲜的人们都用"官话"来和中国人交流等）——"超地域"比"超方言"更能概括官话作为共同语的特性。

的方言，在帝国的每个地方都被政府官员和有教养的人们所使用。①（R. Morrison, *Grammar of the Chinese Language*, Serampore, 1815 年）

（246）你学中国话好，因为如今是风俗众人说这一国的话。普天下的人都要说汉语，体面人都说官话。(J. A. Goncalves, Arte China, 问答 24, 1829 年)

（247）况且我教导你的是官话了。官话是通天下，中华十三省都通的。若是打起乡谈来，这个我也听不出。(《小孩儿》，日本长崎唐通事教科书，19 世纪中后期)

以上例子表明只要是"官话"，就具有不同程度的超地域性，与"乡谈"不同。因此，如果两个操不同方言的人相遇，就可以运用官话进行交流，下面就是充分说明它这一重要功能的例子：

（248）【净】一日在船上，只见岸上一簇人在那里啼哭。我问那门子，那些人为何啼哭，那门子说，没有了个脸。我说，打官话说。他说道，没有了个儿子，在那里啼哭。我方纔晓得脸是儿子。(朱权，《古本荆钗记》第二卷第四十八出，明初)

那么，当时的人们除了能说自己的方言外，是否都能说官话？再看下面这个例子：

（249）雍正六年奉旨以福建广东人多不谙官话，着地方官训导，廷臣议以八年为限，举人生员贡监童生不谙官话者，不准送验。(俞生燮，《癸巳存稿》卷九官话，1833 年)

在当时中国的某些方言区，就连文化水平较高的读书人，也多不能说官话，这说明了官话的普及程度并不理想。因此除了读书人之外的普罗大众，不能通"官话"也就不是什么稀奇之事了：

（250）吾乡本地乱弹小丑，始于吴朝万打岔，其后张三纲豆张二郑士伦辈皆效之，然终止于土音乡谈，取悦于乡人而已，终不能通官话。(李斗，《扬州画舫录》卷五，1795 年)

官话本身有超地域的重要性质，但这种性质带着理想性。完全超地域性的官话可视作共同语的标准语。但事实上，在人口流动较少、传播媒体

---

① 原文为：The pronunciation of the court, called in Europe the Mandarine Tongue (in Chinese 官话 Kwan hua Public officer's dialect) and which is spoken by public officers and persons of education is every part of the Empire, is different from the dialect of each province.

落后的情况下,很少人能够学习甚至需要学习这种共同语的标准语意义上的官话。因此,官话就不可避免地带有另一个重要的性质——"地域性"。

## 二、"官话"的地域性

文献有载:

(251) 每见本处人学习<u>官话</u>,字音有极工,腔口有极肖,但于物件称谓及成语应酬①仍用乡谈俗语是以令人难晓。(《正音撮要》卷二官话别俗,1810年)

可见,即使官话学得好的人,其官话中也难免仍带有来自其母语方言的词汇、语法和语用特点。但是,这样的"官话"也被承认是官话。

麦耘(1991:23)指出,近代汉语共同语音系不是一个统一的、在全国各地都平衡发展的体系,17世纪前后在南方(主要是长江下游)各地流行一种有自己特点、主要是有-m尾的共同语音,可称为"共同语音南支";没有-m的是"共同语音北支"。这说明明清时期"官话"在语音方面存在着地域性的差异。太田辰夫(1965)对南京官话和北方官话材料进行了比较,发现两者之间词汇语法的差异有数十条,可见官话在词汇和语法方面也存在地域性的差异。在明清资料中,我们还可以看到不少专门提到官话之间存在地域差异的例子:

(252) 澳门的方言不同于广东的方言,<u>南京的官话</u>也和<u>北京的官话不同</u>。②(R. Morrison, *Grammar of the Chinese Language*, Serampore, 1815年)

以下再举几例带有地域性的"官话",如:

(253) 劳航芥打着<u>广东官话</u>,勉强回答了几句。(《文明小史》第四十九回,1903年)

(254) 孔相公原属意于你,故此苏姨将计就计,认做新姨,见了孔相公便打<u>扬州官话</u>。(《欢喜冤家》第十七回,明末)

看来,官话的地域性也是其明显的特点。如果一种"官话"的地域性较高,则其"超地域性"必然较低,因为其带有的母语方言的语音、词汇、语法特点较多,以致很难用其与人进行交流。李炜(1992)曾尝试

---

① 这里的"物件称谓"应指词汇,"成语"应指语法,"应酬"应指语用方式。

② 原文为:The dialect of Macao is different from that of Canton, and the mandarine dialect of Nanking is different from that of Peking.

对现代夹杂方言土话的普通话进行过分级,以广州人讲的普通话"京广话"为例,第三级是除四声基本正确外,其他语音、词汇、语法有半成以上都是方言的,与人交流十分困难;第二级是语音方面仍无正确的翘舌音、轻音、儿话音,有些入声字仍有短促收尾,n/l 仍属同一音位,其余差不多都算是普通话,词汇上绝大部分是普通话的,语法上还有一部分是粤语的,与人交流不存在大的问题;第一级是除了轻音、儿化、个别词汇和一些语法表达方式还有方言的影响外,基本上算是普通话。从明清的文献资料来看,官话也可以根据其地域性的高低来分级,各级的情况基本与现代的同级"京×话"相似。比如,以下的这位宪太太所说的"官话"可归入地域性官话的第三级,即地域性极高、超地域性极低的"官话":

(255) 原来宪太太出身是苏州人,一向说的是苏州话,及至嫁与赵啸存,又是浙东出干菜地方的人氏,所以家庭之中,宪太太仍是说苏州话,啸存自说家乡话,彼此可以相通的,因此宪太太一向不会说<u>官话</u>,随任几年,有时官眷往来,勉强说几句,还要<u>带着一大半苏州土话</u>呢。就是此次和老太太们说官话,也是<u>不三不四,词不能达意的</u>。(《二十年目睹之怪现状》第九十一回,1903—1905 年)

地域性官话里也有近似李提到的第二级的情况,即有相当的地域性,也有相当的超地域性的"官话"。如:

(256) 门口正站着一个广额丰颐、长身玉立的人,飞扬名俊的神气里,带一些狂傲高贵的意味,刚打着他<u>半杂湘音的官话</u>,吩咐他身旁侍立的管家道:"你拿我的片子送到对过六号房间里二位西装先生,你对他说,我要去拜访谈谈!"(《孽海花》第三十四回,20 世纪初)

比之宪太太,这位先生的"官话"水平稍高,只是在语音上还"半杂"着湖南口音,但词汇和语法大部分已是"官话"的,与人交流已无大碍。

相对于例(255)、(256),例(251)中的"字音有极工,腔口有极肖"的官话就应当近似于李提出的第一级的情况了——地域性较低、超地域性较高的地域性官话。

例(255)中宪太太讲的"官话",书中也没有将其称为"苏州土话",足以说明在当时人们的认识中,官话和方言是两个不同的概念[①],

---

[①] 我们认为官话方言属于方言,只是其覆盖的地域比较广,下位次方言比较多,因而以官话作为定语,但毕竟还是方言而不是官话。地域性再高的"官话"也不是方言,反之,超地域性再高的官话方言也不是官话。

地域性再高的"官话"也不是方言。而地域性官话中最高的第一级，已经具有很高的超地域性，在交际中的功能实际上也无限接近于共同语。因此，我们可以根据超地域性的高低列出这样的公式：方言＜官话（具有不同程度的超地域性的各类官话）＜共同语的标准语（完全超地域性的全民性的官话）。

### 三、"官话"的模糊性

"官话"除了上面提到的其概念本身所带有的客观的模糊性外，人们对于官话的理解，尤其是对官话的标准度的理解，也带有主观的模糊性。张玉来（2007：37）提到"明清小说里的'扬州官话'、'蓝青官话'等都具有官话的本质特征，在听觉上具有一致性"。可见，判断是否是"官话"，在张先生看来主要还是靠语音形式。这个语音形式是模糊的，并没有具体的声母系统、韵母系统、应有几个声调，相比之下，人们不太关注的词汇和语法形式更是模糊的。联系今天的"普通话"的概念："以北京语音为标准音，以北方话为基础方言，以典范的现代白话文著作为语法规范"，什么叫做"典范的现代白话文著作"？鲁迅先生的著作就是公认的中国白话文著作的典范，但是其语言带有不少典型的下江官话特点，与老舍、赵树理等北方籍作者的作品语言特点存在大量的、系统的、规律性的不同，这已经被中外的学者们所发现并证明（中安美惠子，1979；李炜、李丹丹，2008等）。在汉语语法研究进行了这么多年之后，我们对现代汉民族共同语"普通话"的定义还是模糊的，不难理解在缺乏语言规划的明清时期"官话"所具有的模糊性。

例（249）中我们提到雍正六年福建广东参加科考的读书人奉旨学习官话之事。之后各地设立了正音书馆：

（257）闽省士民不谙官音。雍正七年间于省城四门设立正音书馆、教导官音。（《学政全书》卷六十五，1793年）

那么后来福建广东的读书人是否能说标准的官话了呢？

（258）乾隆元年议准：粤东乡音、不可通晓。近令有力之延请官音之师教其子弟、如八年之外，不能官话者，举人、贡、监生、童俱暂停其考试、遵照在案。但偏方士子泥于土俗、转瞬限满、而问以官话多属茫然。请于八年之期，再为展限、以俟优游之化。现在闽省业经奉行、粤东亦应准其展限三年。（《学政全书》卷六十五，1793年）

（259）况教习多年、乡音依旧、更觉有名无实。应照乾隆二年裁

彻额外教职之例、将四门正音书馆裁汰、仍责成州县教职实力劝导通晓官音、毋狃于积习。(《学政全书》卷六十五，1793年)

"教习多年、乡音依旧"，乾隆十年（1745年）福州的正音书院终被废止。福州正音书院教育官话的失败，固然有各种原因，但是官话课本的编者和教学者们对"官话"的认识是模糊的，无疑是一个重要的原因。日本法政大学藏的《新刻官话汇解便览》是清乾隆年间福建西湖人蔡爽（字伯龙）编撰的官话课本①，通过对该书的考察我们发现，编者对官话的认识在语音、词汇等方面都存在不少偏差。先说语音：

(260) 〇料理完 正打发明白（《新刻官话汇解便览》上卷15b3）

该书《小引》曰："此书后凡有圈者系白音，有正字者乃官音，旁有字者注解。"此句"发"字右注"花上入"三字为读音，可见编者认为"发"的官话音和闽语"花"的发音是一样的。也即是说，存在于编者认识中的官话，是没有唇齿音和喉音的区别的。词汇方面，我们也发现了编者常将书面语和口语混为一谈，如：

(261) 〇食一钟茶 正饮一杯茶（《新刻官话汇解便览》上卷18b3）

(262) 〇沽一瓶酒来食 正打一壶酒吃吃（《新刻官话汇解便览》上卷18b4）

编者认为与闽语的"食（＋流质）"相对应的官话为"饮（＋茶）"和"吃（＋酒）"②，这是将本应分属不同语体的组配，放在同一语境中表述。我们认为，该书的"饮茶"和"吃酒"，记录的分别为书面语和口语。相似的还有下面的"日"③：

(263) 〇曝日 正晒日（《新刻官话汇解便览》上卷17b9）

以上的这些情况，都显示了《新刻官话汇解便览》的编者对官

---

① 据木津祐子（2001），蔡爽先编撰了《新刻官音汇解释义音注》一书，《新刻官话汇解便览》是作为该书的普及本出现的。日本法政大学藏有《新刻官音汇解释义音注》，上书"乾隆十三年仲春漳浦西湖八十四老人蔡伯龙氏纂著"。故《新刻官话汇解便览》可能是在乾隆十三年之后出版。

② 我们调查了与《新》年代相近的《红楼梦》与《儒林外史》中的"茶、酒"，前者的"茶、酒"都既可"喝"、又可"吃"，但"饮"则用于"酒"和各种"水"，多用在文言（书面语）和高语体的对话中，独不用于"茶"。后者的"茶、酒"都可"吃"，"酒"还可"喝"和"饮"，但不如"吃"普遍，"饮"也只用于文言和高语体的对话中。

③ 《红楼梦》与《儒林外史》都用"太阳"与"日头"（后者《红楼梦》只有1例）而不用"日"，"日"属于书面语。

的认识是模糊的。在《新刻官话汇解便览》出版后，福建漳浦张锡捷又编写了《较正官音仕途必需雅俗便览》，我们发现《较正官音仕途必需雅俗便览》在很多方面都照搬了《新刻官话汇解便览》的内容①，但是两位编者对官话的理解还是有不尽相同之处，下面两例都出自于两书的《时事常谈》一章：

（264）〇会食得 正还吃得 〇袂食得 正吃不得（《新刻官话汇解便览》上卷14a5）

（265）会吃得 得舌尾跳 吃不得（《较正官音仕途必需雅俗便览》卷上7a10）

闽语能性补语的肯定式与否定式（"会V得"与"袂V得"）是对称的，翻译成官话则变得不对称（"V得"与"V不得"）。《新刻官话汇解便览》认为官话与闽语"会食得"相对应的说法是"还V得"，而《较正官音仕途必需雅俗便览》则认为是"会吃得"，后者几乎是照搬了闽语的能性补语肯定式。两位编者都对自己所掌握的官话充满信心，都认为自己所讲的官话是最准确的。各人对官话的理解都不尽相同，这正充分说明了"官话"所具有的模糊性。

### 四、"官话"：最大公约数

"官话"因带有地域性，所以表示同一种功能的标记往往不止一个。比如，北京官话材料《红》和带有鲜明南方地域特色的官话材料琉本，它们同编写于18世纪中叶，但表示与事关系的介词前者主要用"给"，后者主要用"替"。如：

表服务：

（266）也不必给我送什么东西来，连你后日也不必来。（《红》第十回）

255b 自家走上无梦阁来，叫说："张伯伯，你今日这把扇子拿错了，不是我的原扇子。明日进城，要替我换来。"（琉/风/二）

表主观意志：

（267）你给我老老实实的顽一会子睡你的觉去，好多着呢。（《红》第十回）

2013b 自县官说："要学绣是个好事，怎么不好说？若不好说，定有暧

---

① 只是课文体例与《新》不同，《新》先出方言词与句子，再对照以官话；《较》正文只出官话，注释处有时出现方言。

昧的情了，替我拶起来！若有半字胡说，我活活拶死你！"（琉/终/四）

表指涉：

(268) 你要心中不安，你今日就给我磕了头去。(《红》第十回)
1742b 到了初七日，花太太果然带了女儿到枫桥，替舅母拜寿。（琉/终/二）

无论是北方官话的"给"还是南方官话的"替"①，都是官话的用法，如果是南方方言，就不会用"给"、"替"了（表与事关系的介词，福州话用"共"、苏州话用"搭"、广州话用"同"、梅州话用"揇"与"同"等）。"给"和"替"反映出当时不同的官话系统使用不同的标记来表示同一种功能。那么，说着各种各样的"官话"的人们，是否能够互相沟通和理解？

袁家骅（1960）对现代官话曾有过这样的评述："（现代）官话内部的语法基本一致，词汇大同小异，人称代词、指示词、疑问词等常用词汇相当一致"，我们认为这同样也是历史上的"官话"所具有的特点。清高静亭《正音撮要·卷四》中也提到："除各处乡谈土语、习俗侏㒧不计外，其能通行者，是谓官话。""既为官话，何以有南北之称？盖话虽通晓，其中音、声韵仍有互异，同者十之五六、不同者十之三四。"可以看出，"求同存异"就是说着不同官话的人们能够互相理解的关键，也即是说，各种官话在语音形式上虽然很难完全等同，但亦尽量靠近"官话"，词汇语法上可能无法避免带有方言特点，但总有一些相似的成分作为官话的核心存在。我们对清时期各个地方的"官话"课本进行比较，包括朝鲜的《老乞大新释》、《重刊老乞大》，琉球的《官话问答便语》、《白姓官话》、《学官话》，福建的《新刻官话汇解便览》，汉口的《湖北官话》，北京的《语言自迩集》等，也发现它们在一些高频词方面存在共性：

① 人称代词基本用"我、你、他"，而不用方言的"吾"（福州话）/"厓"（梅县话）、"汝"（福州话）/"耐"（苏州话）、"伊"（福州话）/"俚"（苏州话）/"佢"（广州话、梅县话）等；

② 人称代词后面加"们"表示人称代词复数，而不用方言的"各"（福州话）、"哋"（广州话）、"登人"（梅县话）等；

③ 指示代词用"这/那"，而不用方言的"只/许"（福州话）、"该/

---

① 以上与事介词"替"的三种义项在当今普通话里只可用于表服务义一项，且有语体限制，其余两个义项已消失。

归"（苏州话）、"呢/嘅"（广州话）等；

④ 结构助词用"的"，而不用方言的"其"（福州话）、"嘅"（广州话）、"个"（梅县话）等；

⑤ 表示领有用"有"，否定用"没有"，而不用方言的"毛"（福州话）、"朆不"（苏州话）、"冇"（广州话）、"无"（梅县话）等；

⑥ 判断句用"是"做判断动词，而不用方言的"係"（广州话、梅县话）等；否定用"不是"，而不用方言的"是"（福州话）、"勿是"（苏州话）、"唔系"（广州话、梅州话）等；

⑦ 给予动词用"给"，而不用方言的"乞"（福州话）、"拨"（苏州话）、"畀"（广州话）、"分"（梅县话）等。

这就是各地"官话"之间的共同特点，也可以称之为它们之间的"最大公约数"。而各地的人们之所以能够利用不完全同质的"官话"进行沟通，就是因为"官话"以这些"最大公约数"为基础来实现其超地域性的功能①。

### 五、标准语官话

与以上的讨论密切相关的还有一个问题，那就是"官话"是否具有明确的基础方言点，哪一种是标准的"官话"？

"共同语一般总是在一种方言的基础上形成的……在同一语言的诸方言中，究竟哪种方言成为基础方言，并不决定于人们的主观爱好，而是决定于某个方言在整个社会中所处的地位。如果一个方言区（或是其中的某处）是全社会的政治、经济或文化的中心（有时它的人口还比较多），那么这个方言在全社会内就最重要、最有影响、最富有代表性，因而它就会成为基础方言。"（高名凯、石安石，1997：227）从社会语言学的角度来看，政府所在的首都往往是一国政治、经济、文化的中心，因此首都的方言也往往成为一国标准语的基础方言。然而，政府所在地若不是全社会最有影响的地区，其所在地的方言可能就不会获得标准语的地位②。因此讨论明清官话的标准时，必须对朝廷和民

---

① 不可否认的是，整个清代各地官话的最大公约数是总体上向着北京官话靠拢的。

② 此处可参考英国的情况，英国在14世纪时，英格兰中部偏东地区经济比较繁荣，渐渐地那里的方言被看作是标准语；15世纪时，北边诸郡发展羊毛生产，经济发达起来，北边的方言也就渐渐成为人们心目中的标准话；到了16世纪中叶以后，经济发展中心转移到英格兰中部偏南地区，伦敦已成为全国政治和经济的中心，于是伦敦地区的方言就成了发展标准英语的基础（祝畹瑾，1992：22）。伦敦虽为英国的首都，但其方言并不是一直都被认为是标准语。

## 第五章 "官话"与"南方官话"

间的情况分别进行研究。我们认为，真正意义上的标准语一方面必须得到政府的承认与推广，另一方面也必须得到民间的认同、学习并使用。

拿官话标准音来说，对于近代官话的标准，语音学界曾先后出现三种主要的意见，一为北京话、二为中原地区的河洛音、三为南京话。我们认为，历史上的官话大都没有发展到标准语的程度，比较接近于现代标准语特性的官话，从现有的文献来看只有晚近的北京官话。

平田昌司（2000）利用清代政书对清代鸿胪寺唱赞的语言进行了考定，发现从雍正六年（1728）唱赞的序班和额外序班规定录用"直隶、河南、山东、山西四省生员"，乾隆十七年（1752）改为只用直隶一省的生员。平田氏的结论是："到乾隆十七年，直隶音取代'中原雅音'正式获得了鸿胪寺正音的地位。但它只是清代的宫廷语音，还不是整个汉人的共同语音。"也即是说，18世纪中叶，北京官话获得了朝廷的标准音的地位。在民间，上述乾隆年间福建人学官话的课本《新刻官话汇解便览》中也有这样的课文：

（269）〇好正字 正好一口的官话 〇讲北京话 正讲北音（《新刻官话汇解便览》上卷15a6）

这本书将"官话"与"北音"两条并举，只让学生学习"北京话"这个词条，而没有提及其他地方的官话，这可视作不仅朝廷，连民间也开始意识到北京官话的地位上升（虽然现实中说的是带有各地方言特色的地域性官话）。但直到1926年召开的"全国国语运动大会"《宣言》中才第一次确认："这种公共的语言并不是人造的，乃是自然语言中的一种……还得采用一种方言，就是北京的方言……北京的方言就是用以统一全国的标准国语。"① 北京官话此时才成为真正意义上的标准语，即超地域性的全民性的官话。

在各地的官话中，中土官话跟北京官话的关系较为密切②，据吕坤

---

① 1913年教育部召开读音统一会，确定国语标准音：以京音为主而兼顾南北，吸收了江浙话的浊声母、尖团音、入声等。这种国音后来被人称为"人造国音"，实际上是没有人说的，因为它不存在于任何一种自然语言中。所以，建立在这种"联合音系"上的注音字母正式公布（1918）不久，就发生了"京（音）国（音）"之争，大部分人要求当时的教育部重新制定字母，以受过中等教育的北京本地人的话为国语的标准音，也就是采用单一的北京音系。这一主张经过大讨论，历时五年之久，最后终于取得大多数人的共识。

② 据平田昌司（2007：56）："最早明确界定'中原雅音'分布区域的是元末人孔齐《至正直记》卷一'中原雅音'条，其中包括'中山'。元代中山府隶属真定路，府治在今河北省定州市，这已经铁出了传统'京洛音'的范围。这可能跟元朝定都大都的历史有关。"这说明包括北京在内的河北等地的官话至晚从元末开始就被纳入"中原雅音"的范畴。

清琉球官话课本《人中画》语法研究

《交泰韵·凡例》(1603)："万历中,余侍玉墀,见对仗奏读,天语传宣,皆中原雅音"(云南图书馆重校《吕子全书》),可见至迟在万历年间,朝廷的标准语音仍为中原雅音。

而当时在民间有较高威望的语音又是什么呢?下例引自写于17世纪初的《二刻拍案惊奇》,作者凌濛初为浙江吴兴人,主人公程宰为徽州人,在辽东为商,后得遇海神:

(270)又一夕,谈及鹦鹉,程宰道:"闻得说有白的,惜不曾见。"纔说罢,便有几只鹦鹉飞舞将来。白的五色的多有,或诵佛经,或歌词赋,多是<u>中土官话</u>。(《二刻拍案惊奇》第三十七卷)

此处描写海神的法力无边,程宰谈到、想到何物,都能够即时要来。这里鹦鹉说的是"中土官话",暗示了这样几种情况:(一)程宰平时说的不是中土官话,所以听到鹦鹉说中土官话时才需要专门提及。(二)程宰平时说的不是中土官话,但是他懂得中土官话是怎么样的,否则何以判断鹦鹉说的是中土官话?这一例虽然是小说家言,但给予我们的启发是当时的人们大都如程宰,虽然平日说的不一定是中土官话,但大都知道中土官话是怎么样的。这也许可以理解成,虽然当时大部分的人都只能讲带有自己方言特色的地域性官话,但中土官话在民间享有较高的威望。

在传教士的著作中,我们极少看到对于中土官话的记录,这一例也并未得到学界的重视:

(271)在江南和河南所讲的话被称为"官话",在这两个省,朝廷都曾经定过都,因此,在朝廷语——通过受过教育的人们——发展成为标准语的普通规则下,这些地方的方言得到了超越其他省的方言的优势。一种鞑靼汉语现在逐渐变得更加流行,如果这个朝廷能够存在得长久的话,最终将盛行。没有理由能够假设"王室语言是为了区别于粗俗的语言而编造出来的"。没有艺术和人工修饰,方言之间的差异出现了①。(R. Morrison, *Dictionary of the Chinese language*, in three

---

① 原文为:What is called the Mandarin Dialect, or 官话 Kwan hwa, is spoken generally in 江南 Keang-nan, and 河南 Ho-nan, Provinces, in both of which, the Court once resided; hence the Dialects of those places gained the ascendancy over the other Provincial Dialects, on the common principle of the Court Dialect becoming, among People of education, the standard Dialect. A tartar-Chinese Dialect is now gradually gaining ground, and if the Dynasty continues long, will finally prevail. There is no occasion to suppose it a "Royal Dialect, fabricated on purpose to distinguish it from the vulgar". Difference of Dialects arises gradually without art or contrivance!

## 第五章 "官话"与"南方官话"

parts VOL. 1, Part 1, X, 1815 年)

马礼逊对当时中国的语言的了解是，江南和河南的"官话"超越了其他省的方言，在民间享有类似标准语的优势。这是 19 世纪初期的情况，与 17 世纪初期的《二刻拍案惊奇》对照，可以发现两百年间，中土官话在民间的威望并未消失，即使 18 世纪中叶朝廷的标准语已经改用直隶话。因此，我们认为中土官话虽然没有到达标准语的高度（朝廷和民间都认同并使用），但较接近于标准语官话的基础方言，甚至在民间的威望可能高于所有官话。而其中河洛音正是中土官话的代表。

最后来说说"南京官话"。"南京官话"有两个问题最值得思考，（一）是否与南京方言有关，即是否在南京方言的基础上产生的？（二）是否与南京方言无关，只是一种书音、雅言而已？

大部分学者都认为"南京官话"＝"南京方言"。远藤光晓（1984）提出南京话在当时最有可能占有标准音的地位。鲁国尧（1985）根据《利玛窦中国札记》的一段记录提出南京话在明代占据一个颇为重要的地位，或许即为官话的基础方言，即认为当时的南京话是标准语[①]。

（272）负责远航队的太监高高兴兴地乘船走了，并把他在南京买的一个男孩作为礼物留给了神父们。他说他送给他们这个男孩是因为他口齿清楚，可以教庞迪我神父纯粹的南京话。（北京版：391）

然而，南京方言是不是当时的标准语呢？

张玉来（2007：36）曾查找出多例文献说明南京话是方言，下例

---

[①] 支持这一观点的有：(1) 杨福绵（1995：68）认为："我们可以肯定罗明坚和利玛窦所学习和记录的语言，是当时通用的官话。这官话和现代江淮方言基本相同。它的基础方言不是以北京话为基础的北方官话，而是以当时的南京话为基础的南方（江淮）官话。"(2) 张卫东（1998a：77）认为："南方官话在明末仍是通行全国的官话，仍以江淮官话为基础方言，以南京音为标准。"(3) 曾晓渝（2004：73）认为："近代汉语的共同语在明代阶段的标准音有可能是南京音。"(4) 瓦罗认为："当我再次说到中国人的时候，我指的是那些熟通南京话的人。南京话是官话，也是中国所有其他方言的始祖。"（《华语官话语法》中译本，181 页）。白珊（2003：23）认为："瓦罗语法中所析的语言，并不对应于北京地区所讲的方言，也不等于任何时期的'北京官话'；事实上这种语言的基础是南京话，至少从 16 世纪一直到 18 世纪广泛通用于中国。"姚小平（2003：3）认为："(《华语官话语法》）书中所用的例词例句，记录了清初汉语官话，颇具历史语料价值。而这里所谓'官话'正如白珊博士在本书'导言'中所析，系以南京方言为基础。"张美兰（2004）认为："(《华语官话语法》）在《弁言》中还援引法语的读音来描写当时的南京话的语音，……记录了清初汉语官话，……较为客观地描写了明末清初以南京话为基础的官话。"

转引：

（273）凡唱，最忌乡音。吴人不辨清新侵三韵，松江支朱知，金陵街该、生僧，扬州百卜，常州卓作、中宗，皆先正之而后唱可也。（徐渭，《闲情偶寄·南词叙录》，明末）

金陵（即南京）话的语言地位与松江、扬州、常州一样，被称为"乡音"，可见，南京话是方言而非标准语。

而关于鲁国尧提出的例子，杨福绵（1995）发现译自金尼阁改订出版的《利马窦中国传教史》，并不是译自利氏意大利原文。这一段的原文是：

（274）太监刘步惜很高兴地把他在南京买的一个书童，送给神父们，当做礼物。因为这个男孩会讲地道的中国话（che parlava molto bene [la] lingua cina），可以教正要学中国话的庞迪我神父。

杨福绵认为："金尼阁把利马窦原文的'地道的中国话'改成了'纯粹的南京话'，可见当时的南京话就是地道的中国话，换言之，就是当时官话的基础方言，就是明末标准官话的代表，否则庞迪我就没有必要去学纯粹的南京话，而应该等到达北京后，学纯粹的北京话了。"① 我们认为原文和金尼阁的改订至多能证明，当时的南京话对在中国进行传教活动的传教士们的作用较大，因为当时传教士们一般都被限制在中国的南方活动（平田昌司，2000：541），但不能说明纯粹的南京话就是当时的标准语。

那么，南京方言究竟在当时具有什么样的地位？

张竹梅（2007：201）对明代建都历史的考察也认为："有明一代开国之君朱元璋的故里凤阳位于江淮方言区，朱明王朝的都城南京亦位于江淮方言区；朱明皇族以及淮西、南京人士俱说江淮方言。但是，明代前期（洪武、建文、永乐），由于迁都的影响、外忧内患的干扰等因素，也由于语言自身的发展规律，南京话还不具备成为官话或官话

---

① 杨福绵的材料比鲁国尧的更可靠，但是细读杨福绵提供的材料，即可发现三个问题：（一）"在南京买的一个书童"，是不是就一定是在南京出生在南京长大的地道的南京人？（二）如果（一）不成立，那么这个男孩会说的"地道的中国话"，就不一定是指地道的南京话。（三）金尼阁将"地道的中国话"改成"纯粹的南京话"，会不会正是发现当时的"地道的中国话"并不是"纯粹的南京话"呢？利玛窦是1582年来华的，这两则材料只能说明南京话对传教活动有一定的作用，但是并不能证明南京话就是当时朝廷和民间都使用的官话的标准音。

基础方言的语言基础和社会条件。不过由于南京的都城性质、地理位置及其政治影响,南京话有可能成为(或已经成为)明代江淮方言区的代表方言。"我们赞同这种观点。

再来说说第二种可能,如果"南京官话"与南京方言无关,只是一种书音、雅言而已,那么在识字率较低的明清,这样的语言是否能够成为大众通用的标准语呢?答案无疑是否定的。正如耿振生(2007:16)所说的:"标准音必须是在现实生活中切实发挥其规范作用的。我们讨论官话的标准音应该排除那些仅停留在纸面上的'标准音',能在纸面上起作用不等于它在实际交往中就是标准音。"

因此,无论南京官话是南京方言还是书音,都应当不具备成为当时标准音的条件。

## 六、"南方官话"与"官话"

在对"官话"的本质有了以上的认识之后,我们就能够理解在理论上提出"南方官话"这个概念的意义。这是因为:"超地域性"的要求是其存在的根本原因,而"地域性"的制约是其反映出与南方多种方言整体对应的语法面貌的内因,对"标准性"的追求是其拥有与其他"官话"共同的"最大公约数"的外因,而最终"南方官话"与标准官话之间存在一系列的不同,则是由"官话"的"模糊性"造成的。

这里需要特别注意的是,为什么我们认为在南方多种方言地区所说的"官话"在理论上可以看作是一种"南方官话",而不是将其分为南方各地的多种"官话"。这是因为:第一,这种"官话"与多种南方方言都存在整体对应的关系,体现出一种整齐的类型性。第二,如果"官话"无限细分,一地都有一地的"官话",则"官话"就会等于"方言",也就不再具有"超地域性"了。因此对"官话"的区分不能只看表面形式,而应从深层结构对其进行区分。

在语法上,南方官话与北方官话的对立,不仅存在于清代,而且一直延续到现代。我们曾对现代作家鲁迅与赵树理作品中的"给"进行研究,发现两者之间存在着较大的差异(李炜、李丹丹,2006)。第四章我们也提及邢福义指出广东、海南、台湾、香港等地的人爱说"好"字句,这种"好"字句并不是出现在他们的方言中,而是出现在"共同语"中,这种"共同语"并不完全对应于"普通话",我们认为这就是仍然活在人们口头的"南方官话"。

我们设计了一个实验，考察母语为苏州话、广州话、梅县话、福州话的被调查者，将母语中的句子翻译成普通话后，语法会否具有相似性。我们考察的项目包括：（1）包含第一人称复数包括式的句子；（2）包含第一人称复数排除式的句子；（3）包含给予动词的句子；（4）包含使役动词的句子；（5）包含被动介词的句子；（6）包含与事介词的句子；（7）包含连词的句子；（8）包含表示程度高的程度副词的句子；（9）包含表示可能的能愿动词的句子；（10）包含"形容词＋比较标志"比较句式的句子；（11）包含"有＋VP"结构的句子（除苏州话外）。由于时间的关系，该实验除了邀请到没有离开过广州生活的广州话母语者外，未能前往其他方言区邀请从未离开过当地生活的苏州话、客家话、福州话母语者参与实验。以苏州话、客家话、福州话为母语的被调查者都离开其母语区到其他城市工作（上海、广州、深圳），文化程度较高（大专学历2位、本科学历3位、硕士研究生学历1位），平时讲普通话的机会也较多。因此我们以为，这些被调查者将自己母语的句子翻译成普通话时，应该会比较标准。然而，不同母语的被调查者，对以上10—11个项目翻译的实验结果却显示出与标准的普通话都存在差异，而且这种差异具有相似性。

（1）苏州话、梅县话、广州话的母语者不区分第一人称复数包括式和排除式，福州话母语者报告自己知道"咱们"和"我们"的区别，因为自己的母语中存在这种区别，但因为在深圳工作，周围的人很少使用"咱们"，因而自己也很少使用。

（2）不同方言区的母语者将母语中表示给予、使役、被动的"拨"、"俾"、"分"都翻译成了"给"，也即是说，这些被调查者所说的普通话表使役和被动都用"给"（而不是用"叫"等）。

（3）不同方言区的母语者都将方言中表示可能的能愿动词"会"／"㑑"／"哙"翻译成了普通话的"会"，没有出现翻译成"能"的情况。

（4）不同方言区的母语者将方言中包含"形容词＋比较标志"比较句式的句子和"有＋VP"结构的句子翻译成普通话的情况比较有趣，有被试（广州话2人、客家话1人）注意到这两种用法在普通话中不规范，因此在翻译的时候刻意翻译成"比较标志＋形容词"（即"比"字句）和"VP过／了"。但是在实验结束后，在笔者的诱导中又都说出了包含有"形容词＋比较标志"比较句式和"有＋VP"结构的普通话。可见在日常生活中，这些方言区母语者说的普通话里还是带有这两种南方方言色彩。

（5）在程度副词方面，苏州话和广州话、梅州话母语者都将方言中的程度副词"蛮"、"好"翻译成了"好"。福州话母语者则翻译成了"很"。

（6）在对包含与事介词和连词的句子的翻译中，两位广州话母语者都将方言中的与事介词与连词"同"翻译成了"和"。这也从一个方面说明了因为方言中的与事介词与连词同形，所以方言母语者翻译成普通话时也受到方言的影响而产生负迁移。但是梅县话母语者和福州话母语者则将与事介词翻译成了"跟"，将连词翻译成了"和"，苏州话母语者的翻译情况则刚好相反，所以在这方面四个方言的母语者的表现不够一致。但广州话的母语者的翻译情况让我们相信，如果被调查的对象长期生活在母语方言区、文化程度较低、说普通话的机会较少——就像清代的南方方言区的人们一样——不同南方方言的母语者翻译的"普通话"会更具相似性。而这种相似性就是与南方多种方言整体对应的"南方官话"特色。

我们现在对东北官话、西南官话、西北官话进行区分的标准，是它们内部大体存在共同的、接近的语音、词汇、语法特点。我们所提出的对清代"南方官话"的区分标准也是与这些"官话"的区分标准相似的。不同之处是：

（1）这些"官话"本身就是当地的方言；"南方官话"是南方的方言在官话层面的一种投射，它不是方言，而是以"共同语"的形式出现的。

（2）这些"官话"本身就是当地人的母语，是自然习得的；"南方官话"是南方地区的人们的第二语言，需要刻意地学习才能掌握。

（3）使用这些"官话"的人们在日常生活中，也运用这些"官话"与当地人进行交流；使用"南方官话"的人们在日常生活中，不使用"南方官话"，而用当地方言与当地人进行交流，只有和外地人之间进行交流时，才使用"南方官话"。

南方官话与"南京官话"之间存在较大的区别，这在第四章的讨论中可以看出。联系今日的社会现实，在推广普通话这么多年后，南方地区的人们说的普通话还是带有明显的南方特点，可以想象，在当时人口流动较少、交通通讯不便、传媒手段落后的明清社会，要推广所谓的"标准语"存在极大的困难。南方官话在理论上可以理解为，历史上的南方人民在落后的社会环境中积极要求与其他地区的人民进行沟通、努力追求社会发展进步,而在广大的南方地区出现的一种变通的官话。

值得注意的是,这种官话是在中国南方地区出现的,但是其使用的范围绝不仅仅限于中国的南方地区。当时的琉球人学说这种官话,而不是南京官话、北京官话、中原官话,可以从另一个层面说明这种官话在当时比南京官话、北京官话、中原官话更具实用意义。原因也很容易理解:南京官话、北京官话、中原官话的语言特点对于除本地人以外的外地人来说是模糊的,而南方官话整体对应于南方多种方言的语言特点,对于南方方言区的人们来说更容易理解和掌握,因此当时会说某一种标准的南京官话、北京官话、中原官话的人们远远少于会说没有那么标准的南方官话的人们。来中国进贡、经商、学习的琉球人,有的在福建停留后前往北京,他们可以用这种官话与北京的官员、老师等进行交流;回到琉球的琉球学生,在接待中国的册封使和海难漂来的难民时,也可以用这种官话与他们进行沟通。在这些不间断的交流和沟通中,南方官话在被运用的同时得到了传播,也最终突破了其地域性而实现了超地域性。

### 七、"南方官话"与汉语史坐标系

正如袁家骅(2001:6)所说的,"汉语和它的方言的发展史的突出特点就是书面语言的统一,书面语言和口语的脱节。"因为重书面语而轻口语,现在流传下来的记录、反映口语的历史材料是较少的,这其中的大部分又是反映北方口语的历史材料。

南方方言的历史材料较少,其中一部分是方言剧种的戏文,这一部分因为受到书面语的影响,具有较高的仿古趋雅的成分,因此将其作为方言材料进行研究带有较高的局限性。目前国内我们能够借重的方言材料主要是方言小说,如《海上花列传》、《九尾龟》等,但遗憾的是,除了吴方言外其他方言的小说较为少见(粤语的《俗语倾谈》仍带有书面化的倾向)。因此,我们能够借重的大部分是域外的材料,比如传教士编写的方言圣经、词典、语法著作等,因为其口语化程度较高,故具有较高的语言研究价值。

"南方官话"之前因为材料的限制,鲜有学者参与讨论,但我们相信,随着更多的南方官话材料的面世,更多研究者的参与,"南方官话"这个概念将会越来越清晰。清代官方文件乾隆《会典》记载:"凡四夷朝贡之国,东曰朝鲜,东南曰琉球、苏禄,南曰安南、暹罗,西南曰西洋、缅甸、南掌，皆遣陪臣为使，奉表纳贡来朝"（乾隆《清会典》卷五十六，"礼部主客清吏司"，北京：中华书局，1991年），与琉球同时，中国还拥有其他七个藩属国，这些国家的人民和琉球的人民一样，都需要学习官话以便与清政府进行政治、经济等方面的往来，学习中国当时较为先进的文化、科技。

现在，朝鲜和琉球的材料已经发现了，朝鲜在中国的东北面，他们学官话的课本《老乞大》、《朴通事》具有北方官话性质；安南和暹罗等国的地理位置在中国以南，他们所学习的官话又是什么"官话"？是否和琉本一样，也具有较为典型的南方官话性质？

我们相信并期待着这些材料终有一天面世，让汉语史在以历史为纵轴，以地理为横轴的坐标系上，能够增加更多的"历史坐标"早于清代、"地理坐标"为南方汉语的"点"，让汉语史的研究能够从北方汉语史的研究扩大至南方方言史和南方汉语史（明清后即为南方官话史）等的研究。希望本书对琉本语言性质的考察对南方汉语史的研究起到抛砖引玉之用。

# 参考文献

白　珊．弗朗西斯科·瓦罗的《华语官话语法》——生平、历史和语法传统．华语官话语法．北京：外语教学与研究出版社，2003．

白维国．近三十年来日本对近代汉语的研究．国外语言学，1989，3：111-114．

北京大学中文系1955、1957级语言班编．现代汉语虚词例释．北京：商务印书馆，1982．

北京大学中国语言文学系语言学教研室编．汉语方言词汇（第二版）．北京：语文出版社，1995/2005．

曹广顺．近代汉语助词．北京：语文出版社，1995．

曹志耘．严州方言的代词系统［C］．代词．广州：暨南大学出版社，1999：126-144．

陈昌来．介词与介引功能．合肥：安徽教育出版社，2002．

陈　辽．明末清初的"啸花轩"现象．古典文学知识，1996（3）：72-75．

陈泽平．福州方言研究．福州：福建人民出版社，1998．

陈泽平．福州方言的介词［C］．介词．广州：暨南大学出版社，2000．

陈泽平．闽语新探索．上海：上海远东出版社，2003．

陈泽平．试论琉球官话课本的音系特点．方言，2004（1）：47-53．

程相文．《老乞大》和《朴通事》在汉语第二语言教学发展史上的地位．汉语学习，2001，2：55-62．

刁晏斌．初期现代汉语语法研究．台北：洪叶文化事业有限公司，1999．

刁晏斌．三朝北盟会编语法研究．开封：河南大学出版社，2003．

刁晏斌．现代汉语史．福州：福建人民出版社，2006a．

刁晏斌．现代汉语史概要．北京：北京大学出版社，2006b．

丁　锋．日汉琉汉对音与明清官话音研究．北京：中华书局，2008．

董　明．明清时期琉球人的汉语汉文化学习．北京师范大学学报（社科版），2001，1：109-116．

高名凯，石安石．语言学概论．北京：中华书局，1997．

耿振生．再谈近代官话的"标准音"．古汉语研究，2007，1：16-22．

郭芹纳．对《日本琉球的中国语课本〈广应官话〉》一文的一点商榷．《汉语史研究集刊》第三辑．成都：巴蜀书社，2000：242-246．

韩锡铎，王清原．小说书坊录．沈阳：春风文艺出版社，1987．

胡明扬．近代汉语的上下限和分期问题．语言学论文选．北京：中国人民大学出版社，1991．

黄伯荣 等编著．汉语方言用法调查手册．广州：广东人民出版社，2001．

黄雪贞. 客家方言的词汇和语法特点. 方言, 1994, 4: 268-272.
江蓝生. 说"么"与"们"同源. 中国语文, 1995, 3: 180-190.
江蓝生, 曹广顺, 吴福祥. 近代汉语研究的回顾与前瞻. 中国语言学现状与展望. 北京: 外语教学与研究出版社, 1996: 134-161.
江蓝生. 从语言渗透看汉语比拟式的发展. 中国社会科学, 1999, 4: 169-179.
蒋冀骋. 论近代汉语的上限(上). 古汉语研究, 1990, 4: 68-75.
蒋冀骋. 论近代汉语的上限(下). 古汉语研究, 1991, 2: 72-78.
蒋冀骋. 近代汉语研究. 二十世纪的中国语言学. 北京: 北京大学出版社, 1998.
蒋冀骋, 吴福祥. 近代汉语纲要. 长沙: 湖南教育出版社, 1997.
蒋绍愚. 近代汉语研究概况. 北京: 北京大学出版社, 1994.
蒋绍愚. 近十年间近代汉语研究的回顾与前瞻. 古汉语研究, 1998, 4: 37-44.
蒋绍愚. 近代汉语研究概要. 北京: 北京大学出版社, 2004.
黎锦熙. 汉语释词论文集. 北京: 科学出版社, 1957.
李丹丹. 《人中画》琉球写本的"自家". 中国语学. 东京: 日本中国语学, 2008, 255期: 78-94.
李丹丹. 从两种版本《人中画》的双音节化看近代汉语的下限. 贵州师范大学学报, 2011, 3: 11-14.
李丹丹. 官话的性质. 新疆社会科学, 2011, 4: 105-111.
李丹丹. 清时期翻译、改编的汉语口语课本类型. 华文教学与研究, 2012, 1: 25-31.
李丹丹, 李炜. 琉球官话的"官话"性质. 吉林大学社会科学学报, 2008, 1: 138-143.
李 蓝. 现代汉语方言差比句的语序类型. 方言, 2003, 3: 214-232.
李如龙. 闽南方言的代词[C]. 代词. 广州: 暨南大学出版社, 1999: 263-288.
李如龙. 汉语方言学. 广州: 高等教育出版社, 2001.
李如龙 编. 汉语方言特征词研究. 厦门: 厦门大学出版社, 2001.
李 炜. 京×话——一级京兰话、京广话语法问题例析[C]. 双语双方言(二), 香港: 彩虹出版社, 1992.
李 炜. 清中叶以来的"给"字及其相关句式. 中山大学博士学位论文, 2002a.
李 炜. 清中叶以来使役"给"的历时考察与分析. 中山大学学报(社科版), 2002b, 3: 62-66.
李 炜. 从《红楼梦》《儿女英雄传》看"给"对"与"的取代. 兰州大学学报(社科版), 2002c, 4: 135-140.
李 炜. 清中叶以来北京话的被动"给"及其相关问题. 中山大学学报(社科版), 2004a, 3: 35-40.
李 炜. 北京话表达使役、被动义的历史与现状. 外国语学研究. 东京: 大东文化大学, 2004b, 5.
李炜, [日]濑户口律子. 琉球官话课本中表使役、被动义的"给". 中国语文,

2007，2：144-148.

李炜，李丹丹.《语言自迩集》中含"给"字的给予句及其给予义的表达. 文与哲，高雄：台湾国立中山大学中国文学系，2004，4：507-519.

李炜，李丹丹. 两种"给"字系统与清代南北官话——兼谈鲁迅与赵树理作品中的"给"字使用差异［C］. 第三届汉语方言语法国际研讨会提交论文. 广州：暨南大学，2006.

李炜，李丹丹. 从版本、语言特点考察人中画琉球写本的来源和改写年代. 中山大学学报（社科版），2007，6：71-75.

李炜，李丹丹. 清中后期两种北京话口语材料中含"给"字的给予句及其给予义的表达. 兰州大学学报（社科版），2008，2：72-76.

李无未，陈珊珊. 日本明知时期的北京官话"会话"课本. 世界汉语教学，2006，4：121-132.

李新魁. 广东的方言. 广州：广东人民出版社，1994.

李新魁等. 广州方言研究. 广州：广东人民出版社，1995.

李作南，李仁孝. 论汉语第一人称代词的发展和蒙语对它的影响. 内蒙古大学学报（社科版），1993，4：55-64.

林　辰. "留人眼"之谜. 明末清初小说述录. 沈阳：春风文艺出版社，1988.

刘丹青. 吴江方言的代词系统及内部差异［C］. 代词. 广州：暨南大学出版社，1999：102-125.

刘钧杰.《红楼梦》前八十回和后四十回语言差异考察. 语言研究，1986，172-181.

刘晓梅，李如龙. 东南方言语法对普通话的影响四种. 语言研究，2004，4：61-64.

刘一之. 关于北方方言中第一人称代词复数包括式和排除式对立的产生年代. 语言学论丛. 北京：商务印书馆，1988，第15辑：92-140.

鲁国尧. 明代官话及其基础方言问题——读《利玛窦中国札记》. 南京大学学报，1985，4.

鲁国尧. 研究明末清初官话基础方言的廿二年历程："从字缝里看"到"从字面上看". 近代官话语音研究. 北京：语文出版社，2007：122-142.

路　工. 古本小说新见. 访书见闻录. 上海：上海古籍出版社，1985：160.

路　工. 明清平话小说选（第一集）. 上海：上海古籍出版社，1986年新1版. 1958/1986.

罗福腾. 山东方言比较句的类型及其分布. 中国语文，1992，3：201-105.

吕叔湘主编. 现代汉语八百词. 北京：商务印书馆，1980/1999.

吕叔湘. 近代汉语指代词·序. 近代汉语指代词. 上海：学林出版社，1984.

吕叔湘. 释"您"、"俺"、"咱"、"咱"附论"们"字. 汉语语法论文集（增订本）. 北京：商务印书馆，1984：1-37.

马贝加. 近代汉语介词. 北京：中华书局，2002.

麦　耘. 论近代汉语-m韵尾消失的时限. 古汉语研究，1991，4：21-24.

梅祖麟. 北方方言中第一人称代词复数包括式和排除式对立的来源. 语言学论丛.

北京：商务印书馆，1988，第15辑：141-145.

梅祖麟. 唐代、宋代共同语的语法和现代方言的语法. 中国境内语言暨语言学，台北：台湾中央研究院历史语言研究所，1994，2：61-97.

潘　相. 琉球入学见闻录. 国家图书馆藏琉球资料汇编（下）. 北京：北京图书馆出版社，2000：263-756.

齐　鲲. 续琉球国志略. 国家图书馆藏琉球资料汇编（下）. 北京：北京图书馆出版社，2000：117-262.

钱奠香. 屯昌方言的代词［C］. 代词. 广州：暨南大学出版社，1999：325-344.

沈家煊. "有界"与"无界". 中国语文，1995，5：367-380.

沈家煊，吴福祥，马贝加. 语法化与语法研究. 北京：商务印书馆，2005.

施其生. 汕头方言的人称代词. 方言，1993，3：185-190.

石汝杰. 苏州方言的介词体系［C］. 介词. 广州：暨南大学出版社，2000.

石毓智. 语法化的动因与机制. 北京：北京大学出版社，2006.

孙楷第. 中国通俗小说书目. 北平：中国大辞典编纂，国立北平图书馆，1933.

孙楷第. 中国通俗小说书目. 北京：作家出版社，1957.

孙楷第. 中国通俗小说书目. 北京：人民文学出版社，1982.

孙秀君. 《人中画》研究. 硕士论文. 台湾：东海大学中国文学研究所，1992.

万　波. 赣语安义方言的人称代词和指示代词［C］. 代词. 广州：暨南大学出版社，1999：145-158.

王　力. 中国现代语法. 商务印书馆，1943/1985.

王　力. 汉语史稿（修订本）. 北京：科学出版社，1958.

王森，王毅，姜丽. "有没有/有/没有＋VP"句. 中国语文，2006，1：10-18.

王彦杰. "把……给V"句式中助词"给"的使用条件和表达功能. 语言教学与研究，2001，2：64-70.

吴福祥. 敦煌变文的人称代词"自己""自家". 古汉语研究，1994，4：33-37.

吴福祥. 近代汉语语法研究的成就与展望. 汉语史研究集刊第2辑，2000.

吴福祥. 汉语历史语法研究的目标. 古汉语研究，2005，2：2-14.

吴福祥. 汉语语法化研究. 北京：商务印书馆，2005.

吴福祥. 关于语言接触引发的演变. 民族语文，2007，2：3-23.

吴淮南. 作为外语的汉语口语教材《朴通事》和《朴通事谚解》. 南京大学学报（哲科版），1995，4：126-131.

武尚清. 琉球民族与华夏文化［J］. 世界民族，1995（2）：64-76.

萧相恺. 《人中画》前言. 古本小说集成. 上海：上海古籍出版社，1992.

邢福义. 南味"好"字句. 华中师范大学学报（哲社版），1995，1：78-85.

徐恭生. 琉球国在华留学生. 福建师范大学学报（社科版），1987，4：102-107.

徐时仪. 汉语白话发展史. 北京：北京大学出版社，2007.

徐通锵. 历史语言学. 北京：商务印书馆，1991.

薛才德. 语言接触与语言比较. 上海：学林出版社，2007.

杨福绵. 罗明坚、利马窦《葡汉词典》所记录的明代官话. 中国语言学报, 1995, 5.
杨敬宇. 清末粤方言语法及其发展研究. 广州：广东人民出版社, 2006.
杨耐思. 加强近代汉语研究. 语文建设, 1987, 1：20-21.
杨荣祥. 近代汉语副词研究. 北京：商务印书馆, 2005.
姚小平. 华语官话语法·中译序. 华语官话语法. 北京：外语教学与研究出版社, 2003.
叶宝奎. 明清官话音系. 厦门：厦门大学出版社, 2001. 262-263.
俞光中, 植田均. 近代汉语语法研究. 上海：学林出版社, 1999.
袁　宾. 论近代汉语. 广西大学学报, 1987, 1：94-100.
袁　宾 等. 二十世纪的近代汉语研究. 太原：书海出版社, 2001.
袁家骅 等. 汉语方言概要（第二版）. 北京：语文出版社, 2001.
曾晓渝. 试论《西儒耳目资》的语音基础及明代官话的标准音. 语音历史探索——曾晓渝自选集. 天津：南开大学出版社, 2004.
张美兰. 《华语官话语法》与17世纪的南京话. 国际汉学, 2004, 第十辑.
张卫东. 试论近代南方官话的形成及其地位. 深圳大学学报, 1998a, 3：73-78.
张卫东. 北京音何时成为汉语官话标准音. 深圳大学学报, 1998b, 4：93-98.
张燕来. 《红楼梦》中的"动＋将＋补"结构. 中国语文, 2004, 2.
张玉来. 近代汉语官话语音研究焦点问题. 近代官话语音研究. 北京：语文出版社, 2007：16-41.
张竹梅. 试论明代前期南京话的语言地位. 近代官话语音研究. 北京：语文出版社, 2007：184-203.
赵伯陶. 《人中画》前言. 中国话本大系. 南京：江苏古籍出版社, 1993.
赵金铭. "我唱给你听"及相关句式. 中国语文, 1992, 1：1-11.
赵元任. 现代吴语的研究. 北京：清华学校研究院, 1928；北京：科学出版社, 1956.
郑张尚芳. 闽语与浙南吴语的深层联系. 第六届闽方言国际研讨会提交论文. 香港：香港科技大学, 1999.
郑张尚芳. 温州话指代词系统及强式变化并近指变音. 汉语方言研究和探索（首届国际汉语方言语法学术研讨会论文集）. 哈尔滨：黑龙江人民出版社, 2003.
周　刚. 连词与相关问题. 合肥：安徽教育出版社, 2002.
周晓林. "动＋将＋补"结构补议. 中国语文, 2007, 2：149-150.
朱德熙. 与动词"给"相关的句法问题. 方言, 1979, 3/中国社会科学, 1980, 1：173-182.
朱德熙. 包含动词"给"的复杂句式. 中国语文, 1983, 3：161-166.
朱德熙. 现代汉语语法研究. 北京：商务印书馆, 1985.
祝畹瑾. 社会语言学概论. 长沙：湖南教育出版社, 1992.
庄初升. 一百多年前新界客家方言的体标记"开"和"里". 暨南学报, 2007, 3：

148-158.

[韩] 李泰洙. 《老乞大》四种版本语言研究. 北京：语文出版社，2003.

[日] 陈亦文. 白话作品に见る动量词「趟」——使用方言检证のマーカーとして. 中国语学，2006，253：171-191.

[日] 村上嘉英. 近世琉球における中国语学习样态. 东方学，1971，41：1-10.

[日] 大塚秀高. 中国通俗小说书目改定稿（初稿）. 东京：汲古书院，1984.

[日] 大塚秀高. 增补中国通俗小说书目. 汲古书院，1987.

[日] 大塚秀明. 明清资料における官话という言叶について. 言语文化论集. 筑波大学现代语现代文化系，1996，42：111-129.

[日] 高田时雄. トマス・ワエイドと北京语の胜利. 西洋近代文明と中华世界，京都大学人文科学研究所 70 周年纪念论集. 京都：京都大学学术出版会，2001：127-142.

[日] 宫良当壮. 琉球官话集について. 宫良当壮全集第 10 卷琉球官话集. 东京：第一书房，1981：637-639.

[日] 宫田一郎. 吴语の语助词. 人文研究. 大阪：大阪市立大学文学部. 1981，第 33 卷第 2 分册：54-62.

[日] 横田文彦. 早期粤语从"在 zhoi"到"嘅 hai"的演变及其原因 [C]. 第三届汉语方言语法国际研讨会. 广州：暨南大学，2006.

[日] 濑户口律子. 『白姓官话』两种における比较. 语学教育研究论丛，1992a，9：116-129.

[日] 濑户口律子. 琉球官话课本研究-2『尊驾-学官话』について. 南岛史学. 南岛史学会，1992b，39：44-53.

[日] 濑户口律子. 白姓官话全訳，东京：明治书院，1994a.

[日] 濑户口律子. 琉球官话课本研究. 香港：香港中文大学中国文化研究所，1994b.

[日] 濑户口律子. 琉球官话课本『广应官话』の言语. 东洋研究. 东京：大东文化大学东洋研究所，1994c，114：37-54.

[日] 濑户口律子. 琉球官话课本の言语——课本の中の福州话. 南岛史学. 南岛史学会，1994d，44：24-37.

[日] 濑户口律子. 日本琉球的中国语课本《广应官话》. 中国语文，1996，4：283-287.

[日] 濑户口律子. 学官话全訳. 东京：榕树书林，2003.

[日] 濑户口律子，李炜. 琉球官话课本编写年代考证. 中国语文，2004，1：77-84.

[日] 六角恒广. 日本中国语教育史研究. 北京：北京语言学院出版社，1992.

[日] 六角恒广. 中国语书志. 东京：不二出版，1994.

[日] 木津祐子. 『新刻官话汇解释义音注』から『新刻官话汇解便览』へ. 明清时代の音韵学，京都：京都大学人文科学研究所，2001：65-87.

[日] 木津祐子. ベッテルハイムと中国语——琉球における官话使用の一端を探

る，総合文化研究所紀要，2002，19.

［日］木津祐子. 赤木文库藏《官话问答便语》校. 冲绳文化研究. 东京：法政大学冲绳文化研究所，2004a，31：543-657.

［日］木津祐子. 琉球编纂の唐话课本に见る『未曾』『不曾』『沒有』——その课本间差异が意味すること. 中国语学. 日本中国语学会，2004b，251：35-55.

［日］木津祐子. 清代福建的官话-以琉球官话课本的语法特点为例［c］. 第五届国际古汉语语法研讨会暨第四届海峡两岸语法史研讨会论文集（Ⅱ）. 台北：台湾中央研究院语言学研究所，2004c：1-11.

［日］木津祐子. 清代乾隆年间琉球久米村通事的学门和官话［C］. 第四回国际シンポジウム第二回世界汉语教育史研究学会大会 "16—19世纪西方人的汉语研究". 大阪：关西大学アジア文化交流研究センター，2007.

［日］内田庆市. 欧美人の学んだ中国语. 西洋近代文明と中华世界. 京都大学人文科学研究所70周年纪念论集. 京都：京都大学学术出版会，2001：143-159.

［日］平山久雄. 「给」の来源—「过与」说に寄せて. 中国语学，2000，247：56-70.

［日］平田昌司. 清代鸿胪寺正音考. 中国语文，2000，6：537-544.

［日］平田昌司. 制度化される清代官话. 明清时代の音韵学. 京都：京都大学人文科学研究所，2001：31-59.

［日］平田昌司. "中原雅音" 与宋元明江南儒学——"土中" 观念、文化正统意识对中国正音理论的影响. 近代官话语音研究. 北京：语文出版社，2007：51-74.

［日］石崎博志. 汉语资料による琉球语研究と琉球资料による官话研究について. 日本东洋文化论集. 冲绳：琉球大学法文部，2001，7：55-98.

［日］石崎博志. 「外国语による琉球语研究资料」および「琉球における官话」文献目录. 日本东洋文化论集. 冲绳：琉球大学法文部，2001，7：99-134.

［日］矢放昭文. 琉球官话集の反切について. 地域研究（12-1）. 鹿儿岛：鹿儿岛经济大学地域经济研究所，1982：25-30.

［日］太田辰夫. 北京语の文法特点. 久重福三郎先生阪本一郎先生还历记念. 中国研究-经济·文学·语学. 天理：天理时报社，1965：37-55.

［日］太田辰夫. 中国语历史文法. 东京：江南书院，1958/中国语历史文法（中译本）. 蒋绍愚，徐昌华译. 北京：北京大学出版社，2003.

［日］太田辰夫. 中国语史通考. 东京：白帝社. 1988/汉语史通考（中译本）. 江蓝生，白维国译. 重庆：重庆出版社，1991.

［日］太田辰夫. （新订）中国历代口语文. 京都：朋友书店，1998.

［日］香坂顺一. 明代の吴语——据《拍案惊奇》附注. 清末文学言语研究会会报，1962，1：39-55.

［日］香坂顺一. 下江官话の性格（一）——语彙の面からみた. 清末文学言语

研究会会报，1962，2：60-80.

［日］香坂顺一. 白话语汇研究. 江蓝生，白维国译. 北京：中华书局，1997.

［日］小川英子. 琉球官话の由来とその特质. 东北学院大学论集. 东北学院大学学术研究会，1996，第114号.

［日］伊地知善继. 琉球写本官话问答. 支那及支那语. 大阪：大阪外语支那研究会，1942，4卷12号：7-9.

［日］鱼返善雄. 人中画と琉球人. 人间味の文学. 东京：明德出版社，1957：63-70.

［日］远藤光晓.《翻译老乞大朴通事》里的汉语声调. 语言学论丛，1984，第十三辑.

［日］中安美惠子. 鲁迅小说语汇の研究. 中国语研究，1979，19：34-68.

［日］佐藤晴彦. 论所谓"动词词尾"的"将"字. 明清文学言语研究会会报，1972.

［日］佐藤晴彦. 琉球写本官话课本研究序说——写本『人中画』のことば（1）. 人文研究，1978，第30卷第2号：25-39.

［日］佐藤晴彦. 琉球写本官话课本のことば. 中国语学，1979，226：88-98.

［日］佐藤晴彦. 琉球写本官话课本研究序说——写本『人中画』のことば（2）. 人文研究，1980，第32卷第4期：47-68.

［日］佐藤晴彦.「古今小说」における冯梦龙の创作——言语の特征からのアプローチ——. 东方学，1986，27.

［日］佐藤晴彦.「醒世恒言」における冯梦龙の创作（Ⅰ）——言语の特征からのアプローチ——. 神户外大论丛，1988，第39卷第6号.

［日］佐藤晴彦.「醒世恒言」における冯梦龙の创作（Ⅱ）——言语の特征からのアプローチ——. 神户外大论丛，1990，第41卷第4号.

［日］佐藤晴彦. 对《警世通言》中冯梦龙作品的窥测——从语言学的角度看《三言》. 近代汉语研究. 北京：商务印书馆，1992.

［瑞］高本汉. 中国音韵学研究. 赵元任、李方桂、罗常培合译，上海：商务印书馆，1940.

B. Karlgren, New Excursions on Chinese Grammar, BMFEA24, 1952.

Hopper, P. J. On some Principles of Grammaticalization, In Traugott & Heine 1991, Approaches to Grammaticalization, Vol 1, 1991: 17-36.

Norman, Jerry. What is a Kejia Dialect. *Proceedings of the Second International Conference on Sinology* (Section on Linguistic and Paleography), 1989: 323-334.

William Croft. Typology and Universals. Foreign Language Teaching and Research Press, Cambridge University Press. 2000.

Zipf, G. K. Human Behavior and the Principle of Least Effort. Cambridge Addison-Wesley Press, 1949.

# 附 录

## 附录（一） 《人中画》琉球写本各版本照片

(1) 天理大学藏本

(2) 东京大学藏本

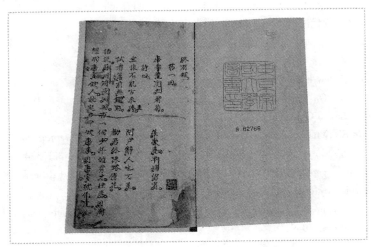

## （3）京都大学藏本

## （4）关西大学藏本

附录（二） 啸花轩本《人中画》与天理大学藏琉球写本《人中画》对照文字之总目录

## 人中画总录

### 风流配

一卷
司马玄感义气赠功名
吕翰林报恩私窃柯斧

二卷
长安街花担上遇良媒
红菟村诗扇中得佳偶

三卷
华峰莲为怜才乔催妆
尹苻烟误于归题合卺

四卷
太师公善戏谑难乘龙
探花郎苦推求欢跨凤

### 自作孽

五卷
汪天隐贵负恩终须不吉
黄道行穷好义到底成名

六卷
小器子妄希荣既得而复失
大度人不记仇善始而全终

**狭路逢**

（七卷目录缺）

八卷
傅友魁攫金失义
李春荣见色存仁

九卷
千金赠婿终归主
两次相逢始信神

**终有报**

十卷
唐季龙虎丘看菊
庄敬庵半塘留宾

十一卷
花小姐空觅偶
元公子自淫妻

十二卷
张媒婆巧赠绣鸳鸯
王野云代谢娇鸾凤

十三卷
被窝中谢出假货
公堂上审出真情

**寒彻骨**

十四卷
柳公子唧冤逃性命
商尚书慷慨认螟蛉

十五卷
流落子高登科报深仇
慧心女假丧明守佳偶

附录（三）　啸花轩本《人中画》与天理大学藏
琉球写本《人中画》对照文字之《自作孽》

# 自作孽

### 第一回　汪天隐贵负恩终须不吉　黄遵行穷好义到底成名

640a 诗曰：恩将恩报只寻常，忘却人恩已不良。若再将恩以仇报，此人定是兽心肠。（啸/自/一）

640b 诗曰：恩将恩报只寻常，忘却人恩已不良。若再将恩以仇报，此人定是兽心肠。（琉/自/一）

641a 又曰：有心行善莫言穷，偏是穷人善有功。休怪眼前无报应，岁寒耐尽自春风。（啸/自/一）

641b 又曰：有心行善莫言穷，偏是穷人善有功。休怪眼前无报应，岁寒耐尽自春风。（琉/自/一）

642a 话说万历年间，徽州府祁门县有一个老秀才，姓黄名舆，表字遵行，为人甚是慈善，兼且素性端方，言行不苟，居于乡里，闲人都称是个淳厚长者。（啸/自/一）

642b 话说，万历年间，徽州府祁门县，有一个老秀才，姓黄，名字叫舆，号叫遵行。做人甚是老实，又正经讲话做事情，都不乱说，也不乱做。乡里的人，都说他是个忠厚老实的人。（琉/自/一）

643a 家产要算不足，才学也只平平，喜得十八岁进学后，就考了一等第二，补了担廪。（啸/自/一）

643b 家事也苦，才学也平常，喜得他十八岁进学了，后来考了一等第二名，补了廪膳秀才。（琉/自/一）

644a 自此之后，每每遇考，高也只在二等，低也不出三等，到也无荣无辱。（啸/自/一）

644b 从此以后，常常遇考，高也只在二等，低也不出三等，到也平平过了。（琉/自/一）

645a 吃了三十年粮，论起来贡也该贡得他着，只是不喜钻谋，任人长短，故后面的往往先贡了去。（啸/自/一）

645b 吃了三十年廪膳钱粮，论起来，拔贡也该拔着他了。总是他不肯谋干，凭你们去做，后头的人都先拔贡去了。（琉/自/一）

646a 他明知是学里先生欺负他忠厚，他在人前却从不曾说一句不

206

平的言语。(啸/自/一)

646b 他明明知道是学里先生欺负他忠厚,他在人面前,从来不说一句不平的话。(琉/自/一)

647a 一日,宗师岁考。徽州各县童生俱要廪生保结,方许赴考。(啸/自/一)

647b 一天,提学道岁考徽州,各县童生,都要廪生保结,纔许他来考。(琉/自/一)

648a 原来徽州富家多,凡事银子上前,廪生、府县、道三处保结,穷煞也要几两。(啸/自/一)

648b 原来徽州富家的人多,凡事都要银子上前。廪生、府县、道三处保结,穷鬼的人,也要他几两(的)银子。(琉/自/一)

649a 祁门县一个童生,叫做汪费,字天隐,家计甚贫,四下求人,人见他银子少,没一个肯保。(啸/自/一)

649b 祁门县一个童生,叫做汪费,号叫天隐,家里甚苦。四处求人,人家见他银子少,没有一个人肯替他出保结。(琉/自/一)

650a 考期将近,他急得无法,有人指点他道:"官井头黄舆秀才为人淳厚,不甚论利,他处你去求,或者还好说话。"(啸/自/一)

650b 他考的日子要到了,他急得没有方法。有一个人指点他说:"官井头地方,有个黄舆秀才,做人忠厚,银子借人家,也不论甚么利钱。你去求他,或且借你,也论不定的。"(琉/自/一)

651a 汪费听了满心欢喜,忙忙写了个门生帖子来拜黄舆。(啸/自/一)

651b 汪费听了,满心欢喜起来,忙忙写了个门生的帖子来拜黄舆。(琉/自/一)

652a 黄舆留坐道:"汪兄下顾,想是为考事要学生出保结了?"(啸/自/一)

652b 黄舆留他坐说:"你来我家(到我家来?),想必为考试的事,要我出保结么?"(琉/自/一)

653a 汪费道:"门生实实为此事而来,但只是些须薄礼,不足充纸笔之敬,要求老师念门生赤贫,用情宽恕!"(啸/自/一)

653b 汪费说:"我实实为这个事来。一点的薄礼,不堪奉敬,要求老先生念我家里苦,替我出个保结!"(琉/自/一)

654a 黄舆道:"斯文一脉,成就人才是好事,礼之厚薄那里论得!但凭汪兄赐教罢了。"(啸/自/一)

654b 黄舆说:"读书的人,都是一样。总成你是个好事,礼物厚

薄，那里论得，凭你怎么样就是了。"（琉/自/一）

655a 汪费道："门生不瞒老师说，家中止有薄田二亩，以为家母养膳之资。门生欲售一亩奉献老师，因考期甚迫，急切里没有售主，今不得已，只得将田契托舍亲押得酒资少许，乞老师笑纳，勿以凉薄为罪！"（啸/自/一）

655b 汪费说："我不瞒老先生说，家里只有薄田两亩，是养我妈妈的。我要卖一亩，将银子来送先生。如今考试近了，没有个买主，没奈何将田契托亲戚朋友当这一点银子，求先生收下，不要见怪！"（琉/自/一）

656a 随将银封送上。（啸/自/一）

656b 把银子送给黄先生。（琉/自/一）

657a 黄奭接看是一两银子，便低头只管踌躇。（啸/自/一）

657b 黄先生接来一看，是一两银子，就低头不做声，在那里思量。（琉/自/一）

658a 汪费见黄奭踌躇，只道他嫌少，连连打恭恳道："门生非敢吝惜，实是无处挪措，老师若嫌轻微，待府县取了，容门生将田卖了再补何如？"（啸/自/一）

658b 汪费见黄奭不做声，当是他嫌少，连连作揖求他说："我不是舍不得，委实没有地方去借。老先生若嫌少，等府县取有名字，宽我把田卖了再补先生！"（琉/自/一）

659a 黄奭道："学生踌躇不是嫌轻，因闻得汪兄说此银是田契抵来，虽是兄功名心急，倘此田费了，却将何物供养令堂？学生心下有所不安耳！三处保结，我自与你出。此银兄原拿去，速速取回田契，莫要因此小前程，失了人子之孝！"（啸/自/一）

659b 黄奭说："我在这里思量，不是嫌少。听见你说，这银子是田契当来的，虽是你求功名的心急，这亩田卖吊了，你把甚么东西来养你的妈妈？我心里头有可怜你的意思，不是嫌你的少。三处（的）保结，都（我？）替你出。这个银子，你拿回去，快快要赎回那田契，不要因这个小前程，失吊你做儿子孝顺的心肠！"（琉/自/一）

660a 因将银递还汪费。（啸/自/一）

660b 把银子递还汪费。（琉/自/一）

661a 汪费道："此固老师云天高义，但白白出结，恐无此理！"（啸/自/一）

661b 汪费说："这个是老先生的大恩了！白白的替我出结，恐怕没

有这个道理。"（琉／自／一）

662a 黄舆道："兄只去料理考事，我既许兄出结，断不改口。"（啸／自／一）

662b 黄舆说："你去料理你的考试事，我既然许你出结，断不骗你。"（琉／自／一）

663a 汪费听了，忙拜下去道："蒙老师盛意，感铭五内，倘有寸进，自当犬马图报！"（啸／自／一）

663b 汪费听了，忙忙拜下去说："蒙老先生盛情，我记在心上，后来有好的日子，重重拜谢先生！"（琉／自／一）

664a 遂收了原银回去。（啸／自／一）

664b 把银子收了回去。（琉／自／一）

665a 到了考期，黄舆果然县、府、院三处都与他出结。（啸／自／一）

665b 到那考的时候，黄舆果然县里、府里、院里，都替他出结。（琉／自／一）

666a 争奈汪费才学未充，候到发案，却无名姓。（啸／自／一）

666b 汪费的才学还浅，发案时候，没有名字。（琉／自／一）

667a 这一番汪费虽不曾进得，却与黄舆认了师生，到时常往来。（啸／自／一）

667b 这一回，汪费替黄舆，认了个先生、学生，常常来往。（琉／自／一）

668a 黄舆讨汪费的文字看，因说道："兄的天资最高，笔性甚慧，到是文场利器，可中之才。只是内中尚有不到之处。"（啸／自／一）

668b 黄舆要汪费的文字来看，说道："你到聪明，做的也好。总是里头还有不好之处，你不要怪我讲你。"（琉／自／一）

669a 汪费道："门生后学，又因家贫无名师良友，今幸老师垂爱，不到之处，望老师指点，异日决不忘恩！"（啸／自／一）

669b 汪费说："门生家里苦，没有好先生、朋友教导。如今求老先生教导教导，日后再不忘先生的恩！"（琉／自／一）

670a 黄舆因指点他道："某句不切题，某字不合法，所以前日宗师不取。"（啸／自／一）

670b 黄舆教导他说："那一句不切题目，那一字不着，故此前日学道不取你。"（琉／自／一）

671a 汪费一一受教，凡有病痛处，都细细改过。（啸／自／一）

671b 汪费听了，凡有不好的，都细细改过。（琉／自／一）

672a 黄舆见他虚心，便知无不言，言无不尽。（啸/自/一）

672b 黄舆见他肯受教导，就把件件的道理，都教导他。（琉/自/一）

673a 汪费朝夕琢磨，大得其力。（啸/自/一）

673b 汪费早晚受教，到也通了。（琉/自/一）

674a 汪费初时还日日说要寻些东西来孝敬先生，虽然没有，却还好听。（啸/自/一）

674b 汪费先时候，还天天说，要寻些东西来孝敬黄舆。寻都没有，讲还好听。（琉/自/一）

675a 过到后来，家中少柴没米，日日愁苦、嗟叹，黄舆看不过，到往往有此赟助。（啸/自/一）

675b 到后来，家中少米没柴，天天愁苦叹气。黄舆看不过，到常常有些东西帮他。（琉/自/一）

676a 过了年余，宗师又发牌科考。（啸/自/一）

676b 过了年把，学道又发牌科考。（琉/自/一）

677a 前番黄舆出保结，还要汪费来求，这番两人已成了莫逆师生，寻常柴米还要周济，岂有保结又问他要银子之理？（啸/自/一）

677b 前一回黄舆出保结，还要汪费来求他。这一回，两个人成了知己先生学生，往常的柴米，还要周济他。如今保结，那有问他要银子的道理？（琉/自/一）

678a 莫说黄舆不要，就是汪费也不打点了。（啸/自/一）

678b 不要讲黄舆不要，就是汪费，他也不预备了。（琉/自/一）

679a 到了考期，有了保结，县取送府，府取送院。（啸/自/一）

679b 到了考试日子，有了保结，县里有名字，送到府里。府里有名字，送到院里。（琉/自/一）

680a 这番汪费得了黄舆讲究之功，学问充足，学院发案，高高取在第二，就送观场。（啸/自/一）

680b 这一回汪费得了黄舆教他的工夫，学问大通。学院发案，高高的取在第二名，就送科举。（琉/自/一）

681a 黄舆录科，喜得也是二等有科举。师生二人欢欢喜喜，同往南京乡试。（啸/自/一）

681b 黄舆也有科举，先生学生二人欢欢喜喜，一齐去南京乡试。（琉/自/一）

682a 一路盘缠，到有八九分是黄舆使用。（啸/自/一）

682b 一路上食用盘缠，到有八九分是黄舆的。（琉/自/一）

683a 到了南京，寻了寓所，黄舆又与汪费讲论后场。（啸/自/一）

683b 到了南京，寻个房子住下，黄舆又替汪费讲论科场事情。（琉/自/一）

684a 汪费一个穷童生，得能进学，便如登天，今日不但进学，而又有了科举，十分得意，不觉足高气扬，走路都摇摇摆摆。（啸/自/一）

684b 汪费一个穷童生会进学，就像登天。今日不特进学，又有科举，就十分快活，心上就有个骄傲的形状，走路摇摇摆摆（的）。（琉/自/一）

685a 黄舆看不过，因戒他道："我们儒者前程万里，须举止安详，方是个远大之器，若以一领青衿，便骄矜见于颜面，则是有才无德，不足取重于人了。"（啸/自/一）

685b 黄舆看不过意说："我们斯文的人，举动要正经，纔是个道理。若靠着一个秀才，就眼里没有人，就是你有才学，没有德行，人也不敬重你了。"（琉/自/一）

686a 汪费若在旧时，未免敛容受教，今日虽不说些甚么，但只笑笑就罢了。（啸/自/一）

686b 汪费若是在先的时候，就也听他了，如今他嘴里不说些甚么，寡笑笑就罢了。（琉/自/一）

687a 候到临场，二人同赴，喜得三场俱能完毕。（啸/自/一）

687b 等到科场日期，两个一起进去，三场过了。（琉/自/一）

688a 黄舆连科不中惯了，规矩出场就要回家。（啸/自/一）

688b 黄舆连科不中惯了，出场就要回家。（琉/自/一）

689a 汪费道："既入场，便都有分中，不中也须候过揭晓回去。"（啸/自/一）

689b 汪费说："既进场，大家都有分。中不中，也该等到发榜过了回去。"（琉/自/一）

690a 黄舆道："揭晓还有半月，那有许多盘缠？"（啸/自/一）

690b 黄舆说："挂榜还有半月，那有许多盘缠？"（琉/自/一）

691a 汪费道："且设法挪借些用用，倘侥幸中了，便是陡然富贵，不怕没盘缠了。"（啸/自/一）

691b 汪费说："设法挪借些用用，倘侥倖中了，便是陡然富贵，不怕没有盘缠。"（琉/自/一）

692a 黄舆道："我与你读书一场，同在圣贤门下，立身行己，当以道义为主，就是中了，当取者取之，不当取者也要商量，怎说个陡然

富贵?"（啸/自/一）

692b 黄舆说："我替你读书一场，同在圣贤门下，我们做人，要把道理为主。就是中了，当取者取之，不当取者，也要商量。怎么说个陡然富贵呢？"（琉/自/一）

693a 汪费听了，也只做不知。（啸/自/一）

693b 汪费听了，也不作声。（琉/自/一）

694a 黄舆见汪费要候揭晓，便不好先去，只得住下。（啸/自/一）

694b 黄舆见汪费要等候挂榜，就不好先去，只得住下。（琉/自/一）

695a 不期到了揭晓，黄舆依旧不中，汪费到低低搭了一名举人，在一百二十名。报到下处，黄舆自不中到不在心，见汪费中了，到以为奇事，替他欢喜。（啸/自/一）

695b 到了挂榜时候，黄舆依旧不中。汪费到低低的中了一名举人，在一百二十名。报到下处，黄舆不中，也不在心上，见汪费中了，到是奇事，替他欢喜。（琉/自/一）

696a 汪费闻中是真，喜得骨头都酥。（啸/自/一）

696b 汪费听见报是真的，喜得他骨头都酥了。（琉/自/一）

697a 不多时，同乡亲友在京中居住的俱来贺喜，热闹做一堆。（啸/自/一）

697b 没有多久，同乡的亲戚朋友，在京里头住的，都来贺喜，热闹做一堆。（琉/自/一）

698a 又不多时，便有人役来迎，请他去吃鹿鸣宴。（啸/自/一）

698b 又没有多久，就有人来请他去吃鹿鸣宴。（琉/自/一）

699a 宴罢，鼓乐迎回，十分荣耀。（啸/自/一）

699b 宴吃完了，吹箫打锣回来，十分荣耀。（琉/自/一）

700a 主人家备酒替他贺喜，黄舆同房，未免请来同坐。（啸/自/一）

700b 主人家摆酒，替他贺喜，黄舆同住一房，请他来同坐。（琉/自/一）

701a 主人簪花递酒，只奉承新贵，独独一席，请他上坐，其余列坐。（啸/自/一）

701b 主人簪花递酒，只奉承汪费，独独一桌，请他上坐，其余的人两边坐。（琉/自/一）

702a 论起他与黄舆师生称呼，也该逊让。（啸/自/一）

702b 论起他替黄舆"先生学生"称呼，也该让黄舆。（琉/自/一）

703a 他一时得意，便欣欣然竟自上坐，全不推让。（啸/自/一）

703b 他一时得意,竟自家上头坐起来,都不让人。(琉/自/一)

704a 黄舆以为新中,假借一日也无妨。(啸/自/一)

704b 黄舆讲他是新中举人,就一天也无妨。(琉/自/一)

705a 到次日,同乡或亲或友便日日有酒,黄舆是祁门县一个老秀才,谁不相识,怎好不请?(啸/自/一)

705b 到第二天,同乡的亲戚朋友,天天有酒。黄舆是祁门县一个老秀才,谁不认得,怎好不请他呢?(琉/自/一)

706a 到得坐席,皆尊汪费居首,汪费初时心下还觉有些不安,自坐过一次,见黄舆不开口,便以为礼之当然,竟自坐了,宏议阔论,全不象有黄舆在坐。(啸/自/一)

706b 到得坐位,都尊敬汪费坐头位。汪费起初时候,心里还有些不安。自从坐过一回,见黄舆不开口,道是礼之当然,竟自己坐了,都不像有黄舆在那里坐。(琉/自/一)

707a 黄舆看不过,又见他终日拜房师、座师,忙做一团,全无一刻工夫闲叙旧情。(啸/自/一)

707b 黄舆看不过意,又见他终日拜房考、拜座师,忙做一团,没有一刻工夫叙叙旧情。(琉/自/一)

708a 黄舆只得辞说道:"天隐京中事冗,只怕还要耽搁,我学生无事,要先回去了。"(啸/自/一)

708b 黄舆只得辞说道:"京里事情多,恐怕还要耽搁。我在这里没有事,要先回去了。"(琉/自/一)

709a 汪费道:"我还要会同年,送座师,正早哩!老师怎么等得我?到是先行为便。"(啸/自/一)

709b 汪费说:"我还要会这些同年中的举人、送座师,回去还早哩!先生怎么等得我呢?到是先回去罢了。"(琉/自/一)

710a 原来徽州财主最喜奉承,阔老见汪费中了,少年的认作家兄,老成的说是舍侄,要银子三十、五十只管送来。(啸/自/一)

710b 原来徽州的财主,最喜奉承贵人。见汪费中了,后生的,认做(是)我哥哥;老人家的,说是我的侄儿,要银子三十、五十,只管送来。(琉/自/一)

711a 此时汪费手中有余,且莫说黄舆为他许多好情,只说与他同来一番,听见要回去,也该送些盘缠才是,却象不关他事一般,全不提起。(啸/自/一)

711b 这时候,汪费手里狠好,不要讲黄舆为他(的)许多的好

情，只说替他同来一番，听见他要回去，也该送些盘缠缠是。就像替他不相干的事一般，都不提起。（琉/自/一）

712a 喜得黄舆身边尚可支持，竟自去了。（啸/自/一）

712b 喜得黄舆身边，还有些盘缠，竟自家回去了。（琉/自/一）

713a 正是：穷时受惠喜孜孜，到得身荣便不思。只认高竿长上去，谁知还有下来时？（啸/自/一）

713b 正是：穷时受惠喜孜孜，到得身荣便不思。只认高竿长上去，谁知还有下来时。（琉/自/一）

714a 不说汪费在京中得意胡行，且说黄舆回去，一路上思量汪费，痛惜道："看他一个好资致，明日进士也还可中，怎么才得进步，便气满志盈，轻浮如此？后来不但不能大成，只怕还有奇祸。"（啸/自/一）

714b 不讲汪费在京里得志胡行。且说黄舆回去，一路上思量说："看他好聪明，后来进士也还会中，怎么纔得中个举人，就骄傲起来，轻狂浮躁？后来定不会成大事，还怕有灾祸。"（琉/自/一）

715a 心中虽如此想，口中却无人可说。回到家中，也就丢开一边。（啸/自/一）

715b 心里这样想，口里没有人对他（可）说，回到家里，也就丢开一边。（琉/自/一）

716a 争奈他家产原薄，又不在世务上苟取，遇着为善好义之事，转要费用些去，由此家道愈觉萧条。科场走了三、五次，又不能中，所望者贡了，选个官做做，或者还有俸禄之望。（啸/自/一）

716b 他家产业，原是淡薄，没有什么东西。又不肯钻凿银钱，遇着有为善好义的事情，反要费用些去，家里越发淡薄起来。科场走了三五次，又不会中。所望的，只想拔贡了，选个官做做，或者还有俸禄吃。（琉/自/一）

717a 连年被人钻去，这年该挨到他，学中再没得说了。（啸/自/一）

717b 年年给人都钻谋去，这一年，该挨到他了，学里头再没有话说了。（琉/自/一）

718a 此时已是五十四岁，若在秀才中算，要算做老了，若在挨贡中算，又要算做少年的了。（啸/自/一）

718b 黄舆这时候，年是五十四岁，在秀才里头算，要算他是个老的。在挨贡里头算，又要算他年轻些的。（琉/自/一）

719a 不期下首一个拔贡，原是有名的老秀才，年纪比他又大十四、五年，还是他父亲的朋友。

719b 不想下首一个挨贡的，原是有名的老秀才，年纪比他，又大有十四五岁，还是他老子的朋友。（琉/自/一）

720a 因年老，早晚不测，指望贡了，带顶纱帽盖棺，荣耀荣耀，再三央亲友与黄舆说情，求他义让。（啸/自/一）

720b 因年老，指望拔贡（了），做个官，带顶纱帽盖盖棺材，荣耀荣耀。再三央托亲戚朋友，替黄舆讲情，求他让他。（琉/自/一）

721a 黄舆见他是个前辈，又却不过情面，只得出文书又让与他。（啸/自/一）

721b 黄舆见他是个前辈，却不得他的情面，只得出文书又让给他。（琉/自/一）

722a 因在家无聊，只得寻个馆坐，不题。（啸/自/一）

722b 在家没有事，只得寻个学堂坐坐。（琉/自/一）

723a 却说汪费京中事毕回来，祁门县止中他一个举人，谁不奉承？（啸/自/一）

723b 汪费京里回来，祁门县寡中他一个举人，谁不奉承？（琉/自/一）

724a 终日拜府县官、拜乡宦、富翁，忙个不了。（啸/自/一）

724b 天天拜府县官，拜乡绅富人，忙个不了。（琉/自/一）

725a 将有个月，因往黄舆门前过，不好意思，方投个名帖，也不下轿，得回声：不在家，便抬过去了。（啸/自/一）

725b 将有半个月，打黄舆门前经过，不好意思，纔投个帖子，也不下轿，回声不在家，就抬过去了。（琉/自/一）

726a 又买了一所大房子，又靠了两房家人，又与乡宦攀亲，家中许多请酒设席，并无一次请到黄舆。（啸/自/一）

726b 又买了一所大房子，又买两房家人，又替乡绅认做亲戚来往。家里天天请酒，并没有一回请到黄舆。（琉/自/一）

727a 有朋友知道的，劝他道："黄遵行先生与你也有师生之分，在你面上情谊也算好的，家中有喜酒，也该就便请他一请。"（啸/自/一）

727b 有朋友知道的，劝他说："黄遵行先生，替你也有先生学生之分，在你脸上，情谊也算好的。家里有喜酒，也该请他一请。"（琉/自/一）

728a 汪费道："他与我有甚师生？不过旧时为小考，要他出保结，挂个虚名儿，怎么说起真来？"（啸/自/一）

728b 汪费说："他替我有甚么先生学生？不过旧时为考童生，要他出保结，挂个虚名，怎么就认起真来呢？"（琉/自/一）

729a 那朋友道："闻得你的文章亏他指点，又亏他替你讲究后场，方能进学中举。"（啸/自/一）

729b 那朋友说："听见你的文章，亏他教导，（又）亏他替你讲究进场的工夫，你纔会进学、中举。"（琉/自/一）

730a 汪费听了哈哈大笑道："兄们不读书，不知此中滋味，莫说我笑他。他一个迂腐老秀才，晓得甚么文章？若说我中举亏他指点，他何不先自家中了？"（啸/自/一）

730b 汪费听了，哈哈大笑说："你们不读书，不晓得这里头的滋味。莫说我笑他，他一个老秀才，晓得甚么文章？若说我中举亏他教我，他自家怎么不中呢？"（琉/自/一）

731a 那朋友道："先生不中，学生中了也是常事，还闻得兄旧时也曾受他些恩惠，不妨小小用些情儿。"（啸/自/一）

731b 那朋友说："先生不中，学生中了，也是常事。还听得你旧时也曾受他些恩惠，如今也该孝敬他。"（琉/自/一）

732a 汪费道："两次保结所值几何？借贷些少也只有数，怎也要算做恩惠，就思量人报？象今日房师、座师中我做个举人何等恩惠？我明日还要去打他的抽丰哩！他一个老学究，得我新举人与他背后夸嘴，认作门生荣耀荣耀，寻个好馆坐坐也就彀了，怎么还想我的东西？"（啸/自/一）

732b 汪费说："两回的保结，值得多少？借他一点的东西，也是有限的，怎么就要算做恩惠，思量人家的东西呢？像今日房考、座师，中我做个举人，何等的恩惠？我明日还要去打他的抽丰！他一个老秀才，得我新举人，替他背后夸口（嘴？），认做门生，荣耀荣耀，寻个好学堂，给他坐坐也就彀了。怎么还想我的东西呢？"（琉/自/一）

733a 那朋友道："兄莫发这等话，天下最不可轻量的是读书人！闻他也是个廪生拔贡，有个发迹时，也好相见。"（啸/自/一）

733b 那朋友说："你不要这等说。天下最不可轻量的，是读书人。听见他也是个饱学的秀才，有日发达，也（不）好相见。"（琉/自/一）

734a 汪费道："不是我夸口说，举人入京会试，拿定来春就是个进士。他老也老了，还发个甚迹？纵挨贡考选，不过一个教职罢了，这就是他万分造化了。假若日后官场中相会，亦不过在我属下，还要藉我光宠，有甚不好相会之处？"（啸/自/一）

734b 汪费说："不是我夸口说，举人、进士，正是我们少年的事。他老也老了，还发到那里去呢？就给他侥倖拔贡（了），选个教官、二衔做做，就是他万分的造化，赶我也不上了。他若不思量做官，一世教书，到还自在。若是思量要做官，明日还要有求我，有甚么不好相见？"（琉/自/一）

735a 那朋友见汪费这番说话，知他是个负义忘恩的人，也就丢开不讲了。（啸/自/一）

735b 那朋友劝他不听，只得罢了。（琉/自/一）

736a 且说汪费过了些时，攒聚盘缠、料理行李，带了两个家人，兴兴头头，雇了头口，到北京赴会试，一路上好不奢遮，按下不题。再说黄舆终日守分处馆，除课童之暇，日在经书内作工夫。瞬息又过一年，学院到府岁试，而汪费赴京未中，没兴来家。（啸/自/一）

736b 汪费过了些时，自家上京去会试。那知道小人得志就颠狂起来，一路上打抽丰、说分上，得嫖就嫖，遇饮就饮，那有一刻工夫去看经书？到了京里会试，头一场写错了题目，就帖出来（了），没有兴头回来。（琉/自/一）

737a 此时黄舆又该贡着，争奈下首是个财主，百般钻谋要夺他的。（啸/自/一）

737b 这一回黄舆又该着贡，争奈下首的，是个财主，百般钻谋，要夺他的。（琉/自/一）

738a 学官、县官有了分上，假说好话道："兄这等高才，年尚未老，下科断然高发，何苦小就？"（啸/自/一）

738b 学官、县官，有了分上，假说个好说话："你这等高才，年纪还没有老，下科断然会高中，何苦拔这个贡生做甚么呢？"（琉/自/一）

739a 定要他让。（啸/自/一）

739b 定要他让他。（琉/自/一）

740a 黄舆明知是学官、县官有了分上，却与他争执不来，也要寻个分上在两处说说，却又无力。（啸/自/一）

740b 黄舆明明晓得是学官、县官，有了分上，替他争也没干，也要寻个分上，两处说说，又没有力量。（琉/自/一）

741a 有人劝他道："你门生汪举人当初得你之力，今日央他说个人情也不为过！"（啸/自/一）

741b 有人劝他说："你学生汪举人，当初得你的力，今日央他说个人情，也不为过。"（琉/自/一）

742a 黄舆心下本不喜下气求他。（啸/自/一）

742b 黄舆心里本不肯下气求他。（琉/自/一）

743a 到此田地，没奈何只得来拜他，将前情说了，央他县学两处去讲。（啸/自/一）

743b 到这个田地，没奈何来拜他，将这些事情替他说了，央他县里、学里去讲。（琉/自/一）

744a 汪费满口应承道："这个使得！"（啸/自/一）

744b 汪费满口应承说："这个使得！"（琉/自/一）

745a 谁知他不就去讲，到先通个线索与下首财主，那财主得知，也送了他一分厚礼。（啸/自/一）

745b 那里晓得，他不就去讲，到先通个信，给那下首的财主。那财主知道了，也送了他一分厚礼。（琉/自/一）

746a 他再去见县官、学官，到不替黄舆讲，反与那财主说得稳稳的了。（啸/自/一）

746b 他纔去见县官、学官，到不替黄舆讲，反替那财主说得稳稳当当的（了）。（琉/自/一）

747a 回来见黄舆，只推县官不允。（啸/自/一）

747b 回来见黄舆，只推县官不肯。（琉/自/一）

748a 黄舆没奈何，只得又捱了一年。到五十六岁，直吃了三十八年粮，方才贡出学门。（啸/自/一）

748b 黄舆没奈何，只得又捱了一年，到五十六岁，直吃了三十八年廪粮，方纔出贡。（琉/自/一）

749a 喜得学院爱他文才好，替他出文书，先送入北监，乡试考不中，便可就选。（啸/自/一）

749b 幸得学院爱他好文才，替他出文书，先送他去北监乡试，考不中，也好就选。（琉/自/一）

750a 黄舆领了文书，只得设处盘缠进京。（啸/自/一）

750b 黄舆领了文书，备些盘缠上京。（琉/自/一）

751a 一个贡生名头，初入北监，又恰遇着乡试之年，再没个不候过乡试就去选官之理，只得又等了数月，方才乡试。（啸/自/一）

751b 一个贡生，纔进北监，又恰遇着乡试之年，再没有个不伺候过乡试就去选官的道理，只得又等了几个月，方纔乡试。（琉/自/一）

752a 乡试过，依然不中他，进京来选官是他本念，原不望中。（啸/自/一）

752b 乡试过，依然不中。他进京来选官，是他的本心，原不想中。（琉/自/一）

附 录

753a 故乡试过了,就求监里出文书,送到吏部来考选。(啸/自/一)
753b 乡试过了,就求监里出文书,送到吏部来考选。(琉/自/一)
754a 谁知监里文书还容易出,到了吏部,一个贡生候考,就象大海中一粒芝麻,那里数得他着?(啸/自/一)
754b 监里文书,还容易出。到了吏部,一个贡生候考,就像大海里一颗的芝麻一样,那里数得他着?(琉/自/一)
755a 上下有人用事,还有些捞摸,若上下无人,莫说等他头白,便老死京中也无人管。(啸/自/一)
755b 上下有人做事,还有些捞摸。上下若是没有人,不要讲你等到头白,就老死在京里,也没有人管你。(琉/自/一)
756a 他黄舆初到吏部候考,还兴勃勃动呈子去求他。(啸/自/一)
756b 黄舆初到吏部候考,还高兴递呈子去求他。(琉/自/一)
757a 争奈递呈子的多,一百张也准不得一两张。(啸/自/一)
757b 怎奈递呈子的多,一百张也准不得一两张。(琉/自/一)
758a 及自准了,堂发司查,司发吏行,便又丢入大海了。(啸/自/一)
758b 到得准了,堂发司查,司发吏行,费了多少的工夫!(琉/自/一)
759a 黄舆动了几遍呈子,见毫无用处,把一团高兴都消磨尽了,无可奈何,只得听天由命,将书丢在一边,每日只是东西闲游。(啸/自/一)
759b 黄舆递了几张呈子,见没有(一点)动静,把一团高兴,都消磨尽了。没奈何只得听天由命,将书丢在一边去了,每日总是东遊西走。(琉/自/一)
760a 一日,闲步到城南一个寺中,只见大殿中摆着几席酒,有人看守,不便随喜,便从廊下走入方丈中来。(啸/自/一)
760b 一天闲走到城南一个寺里,只见大殿里头,排着几桌酒。有人在那里看守。不便去那里,就从廊下走进方丈和尚住的所在来。(琉/自/一)
761a 只见个白头老者坐在里面,边旁一个童子跟随。(啸/自/一)
761b 只见个白头发的老人家,坐在里面,傍边一个童子跟着。(琉/自/一)
762a 黄舆认做也是游玩之人,便与他拱拱手,也就坐下。(啸/自/一)
762b 黄舆认做也是遊玩之(的?)人,就替他拱拱手,也就坐下。(琉/自/一)

219

763a 那老者见黄舆也是个老人家,因问道:"兄贵处、高姓?"(啸/自/一)

　　763b 那老人家,见黄舆也是个老人家,问他说:"你贵处那里,高姓?"(琉/自/一)

　　764a 黄舆答道:"学生姓黄名舆,新安人。"(啸/自/一)

　　764b 黄舆答应说:"我是新安地方的人,名姓叫做黄舆。"(琉/自/一)

　　765a 那老人道:"既是徽州,兄知道许相公近日好么?"(啸/自/一)

　　765b 那老人家说:"既是徽州,你知道许相公近来好么?"(琉/自/一)

　　766a 黄舆道:"许相公居乡大有品望,府县闲事一毫不管,终年杜门养高,近已七旬,步履不衰,时往来黄山白岳之间。"(啸/自/一)

　　766b 黄舆说:"许相公住在乡下,大有名望。府县的闲事,他一毫都不管,他佯年在家关着门,养他的精神。近来七十岁了,还壮健,时时去那黄山白岳里头。"(琉/自/一)

　　767a 那老人道:"闻得贵处黄山,也要算一个名胜?"(啸/自/一)

　　767b 那老人家说:"听得贵处黄山,也要算一个好地方?"(琉/自/一)

　　768a 黄舆道:"黄山有天都、莲花、云门、剪刀三十六峰,又有前海、后海,温泉、汤泉之奇,虽不敢与五岳争衡,实可称东南一大观也。"(啸/自/一)

　　768b 黄舆说:"黄山有天都、莲花、云门、剪刀三十六峰,又有前海、后海,温泉、汤寺的奇怪。虽不敢替五岳相比,也算得东南一块好景致。"(琉/自/一)

　　769a 那老者又问些闲事,见黄舆对答如流,因叫送过一杯茶来,又问道:"兄到此贵干?"(啸/自/一)

　　769b 那老人家,又问些闲事,见黄舆答应得狠快,就叫端一杯茶来,又问说:"你到这里贵干?"(琉/自/一)

　　770a 黄舆初说些闲事,欣欣而谈。见问道自家身世,不觉感动于内,蹙了双眉道:"老先生,学生之苦,一言难尽。"(啸/自/一)

　　770b 黄舆起头讲些闲事,后来见问到他自家身上,就眉毛愁起来说:"老人家,我的苦一言难尽!"(琉/自/一)

　　771a 那老者道:"有何苦衷?不妨见教。"(啸/自/一)

　　771b 那老人家说:"有甚么苦,不妨替我说。"(琉/自/一)

附 录

772a 黄舆满腔苦楚，正没处告诉，见老者问他，便将历年不贡，今幸贡了，乡场不中，吏部候考及动呈子无用之事，细细说了一遍。道："如今盘缠用尽，候考又无日，归去又不能，进退两难，故终日在此东西流荡，明日尚不知死所，老先生，你道苦不苦？"（啸/自/一）

772b 黄舆满心（的）苦楚，正没有地方告诉，见老人家问他，就把几年前不会拔贡、如今侥倖拔贡了，乡场不中，吏部里候考，到递呈子，又不中用，细细的说了一遍说："如今盘缠用尽，候考又没有日子，回去又不得起身，进退两难。故此天天在这里走来走去，明日还不晓得死在那里。老人家，你讲苦不苦？"（琉/自/一）

773a 那老者道："一个贡生考选多大事儿，吏部便如此作难？深为可恶！兄不消着急，明日自有公道。"（啸/自/一）

773b 那老人家说："一个贡生考选，有多大的事呢，吏部就这样艰难？真真可恶！你不消着急，明日自有公道。"（琉/自/一）

774a 说不了，外面喝道声响，有甚官府来了。（啸/自/一）

774b 说不了，外头喝道一声，有什么官府来了。（琉/自/一）

775a 黄舆就与老者拱拱手，别了出来。（啸/自/一）

775b 黄舆就替老人家拱拱手，辞了出来。（琉/自/一）

776a 刚走到廊下，那位官长已劈面冲来，衙役吆喝，黄舆没处躲避，只得侧身立在一傍。让他过去，问人方知是吏部尚书，心中想道："早知是他，方才扯住了，将苦情哭诉一番，就得罪处死，也还做一个明目张胆之人，强如不揪不睬，这等忧闷吃苦！"（啸/自/一）

776b 纔走到廊下，那位官长，就劈脸冲来。衙役吆喝，黄舆没有地方躲避，只得侧身站在一傍，让他过去。到问人家，纔知道是吏部尚书，心里头想说："早晓得是他，纔先扯住了，把苦情告诉他一番，就得罪他，被他拿去处死，也还做一个大胆的人，还强过我在这里那不揪不睬的，这样忧闷吃苦！"（琉/自/一）

777a 见天色将晚，只得回寓安歇。（啸/自/一）

777b 见天色要黑了，只得回去安歇。（琉/自/一）

778a 次日清晨，因无事，睡尚未起，忽听得外面有人乱乱的寻黄舆相公，只得起身穿衣，那人已到房门外，说道："老爷立请黄相公去考。"（啸/自/一）

778b 第二天清早，因没有事，睡还没有起来，陡然听见外面有人乱乱的，在那里寻黄舆相公。只得起身，穿了衣裳。那个人到了房门外头说道："老爷立请黄相公去考。"（琉/自/一）

221

779a 黄舆道："你老爷是谁？"（啸／自／一）

779b 黄舆说："你老爷是谁？"（琉／自／一）

780a 那人道："是吏部文选司周老爷。"（啸／自／一）

780b 那个人说："是吏部文选司周老爷。"（琉／自／一）

781a 黄舆听了惊讶道："前日动呈子那样苦求，只是不理，为何今日忽有此高情？"（啸／自／一）

781b 黄舆听了，着惊说："前日递呈子，那样苦求，总是不管。为何今日有这样高情呢？"（琉／自／一）

782a 因说道："只怕你们差了？不是我。"（啸／自／一）

782b 因说道："只怕你们差了，不是我。"（琉／自／一）

783a 那人道："现有牌位在此，怎得差？"（啸／自／一）

783b 那个人说："现有牌在这里，怎么会差？"（琉／自／一）

784a 因将牌递与黄舆看。（啸／自／一）

784b 就把牌递给黄舆看。（琉／自／一）

785a 黄舆接了一看，只见牌上写着：仰役立唤徽州府祁门县准贡监生黄舆，即刻赴本司听考，毋误。（啸／自／一）

785b 黄舆接了一看，只见牌上写着：仰役立唤徽州府祁门县准贡监生黄舆，即刻赴本司听考，毋误。（琉／自／一）

786a 黄舆看见是真，满心欢喜道："不知是甚缘故？"（啸／自／一）

786b 黄舆看见是真的，满心欢喜说："不知道是甚么缘故？"（琉／自／一）

787a 只得梳洗，穿了公服，取了笔、砚、卷子，跟了原差，竟到文选司私衙里来。（啸／自／一）

787b 只得梳头洗脸，穿了衣裳，拿了笔砚、卷子，跟着差人，到那文选司衙门里来。（琉／自／一）

788a 传一声梆道："黄贡生已唤到，就请入衙相见。"（啸／自／一）

788b 打一声梆说："黄贡生叫来了。"（琉／自／一）

789a 原来这文选司姓周名兼，是河南有名进士。一相见了，黄舆忙下礼庭前，周文选用手搀起道："私衙相契，不必如此！"（啸／自／一）

789b 原来这文选司，姓周名兼，是河南有名的进士，听说来了，就出衙来相见，黄舆忙忙下礼。周文选用手搀起来说："私衙相见，不必这样的。"（琉／自／一）

790a 就叫看坐，黄舆再三不敢，周文选苦让，黄舆只得在傍坐下。

(啸/自/一)

790b 就叫看坐。黄舆再三不敢坐,周文选只是让,黄舆只得在傍边坐下。(琉/自/一)

791a 周文选先开口说道:"本司因衙门事冗,竟不知黄兄到此,今早敝堂翁承贵相知王相公吩咐,方知黄兄候考已久。本司才力苦短,彼书吏蒙蔽,多有得罪!"(啸/自/一)

791b 周文选先开口说道:"本司在衙门事多,不晓得你到这里。今日早起,我上司承你知已王相公吩咐,纔晓得你来候考好久。本司才力不及,被那书办蒙蔽,多有得罪!"(琉/自/一)

792a 黄舆听了,摸不着头路,只得含糊应道:"贡生循序候考,自是常规,今蒙老恩台破格收考,恩出望外,感激不尽!"(啸/自/一)

792b 黄舆听了,摸不着头路,只得含糊答应说:"我在这里候考,是我的规矩。如今蒙老爷考我,就是我的造化,感恩不浅!"(琉/自/一)

793a 就取出卷子、笔、砚来,打一恭道:"求老恩台命题!"(啸/自/一)

793b 就拿出卷子、笔砚来,打一恭说:"求老爷出个题目!"(琉/自/一)

794a 周文选道:"黄兄既来到就是,也不消考了。明日与黄兄取入知县行头,以谢久羁之罪何如?"(啸/自/一)

794b 周文选说:"你既来到就是,也不消考了。明日替你取进知县里头,以谢我久留的罪。"(琉/自/一)

795a 黄舆道:"蒙老恩台培植,固莫大之恩!但贡生愚鲁,未考以为考,于心有所不安。况朝廷明器,不敢滥叨,还望老恩台赐题,容贡生竭驽马之才,于篇章之末,求老恩台公阅,或堪百里,或堪佐二,悉听老恩台裁酌。如过蒙额外之施,倘小才大受,异日得罪民社,不独失贡生求荣之本念,未免伤老恩台鉴别之明矣!"(啸/自/一)

795b 黄舆说:"蒙老爷抬举,这是莫大的恩了!我最愚蠢,没有考,说考了,我心其实不安。况且朝廷的爵禄,我不敢虚冒。还望老爷出个题目,容我做几句,求老爷看。会做得知县,做不得知县,凭老爷裁夺。若是做不得知县,讲做得,明日做错了公事,不独失了我的体面,未免还伤了老爷的名声呢!"(琉/自/一)

796a 周文选听了,肃然改容道:"原来黄兄君子人也,到是本司失敬了!"(啸/自/一)

796b 周文选听了说:"原来你是君子的人,到是我本司失敬了!"

（琉/自/一）

797a 因叫衙役旁设一座，出题就是："君子人与君子人也"二句。（啸/自/一）

797b 就叫衙役边头设一个坐位，出个题目，就是"君子人与君子人也"两句。（琉/自/一）

798a 黄舆领题就座，周文选即退入私衙。直待黄舆做完文字，方又出来。（啸/自/一）

798b 黄舆领了题目，就上位坐。周文选就退进后衙，直等黄舆做完文字，纔又出来。（琉/自/一）

799a 黄舆呈上卷子，周文选看了大惊道："原来黄兄不独其人君子，其才亦君子也！"（啸/自/一）

799b 黄舆呈上卷子，周文选看了大惊说："原来你不独人是君子，就才学也是君子！"（琉/自/一）

800a 因取笔将卷子大批道："字字阐发性道，言言理会圣贤，异日立朝，当步武朱、程，宜留为鹿鸣嘉宾，琼林上士，以辅佐天子，为圣世羽仪可也！若长才短取，本司为失职矣！不准考选。"（啸/自/一）

800b 就拿笔砚、卷子，大批大判说："字字阐发性道，言言理会圣贤。明日在朝，替朱程无二，该留做鹿鸣嘉宾，翰林上士，辅相天子，做圣世有本事的人。你是有能干的人，用你去做知县，就看轻你了。不准考选。"（琉/自/一）

801a 黄舆初时看见许多好批头，甚是欢喜。（啸/自/一）

801b 黄舆起头看见许多好批语，甚是欢喜。（琉/自/一）

802a 及看到后面，见"不准考选"四字，便心下着忙，连连打恭道："贡生许选，原系朝廷怜念老儒不能上进，特赐一命之荣，以崇好学，从无考而不选之例。贡生既已到部，又蒙赐考，惟恳老恩台开恩赐选，他非所望矣！"（啸/自/一）

802b 看到后面，见"不准考选"四字，就心里头着忙，连连打恭说："我来求选，原系朝廷可怜老儒不会上进，特赐一命的荣华，勉励那好学的人，从没有考过不选的例。我既到部，又蒙赐考，恳求老爷开恩给选，别的不想！"（琉/自/一）

803a 周文选道："本司不是吝惜一知县，不与黄兄选去，因见黄兄高才，非贡途中人，故不忍轻掷耳！"（啸/自/一）

803b 周文选说："本司不是舍不得一个知县，不给你去做。见你高才，不是贡里头的人，不忍轻看你。"（琉/自/一）

224

804a 黄舆道:"贡生蒙老恩台作养,岂不自知?但贡生今为老马,岂能复作千里之想?只求老恩台慨借一枝为鹪鹩地,则衔恩不浅矣!"(啸/自/一)

804b 黄舆说:"贡生蒙老爷恩爱,难道不晓得?贡生如今是个老头子,还会做什么?只求老爷给我选得一官半职,感恩不浅!"(琉/自/一)

805a 周文选道:"黄兄方才若是不考,竟选一官这到罢了,贤否本司可以无愧,既领佳章,明明美玉而作碱砆之用,则是本司无目,为朝廷失贤,呜乎可也?黄兄不要以从前失利而馁其气,文章一道本司颇颇自负,若是黄兄下科不联捷飞腾,则本司剜目以谢,再不敢论文矣!"(啸/自/一)

805b 周文选说:"你方纔若是不考,到选你一个官也罢了,好歹我到没有惭愧。既考了你,明明是个有本事的人,把你来做个小官,就是本司没有眼睛,为朝廷不晓得用人。这怎好呢?你不要错过,讲以前失利了,如今就丧你的志气,这个不好。文章的道理,本司颇颇也自家抱负。若是你下科不会联捷高中,我不剜眼睛谢你,我再不敢议论文章!"(琉/自/一)

806a 黄舆道:"老恩台垂爱至此,真不啻天地父母!贡生虽驽骀,亦不敢负伯乐之顾!但有苦衷,不瞒老恩台说,贡生久客长安,资斧罄矣,衣食已不能充。若再候三年,将索我枯鱼肆矣,尚何飞腾发达之有?"(啸/自/一)

806b 黄舆说:"老爷爱我这样的,真是天地父母一样!贡生虽没干,也不敢负老爷的恩。心里头有一宗苦情,不瞒老爷说。贡生住在长安,盘缠都没有了。若是再等三年,我就是乾鱼了,还想什么跳龙门呢?"(琉/自/一)

807a 周文选道:"本司既为朝廷爱才,自当为朝廷养士。黄兄廪给,本司自有设处,不必介意!"(啸/自/一)

807b 周文选说:"本司既为朝廷爱才,自当为朝廷养人。你的盘缠,本司自有个设处,不必挂虑!"(琉/自/一)

808a 黄舆见周文选好意勤勤劝勉,无法奈何,只得依允。(啸/自/一)

808b 黄舆见周文选一团好意,殷勤相劝,没奈何只得依从。(琉/自/一)

809a 周文选就叫留饭。(啸/自/一)

809b 周文选就叫留吃饭。（琉/自/一）

810a 饭罢，说道："今日之考，实贵相知与敝堂翁见教，然考过这番劝勉，却是本司与黄兄文字相知，莫要也认作王相公之力。"（啸/自/一）

810b 饭吃完了，说道："今日的考，实是你的相知，替我上司见教了。如今考过这一番劝你，都是本司替你笔墨相知，不要也认做王相公的势力。"（琉/自/一）

811a 黄舆又打一恭道："文字相知，古今快事，贡生虽非其人，而蒙老恩师知遇，真所谓有一知己死不恨矣！至于夤缘关说，非但力不能为，即力能为之，而姜桂之性于进身之阶，亦不愿为也！老恩台所论王相公，非亲非旧，实与贡生无识，决不敢因一时之误传，而假冒以为荣！"（啸/自/一）

811b 黄舆又打一恭说："笔墨相知，是古今快活的事。贡生虽不是那样没干的人，蒙老爷见爱，就死也不怨了！若是托人讲情，没有那样力量。就是有力量，我也不肯做。老爷讲那王相公，非亲非戚，替贡生又没有相识，断不敢托他做什么事情！"（琉/自/一）

812a 周文选惊讶道："这又奇了，今早敝堂翁明明对本司说：'昨日在郊外送行，会着王相公亲口讲的。'若黄兄不相知，他如何得知，又如何肯讲？"（啸/自/一）

812b 周文选吓一跳说："这又奇了！今日早起上司明明替本司说：'昨日在郊外送行，会着王相公，亲口讲的。'你不替他相知，他怎么知道你呢，又怎么肯讲呢？"（琉/自/一）

813a 黄舆方惊惊喜喜道："原来他就是王相公！"（啸/自/一）

813b 黄舆纔想起来说："原来他就是王相公了！"（琉/自/一）

814a 周文选道："黄兄想起来了么？"（啸/自/一）

814b 周文选说："你想起来了么？"（琉/自/一）

815a 黄舆道："门生昨日无聊，城南闲步，偶入寺中，见方丈中一白须老者闲坐，门生以为游赏之人，偶尔接谈。问及门生行藏，门生因胸中气苦，不觉将情实告，实不知他是当朝元老，且暗为提掣也！"（啸/自/一）

815b 黄舆说："我昨日没有事，去城外走走。偶然走到寺里，见方丈里头，一个白头发的老人家，在那里坐。我当是玩耍的人，偶然替他讲话。他问我的来历，我心里气不过，把情由告诉他，不知道他就是当朝的宰相，暗里超拔我！"（琉/自/一）

816a 周文选道："原来如此！今日若不讲明，本司只认做情面，不

附 录

但失此老一段高义,并不知黄兄贫而有守。"(啸/自/一)

816b 周文选说:"原来这样!今日若不讲个明白,本司只认做情分,不独失了他的好义,并不知道你的这样光景。"(琉/自/一)

817a 黄舆再三致谢辞出。(啸/自/一)

817b 黄舆再三道谢,辞他出来。(琉/自/一)

818a 正是:禽缘无路莫言痴,君子常逢君子知。漫道人生都是幻,老天作事每多奇。(啸/自/一)

818b 正是:寅缘无路莫言痴,君子常逢君子知。漫道人生都是幻,老天作事每多奇。(琉/自/一)

819a 黄舆回到寓所,心下暗想道:"谁知无意中遇了这个大相知,暗里吹嘘,可谓一时侥幸。今日赴考,无心中又遇了这个大相知,文字相知,又可谓万分遭际,一个贡生前程,得这两个相知,自然登时选去,谁想空欢喜了这半日,回来依旧还是一个穷贡生,守候下年科举。与不遇知己何异?岂不可笑!总是命中无这一顶纱帽之分,故颠颠倒倒如此耳!只得安命罢了。"(啸/自/一)

819b 黄舆回到自家公馆,心里头暗想说:"我心里头原没有这个意思,谁想遇着这个大相知,暗里吹荐,这是我一时的侥倖。今日去考,又遇着(了?)这个大相知,文字相投,又是万分的造化。我一个贡生的前程,得这两个相知,自然登时会选去做官。谁想空欢喜了半天,回来依旧还是一个穷贡生,等候下年科举。替那不遇知己,有什么各样?总是我命里头,没有一顶纱帽的分,颠颠倒倒这样的。如今只得安命罢了。"(琉/自/一)

820a 过了数日,终亏周文选之力,将他选了个大兴县一个儒学训导,衙门冷淡,俸禄虽薄,足供衣食之费,得以安心读书,守候下科。(啸/自/一)

820b 过了几天,亏周文选的力量,把他选了个大兴县一个儒学训导。衙门冷淡,俸禄淡薄,也勾吃勾用,可以安心读书,等候下科。(琉/自/一)

821a 只因这一番,有分教:皓首老儿否极而泰,黑心小子撺转面皮。(啸/自/一)

821b 只因他这一读,老头子如今命运好了,穷苦都没有了。(琉/自/一)

822a 不知后事如何,且听下回分解。(啸/自/一)

822b 不晓得后头的事是怎么样的?且听下回分解。(琉/自/一)

## 第二回　小器子妄希荣既得而复失　大度人不记仇善始而全终

823a 词曰：莫妄想尊荣，德大功名方大。试看功名之际，全不开骄诈。老天到底不欺人，为善朱衣挂。报应从来不爽，劝君家休诈。（啸/自/二）

823b 词曰：莫妄想尊荣，德大功名方大。试看题名之际，全不关骄诈。老天到底不欺人，为善朱衣挂。报应从来不爽，劝君家休诈。（琉/自/二）

824a 却说汪费在家，倚着举人身势，无所不为。（啸/自/二）

824b 汪费在家，倚着举人身势，无所不为。（琉/自/二）

825a 守到下科，带几个家人，坐一乘骡轿，依旧兴勃勃的进京会试。（啸/自/二）

825b 等到下科，带了几个家人，坐了一顶骡轿子，依旧高兴进京会试。（琉/自/二）

826a 一路用强使势，呼么喝六，只燥自家脾胃，不管他人死活。歇家饭店、并行路的客人无不受他的臭气。（啸/自/二）

826b 一路上靠着势力，吆吆喝喝，总是要自家高华，不管别人死活。歇家饭店，並走路的客人，没有一个不受他的臭气。（琉/自/二）

827a 一日行到山东地方，忽然黄河水涨，将大路淹了，只得寻小路转去。小路远，一时转不到，天晚了，没有宿店，大家着忙，忽树林里闪出一所庄院，甚是幽野。（啸/自/二）

827b 一天走到山东地方，陡然黄河里面，水涨起来，把大路都渰了。寻条小路去，小路远，一时走不到。天黑了，没有歇店，大家着忙。忽然树林里头，闪出一所的庄院，甚是幽雅。（琉/自/二）

828a 只见：乱石叠墙，疏离成院。一带溪流斜跨小桥，数株乔木高侵云汉。心远地偏，望去青山如画；林深路僻，行来白石生苔。车马不闻，古木寒鸦村路静；牛羊时下，夕阳间巷晚烟多。只认做郭村农舍，谁知是畊读人家？（啸/自/二）

828b 只见：乱石叠墙，疏篱成院。一带溪流，斜跨小桥；数株乔木，高侵云汉。心远地偏，望去青山如画；林深路僻，行来白石生苔。车马不闻，古木寒鸦村路静；牛羊时下，夕阳间巷晚烟多。只认做半郭半村农舍，谁知是又畊又读人家。（琉/自/二）

829a 众人望见有人家，便道："有处借宿了。"（啸/自/二）

829b 众人看见有人家，就说："有地方借歇了。"（琉/自/二）

830a 也不问是甚么人家，便一齐拥到庄前，两三个家人跳下牲口，

竟乒乒乓乓乱敲。（啸/自/二）

830b 也不问是什么人家，就一齐都到庄前，两三个家人，跳下牲口，就乒乒乓乓的乱打门。（琉/自/二）

831a 里面庄客听见，慌忙来问道："甚么人这时节打门？"（啸/自/二）

831b 里头庄客听见，慌忙来问说："甚么人，这时节乱打门？"（琉/自/二）

832a 家人答道："我们是上京会试的春元相公，因大路上水淹了，转路来，赶不到宿店，要借你们这里住一夜，明早就行。"（啸/自/二）

832b 家人答应说："我们是上京会试的相公，因大路上给水渰了，我打这一条小路来，赶不到歇店，要借你们这里住一夜，明日早起就走。"（琉/自/二）

833a 庄客道："既是借宿的，等我禀过主人，来接你们进去。"（啸/自/二）

833b 庄客说："既是借歇的，等我替主人说过，来接你们进去。"（琉/自/二）

834a 庄客才转身进去，汪费早已出了骡轿，两个家人跟定，拥入草堂中来了。（啸/自/二）

834b 庄客纔转身进去，汪费就下了骡轿，两三个家人跟定走进去。（琉/自/二）

835a 只见一个人，年纪只好四旬以外，头带一顶栗色毡帽，身穿一领白布直裰，手中拿了一本书，坐在堂中闲看。（啸/自/二）

835b 看见一个人，年纪只有四十多岁，头上带一顶栗色的毡帽，身上穿一件白布衫，手里拿了一本书，坐在堂上闲看。（琉/自/二）

836a 庄客正在那里报事，汪费已到面前，那人忙放下书，立起身，要与汪费施礼，汪费将手一举道："主人家，请了！"（啸/自/二）

836b 庄客正在那里说话，汪费就走到面前。那人忙忙放下书，站起身，要替他行礼。汪费把手一举说："主人家请了！"（琉/自/二）

837a 就一屁股坐在上面。（啸/自/二）

837b 就一屁股坐在椅上靠着。（琉/自/二）

838a 那主人也只得在傍边坐下道："老先生想是转路辛苦了？"（啸/自/二）

838b 主人也在旁边坐下说："老先生，想是走路辛苦了？"（琉/自/二）

839a 汪费道:"正是,小路崎岖,甚是劳顿,只得要借此草榻了!"(啸/自/二)

839b 汪费说:"正是。小路石头崎岖,走好辛苦,今晚要借这里歇歇!"(琉/自/二)

840a 那主人道:"下榻不妨,只是村野人家,亵尊不便!"(啸/自/二)

840b 那主人说:"不妨。总是乡下野人家,亵渎不便。"(琉/自/二)

841a 汪费道:"出路的人,比不得在家,只得将就些罢了。"(啸/自/二)

841b 汪费说:"出路的人,比不得在家,将就些罢了。"(琉/自/二)

842a 那主人道:"转路来,想是还未曾夜饭?"(啸/自/二)

842b 那主人说:"走路来,想是还没有吃晚饭?"(琉/自/二)

843a 家人在傍应道:"正是,主人家可收拾些酒饭请相公,牲口也要些草料,明日一并相谢,不难为你们。"(啸/自/二)

843b 家人在旁边答应说:"正是。主人家你收拾些酒饭,请请我相公。牲口也要些草料,明日一起道谢,不难为你们。"(琉/自/二)

844a 主人听了,就吩咐庄客去打点。(啸/自/二)

844b 主人听了,就吩咐庄客去收拾。(琉/自/二)

845a 此时草堂上已点了灯,汪费就将那一本书拿起来,一看是一本朝报,因笑说道:"乡里人家看朝报,大奇,大奇!"(啸/自/二)

845b 堂上点了灯,汪费就把那一本书,拿起来一看,是一本京报,就笑说道:"乡下人家看京报,大奇,大奇!"(琉/自/二)

846a 因问道:"是那里来的?"(啸/自/二)

846b 因问说:"是那里来的?"(琉/自/二)

847a 主人道:"偶然一个京中朋友过此遗下的。"(啸/自/二)

847b 主人说:"偶然一个京里朋友,在这里留下的。"(琉/自/二)

848a 汪费展开一看,只见:吏部一本:举荐人才之事。户科给事中赵崇礼服满,宜以原官用。典奇一本:会试宜严考德行,以取真才事。吏部一本:选官事。准贡监生黄舆,选大兴县儒学训导。俱批该部知道。(啸/自/二)

848b 汪费展开一看,只见:吏部一本:举荐人才之事。户科给事中赵崇礼服满,宜以原官起用。礼部一本:会试宜严考德行,以取真才事。吏部一本:选官事。准贡监生黄舆,选大兴县儒学训导。俱批

该部知道。(琉/自/二)

849a 汪费看了大笑,对众人说道:"黄老儿原来只选得一个教官,我当初原叫他莫要来,一个老贡生多大前程,也要来挣命?若选了二三衙,还有些银钱摸,今选了这个冷教官,有甚想头?只怕还要穷死在京师哩!"(啸/自/二)

849b 汪费看了大笑,对家人说道:"黄老儿,原来寡选得一个教官。我当初原叫他不要来,一个老贡生,多大的前程,也要来挣命?若选了一个二三衙,还有些银子。如今,选了这一个教官,有什么想头?只怕他还要穷死在京里哩!"(琉/自/二)

850a 主人问道:"这黄舆还是令亲,还是贵友?"(啸/自/二)

850b 主人问说:"这黄舆还是你的亲戚,还是你的朋友呢?"(琉/自/二)

851a 汪费道:"说起来,他还要算我名色先生哩!"(啸/自/二)

851b 汪费说:"说起来,他还要算我做他的先生。"(琉/自/二)

852a 主人道:"既是这等,老先生高发了,扶持他一扶持就是了。"(啸/自/二)

852b 主人说:"既是这样,老先生高发了,扶持他一扶持就是了。"(琉/自/二)

853a 汪费道:"他是一个不通事务的老儒,也扶持他不起的。"(啸/自/二)

853b 汪费说:"他是一个不通的老腐儒,也扶持他不起。"(琉/自/二)

854a 主人问道:"老先生高姓?"(啸/自/二)

854b 主人问说:"老先生高姓?"(琉/自/二)

855a 汪费道:"姓汪。"(啸/自/二)

855b 汪费说:"姓汪。"(琉/自/二)

856a 主人道:"尊讳?"(啸/自/二)

856b 主人说:"尊讳?"(琉/自/二)

857a 汪费道:"你问他怎么?"(啸/自/二)

857b 汪费说:"你问我做甚么?"(琉/自/二)

858a 主人答道:"明日春闱,会榜、殿榜看见了,也好来贺喜。"(啸/自/二)

858b 主人答应说:"明日春闱会试殿试,两个榜看见了,也好来贺喜。"(琉/自/二)

859a 汪费笑道："这也说得是！我叫做汪费，徽州祁门县人，你可留心！"（啸/自/二）

859b 汪费笑说："这也说得是！我叫做汪费，徽州祁门县人。你要留心！"（琉/自/二）

860a 主人道："这个自然。"（啸/自/二）

860b 主人说："这个自然的。"（琉/自/二）

861a 须臾酒饭至，汪费坐在上面，竟自大啖。（啸/自/二）

861b 一点久酒饭来了，汪费坐在上面就吃。（琉/自/二）

862a 主人看见，便不来陪。（啸/自/二）

862b 主人看见，也不来陪。（琉/自/二）

863a 等他吃完了，也不邀他入内，就在草堂上打一铺，请他睡了。（啸/自/二）

863b 等他吃完了，也不请他进去，就在堂上打一铺，请他睡了。（琉/自/二）

864a 家人、牲口，都在庄门傍小房歇宿。（啸/自/二）

864b 家人牲口，都在庄门旁边小房子歇了。（琉/自/二）

865a 次早起来梳洗，主人便不出来，只有庄客送出酒饭，主仆饱食一顿，也不请主人谢别。（啸/自/二）

865b 第二早起来，梳头洗脸，主人也不出来，寡有庄客送出来酒饭。主人小厮，饱饱吃了一顿，也不请主人道谢。（琉/自/二）

866a 家人收拾停当，止拿出三钱银子，递与庄客说道："这是相公赏你们的！"（啸/自/二）

866b 家人收拾停当，拿出三钱银子，递给庄客说："这是相公赏你的！"（琉/自/二）

867a 汪费竟大模大样上骡轿去了。（啸/自/二）

867b 汪费大模大样上骡轿去了。（琉/自/二）

868a 正是：小器从来易满盈，眼中无目只横行。谁知夸尽闲中口，失却春闱榜上名。（啸/自/二）

868b 正是：小器从来易满盈，眼中无目只横行。谁知夸尽闲中口，失却春闱榜上名。（琉/自/二）

869a 汪费骡轿才出村口，只听得当、当、当铺兵锣远远敲将来。（啸/自/二）

869b 汪费骡轿纔出村口，听得铺兵打（把?）锣打得当当响来。（琉/自/二）

870a 汪费问道:"这荒村僻野有甚官府来往?"(啸/自/二)
870b 汪费问说:"这里乡下,有什么官府来往?"(琉/自/二)
871a 说不了,执事摆来,却是滕县知县。(啸/自/二)
871b 说不了,执事摆来,是滕县知县。(琉/自/二)
872a 那边也知这边是会试举人,彼此检阔路上相让过去。(啸/自/二)
872b 那边也晓得这边是会试举人,大家捡个宽路抬过去。(琉/自/二)
873a 汪费因此叫家人问傍边看的人:"知县下乡何事?"(啸/自/二)
873b 汪费就叫家人问旁边看的人:"知县下乡去,做什么事?"(琉/自/二)
874a 看的人说道:"我这里户科赵老爷服满起官,前日命下,今日太爷来,想是请他进京做官了。"(啸/自/二)
874b 看的人说道:"我这里有个户科赵老爷,如今服满了,要去做官。前日有命下来。今日太爷来,想是请他进京做官去了。"(琉/自/二)
875a 家人又问道:"赵老爷在那里住?"(啸/自/二)
875b 家人又问说:"赵老爷在那里住?"(琉/自/二)
876a 看的人说道:"树林里那所庄院就是他家。"(啸/自/二)
876b 看的人说:"就在这树林里头,那一所庄院,就是他家。"(琉/自/二)
877a 家人与汪费说了,汪费大惊道:"昨日那主人,原来就是赵崇礼!我只认做一个乡老儿,未免言语间得罪于他,为之奈何?"(啸/自/二)
877b 家人替汪费说了,汪费大惊说:"昨日那主人,原来就是赵崇礼!我只认做一个乡下老头子,讲话里头得罪他,怎么好呢?"(琉/自/二)
878a 就要回去请罪,又恐转惹他笑,又想道:"不知者不作罪,我只做不知罢了。我若中了进士,便怪我也不怕他。"(啸/自/二)
878b 要回去请罪,又恐怕惹人家笑,又想说:"又不知者,不罪。我寡做个不知道罢了。我若是中了进士,就怪我也不怕他。"(琉/自/二)
879a 遂一径进京,寻了寓所。明知黄舆下处,拜也不去一拜,到是黄舆知他到京,先来拜他,就下帖相请,汪费还装模做样,不肯去吃。(啸/自/二)
879b 就一直上京,寻了公馆,明知黄舆下处,拜也不去一拜。到是黄舆晓得他到了京,先来拜他,就下帖请他。汪费还要装模做样,

不肯去吃。（琉/自/二）

880a 到了会试这一遭，三场得意，写出文字四下里夸耀于人，以为必中。（啸/自/二）

880b 到了会试，这一回，三场都得意，写出文章，四处都去夸口，讲他会中。（琉/自/二）

881a 谁料天理昭彰，这赵给事起服到京，就分房同考，恰恰汪费卷子落在他房里，已取中了。（啸/自/二）

881b 谁想天理昭彰，这赵给事，起服到京，就分房考。恰恰汪费卷子，落在他房里也中了。（琉/自/二）

882a 到拆头填榜这日，填到他的卷子，报名道："一百八十五名汪费，南直隶祁门县附举生。"（啸/自/二）

882b 到拆号填榜那个日子，填到他的卷子，报名说："一百八十五名汪费，南直隶祁门县附学生。"（琉/自/二）

883a 赵崇礼听见，慌忙上前止住道："这一卷填不得！"（啸/自/二）

883b 赵崇礼听见，慌忙上前止住说："这一卷填不得！"（琉/自/二）

884a 大主考问道："为何填不得？"（啸/自/二）

884b 大主考问说："怎么样填不得？"（琉/自/二）

885a 赵崇礼道："礼部新奉喻旨，会场严考德行。这汪费为人暴戾，德行有亏，若只凭文字取中，明日居官贪赃，本房未免同罪。"（啸/自/二）

885b 赵崇礼说："礼部新奉谕旨，会场要严考德行。这汪费做人狂暴，没有德行。若是寡凭文章中他，明日做官贪赃，房考未免同罪。"（琉/自/二）

886a 主考又道："老掌科何以得知？"（啸/自/二）

886b 主考又说："你怎么知道呢？"（琉/自/二）

887a 赵崇礼就将寄宿言语说了一遍，主考道："既是这等，另换一卷罢！"（啸/自/二）

887b 赵崇礼就把他借歇的缘由，讲了一遍。主考说："既是这样的，另换一卷罢！"（琉/自/二）

888a 可惜汪费一个进士，明明丢了。（啸/自/二）

888b 可惜汪费一个进士，白白丢了。（琉/自/二）

889a 及榜发无名，汪费就骂主司瞎眼。（啸/自/二）

889b 到发榜时候，没有名字，汪费就骂主考瞎眼。（琉/自/二）

890a 又过两日，方传说已中了，为得罪赵科尊换去。（啸/自/二）

890b 又过两天,纔讲中了,为得罪赵崇礼故换去。(琉/自/二)

891a 汪费得知这个缘故,气得目瞪口呆,手足冰冷,却又无法奈何。欲待再候下科,却要做官得急,等不得。(啸/自/二)

891b 汪费晓得是这个缘故,气得手脚冰冷,又没法奈何。要等下科再来,又爱做官,等不得下科。(琉/自/二)

892a 因想道:"我不如选一个知县去做做,明日钻谋行取,点个按院,未必不如他,何必苦守?"(啸/自/二)

892b 就想说:"我不如选一个知县去做做,明日钻谋做个行取,点个按院,未必不如他。何必在这里苦守?"(琉/自/二)

893a 主意定了,遂报名吏部,央个分上,要速选。(啸/自/二)

893b 主意定了,就报名吏部,托个分上,要快快选去。(琉/自/二)

894a 吏部说道:"本部速选不难,只是你得罪赵科尊,须要去请罪、讲明方好。若不讲明,明日选出衙门,他参你一本,不但你做官不成,未免连本部也没趣。"(啸/自/二)

894b 吏部说道:"本部要快选你也不难,总是你得罪赵崇礼,要去请罪讲明纔好。你不讲明,明日选去做官,他参你一本,不独你做官不成,连我也没有趣。"(琉/自/二)

895a 汪费没奈何,只得央大分上与赵崇礼说,又自去跪门请罪,方才解释。(啸/自/二)

895b 汪费没奈何,托个大分上,替赵崇礼说,又自家去跪门请罪,纔罢了。(琉/自/二)

896a 吏部得知,就替他选了江西德安知县。(啸/自/二)

896b 吏部知道,就替他选了江西德安县的知县。(琉/自/二)

897a 命才一下,他依旧洋洋得意,打点去上任。(啸/自/二)

897b 命纔一下,他依旧扬扬得意,打点去上任。(琉/自/二)

898a 黄舆前程虽小,却在京做官,有地主之谊,又治酒与他饯行。(啸/自/二)

898b 黄舆前程虽然小,他在京做官,有地主情谊,又办酒替他饯行。(琉/自/二)

899a 见他骄矜如故,因念旧好,谆谆说道:"天隐兄此去,虽仅百里花封,不能展其骥足,然民社所关,亦当为上天小民留意。"(啸/自/二)

899b 见他还是骄傲,念他旧时相好,细细替他说:"你如今虽然做个知县,不会展你的才能,也要替朝廷办事,爱惜百姓纔好。"(琉/

自/二)

900a 汪费笑道:"这不须老师忧心,我此去不过借衙门出身,只消三年工夫行取代巡,方遂我平生之志。"(啸/自/二)

900b 汪费笑说:"这不消老师挂心。我这一回去,不过借衙门出身,只消三年工夫,行取进京,代天巡狩,纔合我平生的志气。"(琉/自/二)

901a 黄舆见他不足与言,便也不再开口。(啸/自/二)

901b 黄舆见不好替他说,也(就?)不再开口。(琉/自/二)

902a 汪费别了黄舆出京上任,到了任上,打□就是三十、五十,银子三两、五两也要,火耗加三、加五,贪酷异常,县里的地皮都被他卷光,小民咒骂不题。(啸/自/二)(注:"□"号为原文空缺,下同。)

902b 汪费别了黄舆,出京上任。到了任上,打人就是三十、五十,银子三两、五两也要,火耗加三、加五,贪酷了不得。县里的地皮,都给他卷得干净,百姓咒骂。这话不说。(琉/自/二)

903a 却说黄舆做了两年教官,俸禄虽薄,却饱衣暖食,得以安心讲求。(啸/自/二)

903b 再说,黄舆做了两年的教官,俸禄淡薄,也饱食煖衣,安心读书。(琉/自/二)

904a 又值秋闱取士,他此时整整是六十岁,真可谓岁寒松柏,苦尽甘来。(啸/自/二)

904b 又遇秋闱乡试,他这时候,整整六十岁。他是个岁寒松柏,否极泰来。(琉/自/二)

905a 他三场鏖战,果占高魁。(啸/自/二)

905b 他进了三场,果占高魁。(琉/自/二)

906a 榜发之时,黄舆倒还喜得犹可,转是周文选道他有眼力、识文字,喜得心花都开。(啸/自/二)

906b 到发榜时候,黄舆欢喜,他到还罢了。到是周文选,讲他有眼力,认得文字,喜得他心花都开。(琉/自/二)

907a 黄舆鹿鸣宴罢,感周文选盛情,就先来拜谢。(啸/自/二)

907b 黄舆吃了鹿鸣宴,多感周文选的盛情,就先来拜谢他。(琉/自/二)

908a 周文选说道:"此还不足为奇,试看明年春闱得意,方知学生鉴赏不谬。"(啸/自/二)

附　录

908b 周文选说道："这还不足为奇，试看明年会试，纔知道我眼睛不差。"（琉/自/二）

909a 到了会场，黄舆果又高高中了一名进士，殿在二甲前，选了工部主事。（啸/自/二）

909b 到了会场，黄舆果然又高高中了一名进士，殿在二甲前，选了工部主事。（琉/自/二）

910a 周文选喜黄舆不负所期，黄舆感周文选力劝成名，二人相知日深，竟成道义之交。（啸/自/二）

910b 周文选欢喜黄舆不负平生所望，黄舆感激周文选劝他成名，两个人竟成个知己。（琉/自/二）

911a 黄舆又感王相公吹嘘之力，殷勤拜谢。（啸/自/二）

911b 黄舆又感激王相公吹荐的力，殷勤拜谢。（琉/自/二）

912a 黄舆在部做官年余，就点差江西九江抽分，就收拾出京不题。（啸/自/二）

912b 黄舆在部做官年把，就点差到江西九江去做分司（抽分？），就收拾出京。这话不说了。（琉/自/二）

913a 却说汪费在德安做了三年，赃私狼籍。（啸/自/二）

913b 再说，汪费在德安做了三年，贪赃了不得。（琉/自/二）

914a 却喜得神宗皇帝怪御史多言，不肯考选都察院之人，因此江西久无按院，汪费得以横行。（啸/自/二）

914b 还喜得神宗皇帝，怪御史多话，不肯考选，都察院没有人。故此江西好久没有按院，汪费纔敢这样的。（琉/自/二）

915a 汪费也自知名声不好，就借考满名色，带了许多银子进京去打点，遇便还要谋个行取。（啸/自/二）

915b 汪费也自家知道名声不好，就借考满名色，带了好多银子，进京去打点，还要谋个行取。（琉/自/二）

916a 又闻得黄舆连科高中，心下十分惊讶道："他一个老贡生，如何到有此一步？"（啸/自/二）

916b 又听得黄舆连科高中，心里头十分惊讶说："他一个老贡生，怎么样的到有这个地步？"（琉/自/二）

917a 也自觉前边待他薄了，又闻他选了京官，恐怕他见怪，不好相见，只得收拾了一件厚礼，悄悄先差人进京去贺喜，随后自家起身。一路上依旧威风凛凛、轿马人夫，又比前番进京十分威势。（啸/自/二）

917b 也自家晓得待他刻薄。又听见他选了京官，恐怕他见怪，不

237

好相见，就收拾了一付厚礼，悄悄的先差人送进京去，替他贺喜。随后自家起身，一路上依旧威风凛凛，轿马人夫，又比前番进京，十分威风。（琉/自/二）

918a 到了雄县地方，忽撞见黄舆，抬着一乘小轿，后面两个家人，骑着两匹骡子跟随，寒寒酸酸，竟象一个下第儒生模样，对面冲来。（啸/自/二）

918b 到了雄县地方，碰见黄舆抬着一顶小轿子，后头两个家人，骑着两个骡子跟着，冷冷清清的，竟像一个不中的儒生模样，对面冲来。（琉/自/二）

919a 汪费看见，认得是真，心下惊讶，就叫家人邀住，自走出轿来迎着道："黄老师，门生在此。"（啸/自/二）

919b 汪费看见，认得是真，就叫住轿，自家走出轿子来，迎着说："黄先生，学生在这里！"（琉/自/二）

920a 黄舆看见，便也住轿相见道："天隐如何到此？"（啸/自/二）

920b 黄舆看见，也住轿相见说："你怎么到这里？"（琉/自/二）

921a 汪费道："前闻老师联捷，曾遣衙役备些薄礼奉贺，不知曾蒙老师叱纳否？"（啸/自/二）

921b 汪费说："前日听见老师联捷，我差衙役，送些薄礼奉贺，不知道老师有收了没有？"（琉/自/二）

922a 黄舆道："承天隐高情，已心领了，厚礼原付来役璧上。"（啸/自/二）

922b 黄舆说："承你高情，我心领就是了。厚礼付你差人带回了，我不敢收。"（琉/自/二）

923a 汪费道："老师为何见外？"（啸/自/二）

923b 汪费说："不是别人，老师为何不收？"（琉/自/二）

924a 黄舆道："学生素性如此，天隐所知。"（啸/自/二）

924b 黄舆说："我平素不收人东西，这是你晓得的。"（琉/自/二）

925a 汪费道："闻老师荣任冬部，为何出京？"（啸/自/二）

925b 汪费说："听见老师在部里做官，为何出京来呢？"（琉/自/二）

926a 黄舆道："蒙恩点差九江分司，因此出来。"（啸/自/二）

926b 黄舆说："蒙主子的恩，点差九江分司，故此出来。"（琉/自/二）

927a 汪费道："这等，老师是钦差了，为何如此行径？"（啸/自/二）

927b 汪费说："这样老师是钦差了，为何这样的打扮呢？"（琉/

自/二)

928a 黄舆道:"部差原无勘合,理当如此!且问天隐为何进京?"(啸/自/二)

928b 黄舆说:"部差原没有勘合,体统该是这样的。你进京来做什么?"(琉/自/二)

929a 汪费道:"门生一来考满,二来恭贺老师,三来门生代罪知县已三年矣,意欲求当事者用些情面耳。"(啸/自/二)

929b 汪费说:"学生一来考满,二来恭贺老师,三来学生做知县,如今三年了,意思要求当事的人,用些情面。"(琉/自/二)

930a 黄舆道:"功名大都有数,天隐也不必十分强求,理之应得者,特借一臂之力耳。"(啸/自/二)

930b 黄舆说:"功名都是有数,你也不必十分强求。"汪费说:"学生那敢强求,道理该得的,寡借他一臂的力。"(琉/自/二)

931a 因问江西代巡曾有人否?(啸/自/二)

931b 就问江西代天巡狩,有人了没有。(琉/自/二)

932a 黄舆道:"就是敝同年杨古直为江西代巡。"(啸/自/二)

932b 黄舆说:"江西巡狩有人了。"汪费说:"不知道是什么人?"黄舆说:"就是我的同年杨古直。"(琉/自/二)

933a 汪费道:"不知为人何如?"(啸/自/二)

933b 汪费说:"做人怎么样的?"(琉/自/二)

934a 黄舆道:"极廉明、极仁恕,但只是疾恶如仇耳!"(啸/自/二)

934b 黄舆说:"清廉明白、仁恕的人,总是恨那恶人,就像仇人一样。"(琉/自/二)

935a 汪费道:"杨代巡不知几时出京?"(啸/自/二)

935b 汪费说:"杨大人不知道几时出京呢?"(琉/自/二)

936a 黄舆道:"命已下了,京中久住不得,只怕此时也离京了。"(啸/自/二)

936b 黄舆说:"命也下了,京里也住不得多久,如今想也出京了。"(琉/自/二)

937a 汪费道:"门生进京,实指望领老师大教,不期老师又荣任,门生意欲借前面一个邮亭,求老师暂停大驾,少叙片时,不知老师肯见爱否?"(啸/自/二)

937b 汪费说:"学生进京来,实要指望领老师的教导,不想老师又去上任。学生意思要借前头一间房子,求老师暂停一会叙叙,不知道

老师肯么（肯不肯呢）？"（琉/自/二）

938a 黄舆道："学生正要与天隐盘桓，但路途之间，行人往来，似乎不便。况学生敝任与贵治相近，领教正自有日，此时只得要别了。"（啸/自/二）

938b 黄舆说："我正要替你盘桓，路上人往来，到也不便。我衙门替你都相近，领教有日。这个时候，要别你了。"（琉/自/二）

939a 汪费道："老师既是要行，门生不敢强留，但老师前途尚远，门生谨以百金少充路费，乞老师笑纳。"（啸/自/二）

939b 汪费说："老师既是要走，学生也不敢强留。老师路头还远，学生一百两银子，送先生做盘缠，求老师收了。"（琉/自/二）

940a 黄舆道："这个使不得！学生若是做穷秀才时，受人些恩惠，虽非君子，还无波累。今日侥幸，我与你俱已做了朝廷臣子，则此身功罪自在朝廷，若受人一分一文，非赃即私，异日朝廷考察得知，恐此身不保，如何敢受？"（啸/自/二）

940b 黄舆说："这个使不得！我若是做穷贡生时候，受人些恩惠，虽有不是，还没有什么话说。今日侥倖，我替你都做了朝廷的臣子，朝廷知道，到也不便。若受了人一分一文，不是赃，就是私。明日朝廷考察，恐怕这身子也难保了，怎么敢受你呢？"（琉/自/二）

941a 汪费笑道："仕途交际，从来如此，老师不必太泥！"（啸/自/二）

941b 汪费笑说："从来都是这样的，老师不必拘泥！"（琉/自/二）

942a 黄舆道："此事不独学生不敢，就是天隐亦当谨守，倘一失足，悔之晚矣！"（啸/自/二）

942b 黄舆说："这个事，不独我不敢，就是你也要谨守。若不谨守，后来悔也迟了！"（琉/自/二）

943a 汪费见黄舆不受，只得罢了，各自上轿而去。（啸/自/二）

943b 汪费见黄舆不受，只得罢了。各人上轿去了。（琉/自/二）

944a 正是：小人作用倚黄金，专以黄金买黑心。到得一尘都不染，始知空自用机深。（啸/自/二）

944b 正是：小人作事恃黄金，专以黄金买黑心。到得一尘都不染，始知空自用机深。（琉/自/二）

945a 黄舆别了，竟自往南上任不题。（啸/自/二）

945b 黄舆别了，自家往南上任去了。不说。（琉/自/二）

946a 却说汪费往北，一路上想道："黄老儿如此迂腐，虽中进士，

附 录

只怕做官终不发扬,结交他也无用处。"(啸/自/二)

946b 再说,汪费往北,一路上想说:"黄老头子这样腐儒,虽中个进士,怕他做官也不会高升,结交他也没干。"(琉/自/二)

947a 便丢开不在心上。(啸/自/二)

947b 就丢开,也不放在心上。(琉/自/二)

948a 到了京师,果然银子上前,各衙门一顿夤缘,便都道他少年有才,复任三年,又钻谋行取,吏部得他贿赂,许他道:"只消新按院有个荐本,便好替他维持。"(啸/自/二)

948b 到了京师,果然银子上前,各衙门一顿使用,就都讲他少年有才。复任三年,又钻谋行取。吏部晓得他用银子,许他说:"只消新按院有个荐本来,就好替你周全。"(琉/自/二)

949a 汪费见吏部许了,满心欢喜,只思量去钻谋按院。(啸/自/二)

949b 汪费见吏部许了,满心欢喜,思量去按院那里用银子。(琉/自/二)

950a 打听按院又出京了,恐怕他先到江西,访知他贪酷之事,便难夤缘,只得连夜赶出京来。(啸/自/二)

950b 打听按院又出京了,恐怕他先到江西,查他贪酷的事,就难钻谋,连夜赶出京来。(琉/自/二)

951a 到了南京,雇船上江西,船家因价钱少不肯去。(啸/自/二)

951b 到了南京,雇船上江西,船家因价钱少不肯去。(琉/自/二)

952a 汪费的家人、衙役便使势将船家痛打。(啸/自/二)

952b 汪费的家人、衙役,就使势子,把船家乱打。(琉/自/二)

953a 船家被打,吆喝连天,只见傍边一个人,头带一顶高方巾,身穿一领布直裰,走过来相劝道:"列位,为何事打他?"(啸/自/二)

953b 船家给他打,叫喊连天。见旁边一个人,头带一顶方巾,身穿一件布衫,走过来相劝说:"列位为什么事打他?"(琉/自/二)

954a 家人道:"江西德安县知县汪老爷考满回任,雇他的船,与他三两银子船钱,他还嫌少不肯去,你道该打不该打?"(啸/自/二)

954b 家人说:"江西德安县汪老爷,考满回任。雇他的船,给他三两银子做船钱,他还嫌少不肯去。你讲该打不该打?"(琉/自/二)

955a 船家道:"三千里路,人工吃用,也要盘缠得来,方好伏侍老爷。老爷就不肯添价,也须好说,怎么就乱打?"(啸/自/二)

955b 船家说:"三千里路,人工吃用,也要盘缠得勾,纔好伏侍老爷。老爷不肯添价,也要好说,怎么就乱打?"(琉/自/二)

241

956a 家人道:"这个打算不得打!禀知老爷,狗筋还要打断你的哩!"(啸/自/二)

956b 家人说:"这个打你,还算不得打的!禀上老爷,狗筋还要打断你的哩!"(琉/自/二)

957a 船家被打,只不肯放他,急得罥将起来。(啸/自/二)

957b 船家被打,总不肯放他,急得他罥起来。(琉/自/二)

958a 傍边劝的那人说道:"你也不要打,船家,你也不要哭。他老爷既与你三两银钱,你若嫌少,我也要往江西,你后稍头顺便带了我去,我帮贴你一两银子,岂不两得其便!"(啸/自/二)

958b 旁边劝的那个人说道:"你也不要打。船家你也不要哭。他老爷既给你三两船钱,你若嫌少,我也要往江西去,你后梢里头,顺便带了我去,我帮贴你一两银子,这不是大家都好?"(琉/自/二)

959a 家人道:"这个我们可以做得情,只要他后稍头搭得下。"(啸/自/二)

959b 家人说:"这个我们可以做得情,要他后梢里头搭得下。"(琉/自/二)

960a 船家道:"搭是搭得,只是就添一两,也还不彀吃用。"(啸/自/二)

960b 船家说:"搭是搭得,你就添一两,也是不勾吃用。"(琉/自/二)

961a 那人道:"好好装载,倘果然不足,我再加你几钱也是小事!"(啸/自/二)

961b 那人说:"好好装载,果然不够,我再加你几钱,也是小事。"(琉/自/二)

962a 船家不敢再言,只得装载两家上船,就开船往上江而来。(啸/自/二)

962b 船家不敢再说,只得装载两家上船,就开船往上江西来。(琉/自/二)

963a 一日,汪费坐在舱中无聊,因推窗闲看,忽看见后稍一个带方巾的,因问道:"是甚么人?"(啸/自/二)

963b 一天,汪费坐在舱里闷得狠,推开窗子,在那里闲看。看见后梢一个带方巾的,问说:"是什么人?"(琉/自/二)

964a 家人禀道:"前日因船家嫌船钱少不肯去,是搭船的。"(啸/自/二)

964b 家人禀说："前日船家嫌船钱少不肯去，是搭船的。"（琉/自/二）

965a 汪费道："搭船也罢了，可问他是何等样人？"（啸/自/二）

965b 汪费说："搭船也罢了，问他是什么样人。"（琉/自/二）

966a 家人忙走到后舱，问那人道："老爷看见，问你是甚么人？"（啸/自/二）

966b 家人忙走到后舱，问那人说："老爷看见，问你是什么人？"（琉/自/二）

967a 那人答道："我是山西人，会相面。"（啸/自/二）

967b 那人答应说："我是山西人，会看相。"（琉/自/二）

968a 家人回报道："那人是个相面的。"（啸/自/二）

968b 家人回报说："那人是个看相的。"（琉/自/二）

969a 汪费道："既是相面的，可叫他来与我相相。"（啸/自/二）

969b 汪费说："既是看相的，叫他来替我相相。"（琉/自/二）

970a 家人因叫那人道："老爷叫你相面。"（啸/自/二）

970b 家人就叫那人说："老爷叫你看相！"（琉/自/二）

971a 那人道："我是山西人，又不服你老爷管，你老爷为何叫得我？"（啸/自/二）

971b 那人说："我是山西人，又不服你老爷管，你老爷怎么叫得我呢？"（琉/自/二）

972a 家人道："天下官管天下百姓，怎么叫你不得？"（啸/自/二）

972b 家人说："天下官，管天下百姓。怎么叫你不得呢？"（琉/自/二）

973a 那人道："相面虽小道，名列九流，往往有贤者隐遁于中，却也轻慢不得。"（啸/自/二）

973b 那人说："看相虽是小道，名声也在九流，内中常有贤德的人，也轻慢不得。"（琉/自/二）

974a 家人道："那个轻慢你？快去，快去！"（啸/自/二）

974b 家人说："那个轻慢你？快去，快去！"（琉/自/二）

975a 那人因走到中舱来，将手一拱道："老先生请了！"（啸/自/二）

975b 那人走到舱来，把手一拱说："老先生请了！"（琉/自/二）

976a 汪费见他拱手，也不喜欢，便坐着不答礼，只说道："你会相面么？"（啸/自/二）

976b 汪费见他拱手，也不欢喜，就坐着不还礼，说道："你会看相

么?"（琉/自/二）

977a 那人道："颇知一二。"（啸/自/二）

977b 那人说："略略晓得。"（琉/自/二）

978a 汪费道："既会相面，你可细细相我一相，看我的官要做到甚么地位?"（啸/自/二）

978b 汪费说："既会看相，你细细相我一相，看我做官会做到什么地位。"（琉/自/二）

979a 那人真个细细将汪费看了一回道："我看老先生头圆面方，眉清目秀，到也是科目出身，更兼声宏气壮，异日前程八座有分。"（啸/自/二）

979b 那人真个细细的把汪费看了一回说："我看老先生，头圆面方，眉清眼秀，到也是个科甲出身。你声宏气壮，后来前程八抬有分。"（琉/自/二）

980a 汪费听了欢喜道："到也相得准。"（啸/自/二）

980b 汪费听了，欢喜说："到也相得准。"（琉/自/二）

981a 叫家人取了一张椅子与他坐了细相。（啸/自/二）

981b 叫家人拿张椅子，给他坐了，"替我细细相相!"（琉/自/二）

982a 那人坐下又相道："老先生功名显达不消说得，只可惜準头带钩，为人少些慈祥恺悌，多招人怪。"（啸/自/二）

982b 那人坐下，又相说："老先生功名显达，不消说了。总是可惜鼻子头带钩些，做人刻薄，多得招人恼怪。"（琉/自/二）

983a 汪费道："我们做官的不怕人怪。这也罢了，你只相我几时可以行取?"（啸/自/二）

983b 汪费说："我们做官的，不怕人怪。这也罢了，你只相我几时会行取。"（琉/自/二）

984a 那人又相相道："老先生还是要奉承，还是要直说?"（啸/自/二）

984b 那人又相相说："老先生还是要奉承，还是要直说呢?"（琉/自/二）

985a 汪费道："就直说何妨?"（啸/自/二）

985b 汪费说："直说何妨!"（琉/自/二）

986a 那人道："若终身前程大有好处，若说目下气色甚是滞晦，只怕早晚有人参论，须要小心防范!"（啸/自/二）

986b 那人说："终身前程，大有好处。如今眼下气色，有些晦气，

附 录

怕你早晚有人参论,要小心防备缱好!"(琉/自/二)

987a 汪费道:"这就胡说了,新按院又未入境,就是来时有些话说,我拚着几千银子送他,他难道是不要的?除他,再有谁人参劾?"(啸/自/二)

987b 汪费说:"这个胡说了!新按院又没有来,就是来了,有什么话说,我拚着几千银子送他,他难道是不要的?除他还有什么人敢参我呢?"(琉/自/二)

988a 那人道:"我据相看,也未知准否,老先生何必着急?"(啸/自/二)

988b 那人说:"我据看相,也不晓得准不准,老先生何必着急?"(琉/自/二)

989a 汪费道:"你可再细细看,就有人参论,还不伤事么?"(啸/自/二)

989b 汪费说:"你再细细看,就有人参我,还不怕么?"(琉/自/二)

990a 那人道:"事虽无伤,只怕有些时牢狱之灾。"(啸/自/二)

990b 那人说:"虽是不怕,只怕有些监牢的灾难。"(琉/自/二)

991a 汪费听了大怒道:"这等胡说,若在我衙门里,就该打你一顿板子!可惜是路上,且饶你去!"(啸/自/二)

991b 汪费听了,大怒说:"这等胡说!若是在我衙门里,就该打你一顿板子!可惜是路上,且饶你去!"(琉/自/二)

992a 因叫家人:"快赶上岸,船中不许容留!"(啸/自/二)

992b 叫家人快赶上岸去,不许船上容留。(琉/自/二)

993a 众家人便七手八脚,将那人推出舱去,立刻叫船家拢船,将他行李乱丢在江岸上。(啸/自/二)

993b 众家人就七手八脚,把那人推出舱来,立刻叫船家拢船,把他行李乱丢在岸上。(琉/自/二)

994a 那人叫跟的人同走上岸,笑嘻嘻说道:"如今赶我上岸,只怕相准了,那时寻我就迟了。"(啸/自/二)

994b 那人叫跟的人,都走上岸来,笑嘻嘻说道:"如今你赶我上岸,只怕相准了,那时候,寻我就迟了。"(琉/自/二)

995a 众家人道:"你若到别处做生意,就算造化你了。若晦气撞到我们县里来,只怕还要枷号示众哩!"(啸/自/二)

995b 众家人说:"你若到别处去做生意,就算有造化了。若晦气碰到我县里来,只怕你还要枷号示众哩!"(琉/自/二)

996a 说罢，竟自开船去了。（啸/自/二）

996b 说完，开船去了。（琉/自/二）

997a 不一日，到了县中，依旧扬扬得意，横行胡为。（啸/自/二）

997b 没有一天，到了县里，依旧扬扬得意，胡行乱做。（琉/自/二）

998a 过不数日，报到新按院入境。（啸/自/二）

998b 过没有几天，报到新按院来了。（琉/自/二）

999a 汪费忙会同各县去接，接到省中衙门中坐下，先是三司进见，三司见过，才是各府参谒，各府参完，然后各县一齐进去。（啸/自/二）

999b 汪费慌忙会各县去接。接到省城衙门里头坐了，先是三司进见。三司见过，缠是各府参拜。各府参完，然后各县一齐进去。（琉/自/二）

1000a 汪费随众走到阶下，先偷眼将代巡一看，不看犹可，看了不觉：顶上走了三魂，胸中失了七魄！（啸/自/二）

1000b 汪费跟随众人，走到阶下，先偷眼睛把他一看。不看还好，看了不觉：顶上走了三魂，胸中失了七魄！（琉/自/二）

1001a 你道代巡是何人？（啸/自/二）

1001b 你说这巡狩的，是什么人？（琉/自/二）

1002a 就是替他船上相面，相得不好赶上岸的那人。（啸/自/二）

1002b 就是替他船上看相的，相他不好，给他赶上岸的那个人。（琉/自/二）

1003a 汪费见了，惊得手足无措，满身是汗。（啸/自/二）

1003b 汪费见了，吓得他手脚无地，满身都是汗。（琉/自/二）

1004a 随众行完礼，众知县都走了起来。（啸/自/二）

1004b 随众人行完了礼，众知县都走了起来。（琉/自/二）

1005a 汪费情知理亏，就在地下不敢扒起。（啸/自/二）

1005b 汪费晓得自家不着，跪在地下，不敢扒起。（琉/自/二）

1006a 代巡问道："伏地者是那一县知县？"（啸/自/二）

1006b 那巡狩问说："跑在地下者，是那一县的知县？"（琉/自/二）

1007a 汪费道："德安县知县汪费，得罪老大人台下，故匍伏请死！求老大人宽宥！"（啸/自/二）

1007b 汪费说："是德安县知县汪费。得罪老大人台下，在这里请死！求老大人宽恩！"（琉/自/二）

1008a 代巡道："原来是你，本院与你相面，相不准赶了上岸，这也罢了，你怎知本院爱财，就说拚送数千金，再无不受之理？似这等

汙蔑钦差，当得何罪？"（啸/自/二）

1008b 那巡狩说："原来是你。本院替你看相，相准不准？赶了上岸，这也罢了。你怎么晓得本院爱财，就说拚着送他几千两银子，再没有个不收的道理？这样的乱说钦差，该当何罪？"（琉/自/二）

1009a 汪费跪在地下无言可对，只是除去纱帽，磕头如捣蒜。（啸/自/二）

1009b 汪费跪在地下，没有话说，总是脱去纱帽，磕头如捣蒜。（琉/自/二）

1010a 代巡道："你得罪于本院到还可解。但本院闻你贪酷久矣，得罪于百姓，这却恕你不得。你且到狱中坐一坐，一来验本院之相，二来消磨消磨骄矜之气。若无百姓告你，便是你造化了。"（啸/自/二）

1010b 那巡狩说："你得罪本院，到还解得。本院听见你贪酷好久，得罪百姓，饶你不得！你且去监里坐一坐，一来验本院的相准不准，二来消磨你那骄傲的气。若是没有百姓告你，就是你的造化了。"（琉/自/二）

1011a 汪费还要苦求，代巡已吩咐按察司监候，早有差人押了出来，不容回县，竟到按察司狱中去受用了。（啸/自/二）

1011b 汪费还要苦求，那巡狩就吩咐按察司监着伺候。差人押了出来，不容他回县，押到按察司监里去受用了。（琉/自/二）

1012a 代巡头一日行香，第二日下学谒圣，第三日放告。（啸/自/二）

1012b 那巡狩头一天行香，第二天到学里拜圣人，第三天放告。（琉/自/二）

1013a 百姓闻知汪知县拿了，人人快畅，就有上千状子来告他，代巡都准了，发理刑严审。（啸/自/二）

1013b 百姓听见汪知县拿了，人人快活，就有上千的状子来告他。巡狩都准了，发理事厅严审。（琉/自/二）

1014a 理刑审明，有过付确据赃银五万两，主限严追。（啸/自/二）

1014b 理事厅审明白了，有过付确据，赃银五万两，立限严追。（琉/自/二）

1015a 汪费尽囊中所有，并家中产业细细追纳，完过四万三千两，尚欠七千，日日追比。（啸/自/二）

1015b 汪费家里的产业，整整完过四万三千两，还欠七千两，天天追比。（琉/自/二）

1016a 汪费此时方悔从前骄傲贪酷、负义忘恩之罪，因想起黄舆与

代巡是同年，只得写个苦情的揭帖，央求亲友来求黄舆与代巡说情。（啸/自/二）

1016b 汪费这个时候，纔悔从前骄傲贪酷、负义忘恩的罪。想起黄舆替巡狩是同年，写个苦情的揭帖，央托亲友来，求黄舆替巡狩讲情。（琉/自/二）

1017a 黄舆见他弄到这个田地，心甚不忍，因勤勤恳恳写了一封书与代巡。代巡犹自狐疑不决，黄舆没奈何，又亲到省下面见代巡，再三恳求。（啸/自/二）

1017b 黄舆见他弄到这个田地，心里狠不忍，写了一封书给巡狩。心上还狐疑不定。黄舆没奈何，又亲到省城，面见巡狩，再三恳求。（琉/自/二）

1018a 代巡撇不过同年情谊，方才允了。（啸/自/二）

1018b 巡狩撇不过同年的情谊，纔肯了。（琉/自/二）

1019a 因批准呈子，将七千赃银免追，也不问罪，只赶他回去便了。（啸/自/二）

1019b 批准呈子，把七千两赃银免追，也不问罪，赶他回去罢了。（琉/自/二）

1020a 汪费出得狱中，人已瘦了一半。（啸/自/二）

1020b 汪费出监来，人瘦了一半。（琉/自/二）

1021a 百姓闻知他出狱，还要来赶打，他只得连夜走了。（啸/自/二）

1021b 百姓听见他出监，还要来赶打。他连夜走了。（琉/自/二）

1022a 因感黄舆始终周旋大德，只得转到九江分司来拜谢。见了黄舆，放声大哭。（啸/自/二）

1022b 感激黄舆始终周旋大德，转到九江分司来拜谢，见了黄舆，放声大哭。（琉/自/二）

1023a 黄舆再三劝慰，又留他住了月余，又送他盘缠，方打发回家。（啸/自/二）

1023b 黄舆再三劝他，又留他住了个把月，又送他盘缠，纔打发回家。（琉/自/二）

1024a 汪费回家无颜见人，十分气苦，染大病一场，呜呼死了！（啸/自/二）

1024b 汪费回家，没有脸面见人，十分气苦，大病一场死了。（琉/自/二）

1025a 黄舆在任一清如水，商民颂德。（啸/自/二）

1025b 黄舆在任上，一清如水，商民颂德。（琉/自/二）

1026a 任满进京复命，就转升湖广按察副使，黄舆见年老，也就不做官，告病回家受用，直活到八十一岁方终。（啸/自/二）

1026b 任满进京复命，就转升湖广按察副使司。黄舆见年老，也就不做官，告病回家受用，直活到八十一岁绳死。（琉/自/二）

1027a 乡里谁不美他为人淳厚，终获长者之报。（啸/自/二）

1027b 乡里谁不爱他做人忠厚，得个长者报应？（琉/自/二）

1028a 后来子孙绵盛，为祁门大族。（啸/自/二）

1028b 后来子孙昌盛，是个祁门大族。（琉/自/二）

1029a 汪天隐若不负心，一个进士稳中，前程远大，何至苦死？（啸/自/二）

1029b 汪天隐若不负心，一个进士稳中的，前程远大，那里会苦死。（琉/自/二）

1030a 岂非自作之孽，因题曰：自作孽。行善从来不吃亏，吃亏到□是□□。□□□□□□，□□□□□□。（啸/自/二）

1030b 岂不是自作的孽？故题目叫做：《自作孽》。行善从来不吃亏，吃亏到底是便宜。小人只道他奸狡，奸狡自身奸狡谁？（琉/自/二）

# 附录（四）"南方方言母语者将方言翻译成普通话的相似性实验"之实验材料及被调查者资料

## 1. 实验材料

苏州话实验材料：

（1）耶稣到之屋里，门徒暗暗能问俚说："倷为啥勿能赶脱俚？"

（2）约翰对俚说："先生倷看见一个勿跟倷个人，用倷个名字赶脱鬼。"

（3）耶稣就严紧叮嘱俚笃勿要拨别人晓得俚。

（4）链条拨俚断脱，脚镣手拷也拨俚坏脱。

（5）我搭耐做个媒人。

（6）耐倘然肯帮帮俚，倒也赛过做好事。

（7）倪先生一径搭耐蛮要好。

（8）该个病阿会好嘎？

（9）梳头家生搭衣裳。

**福州话实验材料：**

（10）耶稣一入厝，门生偷得伺伊："将其我仈毛担当逐者鬼呢？"

（11）约翰共耶稣讲："先生我各仈看见一只仈托汝其名逐鬼。"

（12）耶稣迫切吩咐伊，莫扬传乞仈晓的。

（13）铁链就乞伊作断，胶手靠也乞伊挃折。

（14）耶稣叫伊来，就用比喻其话共伊讲。

（15）伊是乜モ仈呢，风共海也服伊。

（16）耶稣仅落海边教训，尽价仈聚集来伊礼。

（17）仈所做其罪恶，所讲亵渎其话都儴赦得去。

（18）务喇仈后我来，伊权能故赢过我。

（19）你有想爱去日本看觅下没？

**广州话实验材料：**

（20）耶稣入屋门生静静问佢话："我哋做乜唔赶得佢出呢？"

（21）约翰对耶稣话："老师我哋见一个人，托你名嚟赶鬼。"

（22）俾我睇你嗰部书。

（23）你喺处睇住野，唔好俾人拧去呀。

（24）我想你拧呢块木同我做张台播。

（25）重有一件好啱嘅，因为个处又近住我嘅姊妹同我亚叔处添。

（26）我见有好多西人读唐书。

（27）起先有啲人唔喜欢坐呢样车，因为怕佢会喺半路跌落嚟呀。

（28）坐船去好过行路去呀。

（29）我冇读书。

（30）有打人冇呢，系使乜野嚟？

**梅县话实验材料：**

（31）耶稣入去屋，门生自家子就问佢话："我等为何不能赶得佢出？"

（32）约翰对耶稣话："先生我等看倒有人托尔名来赶鬼。"

（33）分个唉人看开，就自家放起。

（34）系咁样就唔使求人问，也唔使分人欺负。

（35）因为听雕仔唱都唔使钱，佢也有事同人攞一的米谷来食。

（36）走兽个皮同角又同蹄甲系碎个，做物件唔得。

(37) 鹏毛有好多样，有长个大个细个粗个幼个。
(38) 一时有清气落入就有病哙死。
(39) 噎兜细嘅好过该兜大嘅。
(40) 冇去。冇去。
(41) 先生有来么？有。么。

**2. 被调查者资料**

苏州话母语者：

刘莲，女，1979年出生，苏州市城区人，大学本科，现为上海市上海电梯厂职员。在苏州出生，并一直生活至高中毕业。

何立辉，男，1971年生，苏州市城区人，大学本科，现为上海申通集团职员。在苏州出生，并一直生活至高中毕业。

广州话母语者：

何瑞贞，女，1955年生，大专学历，现任职于广州星群制药股份有限公司，籍贯广东中山，出生于广州市海珠区，成长环境是在海珠区，工作环境主要接触的大部分是广州人。

邓国强，男，1951年生，大专学历，现任职于广州中一药业有限公司，籍贯广东番禺，出生在广州海珠区（人民桥，以前俗称河南，大基头），成长环境主要是在广州市海珠区。青年时期工作环境接触的主要为广州人，现随着社会变迁在工作环境中也会与非广东人接触。

福州话母语者：

陈曦，女，1980年出生，福州台江区人，大学本科，现为深圳市广汇源水利实业有限公司职员。在福州出生，并一直生活至高中毕业。

梅县话母语者：

张珊珊，女，1980年生，祖籍梅县，在广州出生，硕士研究生，现为中山大学图书馆职员。父亲为梅县长沙人，母亲为梅县城区人，从小在家中说梅县话。

# 索 引

## A
"A 不 A" 句式　63, 64

## B
北京官话　33, 79, 83, 90—92, 103, 124, 139, 147, 162, 172, 182, 185, 187, 192
标准音　90, 91, 180, 185, 187, 188, 189
标准语　5, 177, 178, 180, 184, 185, 186, 187, 188, 189

## C
差比句　122, 159, 160
超地域性　176—179, 184, 185, 189, 192
程度副词　41, 42, 72, 156, 157, 162, 167, 173, 190, 191
词汇更替　33

## D
地域性　109, 178—180, 182, 186, 189
第一人称复数包括式　85—90, 147—150, 162, 172, 190
第一人称复数排除式　85—90, 147—150, 162, 172, 190
动态助词　52, 55, 70, 78

## F
反身代词　79—90, 92, 117, 164
反问句式　65, 66, 70, 78
否定副词　21, 46, 47, 70, 78, 163
福州官话　4, 91, 118, 132, 134, 147, 150, 162
复杂给予句　35

## G
高语体　17, 19, 29, 39, 52, 71
功能词　118
共同语　176, 177, 178, 180, 184, 187, 189, 191
构词法　92, 117, 163, 165
官话　176—192

## H
话本小说　3, 17, 140

## J
给予动词　30—33, 69, 77, 92, 114, 115, 118, 124, 150, 166, 167, 174, 184, 190
兼语句　34, 35
结构助词　55—58
经济性　38, 86

## L
类同副词　39—41, 70, 76, 77
量词　92, 94, 99—107, 117, 120, 163—165
琉球官话课本　1—5, 162—175
琉球写本　1—5, 8, 10—18

# 索 引

## M

模糊性　180—182
母本　14，15，117，176

## N

南京官话/下江官话　4，90—118，162，163，164，166—168，178，187—189，191，192
能愿动词　35—37，69，72，77，128，130，157，162，190

## Q

区别性特征　119，121，124，125，128，132—147，168—171
取舍连词　60，70，78

## R

让步连词　62，70，78
人物语言　19，28，51，105
弱化动词　33，35

## S

时间副词　20，43—46，70，76，78，92，110，117
使役动词　30，31，69，77，190
书音　187，189
双音节化　41，57，63，66，68，69，94

## V

"VP怎么"句式　64—66

## X

限定副词　39—41，70，76，77

啸花轩本　1，2，8—10，12，15
啸花轩书坊　118
叙述语言　17，19，25，27，28，40，74，105，106
选择连词　61，62，70，78

## Y

疑问代词　25—30，59，69，77，92，117，164，165
因果连词　60—61，70，78
引进空间的介词　20，48—49，70，78
引进施事的介词　19
引进时间的介词　20，49—50，70，78
引进受事的介词　19，50—52，70，78
引进与事的介词　151—156
有+VP　160—161，174
语气助词　52，58，70，78
语体　17，19，22，28，29，30，39，51，52，57，71，74，75，76，78，106，181
语音/词序变体　84，88

## Z

中土官话　185—187
中原雅音　185—187
总括副词　21，37—38，70，72，76，77，92，118
最大公约数　182—184

# 后　记

　　本书是我在2008年6月通过答辩的中山大学博士学位论文的基础上修改而成的。

　　1999年我考入中山大学中文系，师从李炜教授，开始接触到清代官话课本。2003年起我在中山大学硕博连读，继续跟随李炜教授学习，确定了博士论文的选题为"清琉球官话课本《人中画》语法研究"。从那个时候到现在，已经十年了。

　　在这十年中，我幸运地遇到了许多良师益友。首先我要深深感谢恩师李炜教授。李炜教授是我学问的引路人，本书从选题到理论方法、从结构安排到语料的收集查阅都得到了他的悉心指导。从大学至今，导师为栽培我倾注了大量心血，我将永生难忘。

　　感谢中山大学中文系和国际汉语学院的诸位师长对我的指导和帮助。其中周小兵教授在我硕博连读初期接收我，担任了我一段时间的指导教师；唐钰明教授接受我作为旁听生听取了他开设的多门课程，对我的论文写作方法进行了具体的指导。两位师长分别在第二语言习得和汉语史理论方面给予我多种启发，在此致以衷心的谢意。

　　在博士论文的写作中，我想从历时和共时两个角度来考察《人中画》琉球写本，但是国内可以用于共时比较的方言历史材料非常匮乏。此时我的同学关瑾华博士正在日本访学，在她的帮助下我得到了一些亟需的材料，也开始了与日本学者的联系。我与日本研究琉球官话的重要代表佐藤晴彦先生及木津祐子先生开始用通信的形式来讨论一些关于琉球材料及方言材料的问题。为了进一步收集研究资料，2007年，我获得中国国家留学基金委首批"国家建设高水平大学公派研究生项目"的资助，公派前往日本京都大学留学。

　　感谢留日期间佐藤晴彦、木津祐子、池田巧、内田庆市等诸位老师给予我的各种帮助。佐藤先生时为日本中国近世语学会的会长，在阅读了我写的《〈人中画〉琉球写本的"自家"》一文后，将2007年中国近世语学会的秋季集会的讨论主题定为"琉球官话"，邀请我在会上发表博士论文的部分观点，给予了我与日本琉球官话研究者们一个难得的交流机会。京都大学的木津先生和池田先生共同担任我的指导

## 后 记

教授。木津先生在生活上对我关心备至,在学习上为我提供了大量的研究材料。池田先生帮助我申请京大人文科学研究所外国人共同研究者的身份,使我能够获得较多的研究经费和研究便利。关西大学的内田庆市先生收集了汗牛充栋的官话和方言材料,我每周前往大阪的研究室查看和复印相关的资料,内田先生看到我对这些材料感兴趣,他很高兴,并邀请我前往关大做博士后。这些师长们给予我这样一个外国学生的认可和提携,让我深为感动,也将一直激励着我继续从事语言研究。

感谢暨南大学华文学院的郭熙教授、周健教授、彭小川教授、莫海滨教授、童盛强教授、丁雪欢教授、马新钦教授、胡建刚教授、徐新伟博士等领导和同事,他们在我 2008 年到华文学院工作之后,对我的教学和研究工作提供了各种支持和帮助,使我能够继续从事博士论文的后续研究工作。

在本书稿的写作和修改过程中,我还得到了很多人的帮助。感谢李晓雪、王勇、梁静、衷声、王琳、和丹丹、石佩璇、刘亚男等同学,他们先后做了大量的官话和方言材料的录入和校对工作,在学习上与我相互砥砺。感谢我在访学、调查和收集材料的过程中给予我帮助的左妙迪女士、陈盈颖女士、馆口叶子小姐、河崎加代女士、青野贞纪先生一家、陈曦女士、刘莲女士、何立辉先生、邓乐芝小姐一家及张珊珊女士。感谢北京大学出版社的杜若明先生、王飙先生、唐娟华女士为本书的出版付出的辛勤劳动。

感谢我的父母,他们尽力给予了我最好的教育,我深愧至今未能报之万一。感谢我的先生高翔,一路携手走来,他一直是我的坚强后盾。

最后,感谢我的阿公李绪本先生。阿公在汕尾是深受当地百姓敬重的著名教师、书法家和民主人士。我从小在他身边长大,从他那里得到了私塾式的启蒙教育。虽然阿公并没有接受过系统的语言学训练,但他对方言有着天生的敏感,他经常提及粤东方言某些古语词的来源和含义。可以说,我最早接触到的语言学知识就是来自阿公的。我将本书献给阿公在天之灵,希望能够告慰他一生都希望学生向学、向好的朴素情怀。

李丹丹<br>
2013 年 4 月于广州